育德 立德 树德

天津市第二十中学思政教育改革创新的探索

边金良 邵凤鸣 主编

天津社会科学院出版社

图书在版编目（CIP）数据

育德 立德 树德：天津市第二十中学思政教育改革创新的探索 / 边金良, 邵凤鸣主编 . -- 天津 : 天津社会科学院出版社 , 2021.2

ISBN 978-7-5563-0686-2

Ⅰ . ①育… Ⅱ . ①边… ②邵… Ⅲ . ①政治课—教育改革—中学 Ⅳ . ① G633.202

中国版本图书馆 CIP 数据核字 (2020) 第 232472 号

育德 立德 树德：天津市第二十中学思政教育改革创新的探索

YUDE LIDE SHUDE :TIANJINSHI DI'ERSHI ZHONGXUE SIZHENG JIAOYU GAIGE CHUANGXIN DE TANSUO

出版发行：天津社会科学院出版社

地　　址：天津市南开区迎水道7号

邮　　编：300191

电话/传真：（022）23360165（总编室）

　　　　　（022）23075303（发行科）

网　　址：www.tass-tj.org.cn

印　　刷：北京建宏印刷有限公司

开　　本：787×1092 毫米　　1/16

印　　张：19.75

字　　数：264千字

版　　次：2021年2月第1版　　2021年2月第1次印刷

定　　价：58.00元

编委会

前 言

　　"蒙以养正,圣功也。"中学阶段,学生正处在人生的"拔节孕穗期",最需要精心引导,学习正确的思想,走上正确的道路。思政课正是落实立德树人根本任务的关键课程,是培养一代又一代社会主义建设者和接班人的重要保障。近年来,习近平总书记在学校思想政治理论课教师座谈会上多次指出,推动思想政治理论课改革创新,需要不断增强思政课的思想性、理论性和亲和力、针对性。习近平总书记提出"八个相统一"教学要求,为推进新时代思政课建设指明了方向。

　　坐落在天津市和平区湖北路59号的天津市第二十中学创办于1938年,素以"底蕴深、师资强、学子优、活动精"而享誉津门。作为天津市首批重点中学,天津市第二十中学"立德立功,明达明辨"的校训激励着莘莘学子走上成才之路,教育教学成绩屡创新高。近年来,学校全面贯彻党和国家教育方针,遵循"创造适合学生发展的教育,让每一个学生自信而愉悦地走向未来"的办学理念,以人为本、以学生的发展为中心不断深化教育改革,在学校新领导班子的带领下,提升能力本领,不断增强思想性、理论性和亲和力、针对性,创建有高度、有深度、有温度的思政教学体系。学校努力做到习近平总书记要求的"八个相统一",以"八个相统一"为打造思政课的"金钥匙",全面提升学生核心素养,回应时代提出的新要求。目前,学校的思政工作建设积累了诸多经验,取得了显著成效。

基于此，学校统筹安排教师、推进教研工作，完成了本书《育德 立德 树德——天津市第二十中学思政教育改革创新的探索》。本书包括绪论、总论、引篇和八个章节。绪论部分从学校整体办学情况出发，梳理学校目前思政教育工作的开展进度，立足于立德树人的根本任务，围绕工作机制创设、教育资源调配、师资力量组建、思政课堂呈现、德育体系完善、教学方式创新等方面，多措并举，让每一堂思政课都能传递真理、富有魅力，让学生真心喜欢、终身受益。总论部分牢牢把握习近平总书记提出的"八个相统一"的要求，从学校、教师和课堂三方面着手，推动思政教育改革走向深入，增强育人质量，引导学生树立正确的世界观、人生观和价值观。引篇部分针对目前思政教学普遍存在的问题，展示了学校积极探索"四步互动"的教学方式改革，坚持学生主体、教师主导，加强实践性教学，助力师生共同成长发展。绪论、总论和引篇是从全局把握学校思政课建设，具有开创性意义，是本书的重点内容，而八个章节则聚焦课堂实践。

　　本书第一章为以理说服——政治性和学理性的统一，详细阐述教师在教学中用透彻的学理分析回应学生，用真理的强大力量引导学生。第二章为核心培育——价值性和知识性的统一，主张思政教学将价值观引导寓于知识传授之中，让学生在学习理论的同时也在知识上有所收获。第三章为正向传导——建设性和批判性和统一，力图解除当代学生的思想困惑。第四章为实践体验——理论性和实践性的统一，强调把思政小课堂同社会大课堂结合起来，让思政课接地气、有亲和力。第五章为因材施法——统一性和多样性的统一，从课程、教师特长和学生特点出发，探究丰富多样的讲课形式、方法，做到因材施教，把课讲到学生心里去。第六章为双主合作——主导性和主体性的统一，强调在发挥教师主导性作用的同时，调动学生主体的能动性，提升学生的获得感。第七章为启发思考——灌输性和启发性的统一，集中于教学方式的转变，教师在实际教学中启发学生积极思考、主动参与，让知识为学生所接受。第八章为渗透育人——显性性和隐性性的统一，关注思政教学的范畴，充分挖掘各门学科中蕴含的思想政治教育资源，实现全员全程全方位育人。

本书具有以下特点：一是编选论文贴近教学实际。本书收录的文章大都是教师在教学或管理过程中形成的经验与思考，通过大量的课堂案例，对"八个相统一"的建设规律进行全方位的解读和诠释，进一步发展、完善了思政课建设的实践理论。二是语言简洁、连贯、得体，重点突出，层次清晰，使读者对思政教学有一个较为全面的认知。三是以提升思政育人品质为突破口，积极创新教学形式、方法，强化教师队伍整体素养，实现思政课程向"课程思政"转变。

面对新形势、新任务、新挑战，积极建设好思政课，对学校思政工作尤为重要。希望本书能为一线教师的思政教学实践带来帮助，更希望天津市第二十中学能在思政建设上探索出一条内涵式发展的道路。

编　者

2020年12月

目 录

绪　论

加强思政课建设　铸牢立德树人思想之魂

■ 边金良

百年大计,教育为本。思政课是落实立德树人根本任务的关键课程。习近平总书记强调:"当前形势下,办好思政课,要放在世界百年未有之大变局、党和国家事业发展全局中来看待。"这充分彰显了办好思政课的时代意义,也给教育工作者提出了重大挑战。

天津市第二十中学高度重视思政课建设,坚持立德树人的根本任务,强化顶层设计、谋篇布局,紧紧抓住教师队伍"主力军"、课程建设"主战场"、课堂教学"主渠道",让学校所有部门、所有教师、所有课程都承担好育人责任,形成协同效应,推动思政课建设迈上新台阶,推动学校实现高质量发展。

一、以学校党委为核心,完善思想政治工作机制

中国共产党是中国特色社会主义事业的领导核心,思政教育工作理应由学校党组织肩负主体责任。因此,学校坚持以党的领导为核心,坚决贯彻落实党的路线方针政策,在构建思想政治工作机制过程中,积极进行思想引导、政治保障和健全组织,引领师生培育和践行社会主义核心价值观。

(一)健全学习机制,强化理论保障

为发挥党组织的领导核心作用,学校建立领导学习制度,领导班子带头加强理论学习,提高政治站位,提升政治能力,自觉用习近平新时代中国特色社会主义思想武装头脑、指导实践、推动工作,明确学校在新时代的目标任务,牢牢把握社会主义办学方向,坚持教育为人民服务、为治国理政服务、为巩固和发展中国特色社会主义制度服务、为改革开放和社会主义现代化建设服务。

(二)领导上台授课,延伸育人战线

根据天津市和平区教育工作领导小组制定的《和平区领导干部进校园开展思想政治工作实施方案》,天津市第二十中学与天津市和平区区委书记建立联系。区委书记到学校进行思想政治工作调研,给师生讲授思政课。每学期,学校的党委书记、校长和副校长至少为学生上一节思政课,鼓励学生成长成才,争做社会主义建设者和接班人。

二、以资源整合为契机,打通交流互助共享渠道

(一)注重思政学科基地校建设,打造优质教育平台

作为天津市思想政治学科基地校,天津市第二十中学利用资源优势,积极引进优质资源,筑牢思政教育基地校,充分彰显基地校的辐射带动作用。一方面,学校配合市里组织的系列活动,如高一年级骨干教师培训、骨干教师汇报课等,形成思政教育的强大合力,在区域内实现示范引领效应。另一方面,学校建立思政专用教室,拓宽课堂教学空间,加强环境熏陶,形成相互促进的良性循环。

(二)深化大中小学一体化建设,形成教育合力

为贯彻习近平总书记在学校思想政治理论课教师座谈会上"在大中小学循序渐进、螺旋式上升地开设思想政治课非常必要"的重要指示,学校与南开大学马克思主义学院、新华南路小学三所院校达成合作协议,统筹推进思政课一体化建设,不断提升大中小学思政课教育教学的针对性和时效性,构建全过程全方位思政育人的大格局。

三、以强大师资队伍为支撑,开启思政课建设加速模式

教育大计,教师为本。教师的学养品行、师德师风影响着学生人格的养成。

因此,学校贯彻落实习近平总书记"办好思想政治理论课关键在教师"的工作理念,坚持把教师队伍建设作为育人的关键工作抓紧抓实,实施开展思政课教师素质提升工程,完善思政课教师全员培训机制,努力打造一支讲政治、有情怀、能创新、有作为、受学生欢迎的思政教师队伍。

（一）注重思政教师的队伍建设

学校坚持"引进来"与"走出去"相结合,落实思政课教师实践研修专项经费,组织思政课教师进行研修,开阔教师视野,提升教学技能。学校加大思政课研修工作室建设力度,健全思政课教学领军人才、名师、教学骨干、新锐教师有机衔接的优秀思政课教师培养体系,不断引领教师由普通教师向骨干教师转化,骨干教师向名师跨越,名师向专家型教师飞跃。2019年,在天津市和平区的统筹安排下,学校充实壮大思政教师队伍,补足补齐思政教师的人数,有效延伸育人战线,为加快推进教育现代化、办好人民满意的教育打下坚实基础。

（二）发挥骨干教师的引领作用

学校领导干部"点对点"联系教师,通过沟通联系和政治引领,确保思政教育责任、教育效果落地见效。此外,学校先后聘请多位骨干教师担任青年教师的学科师傅、成长导师,发挥领军人才、名教师、学科带头人的示范作用,促进教师共赢共进,加速骨干教师的专业成长。

（三）加强青年教师的培养力度

为了进一步调动青年教师快速成长的积极性,学校开展青年教师的培训工作,以活动为载体,以研修班为渠道,以"传帮带"师徒结为方式,加速青年教师的成长步伐。学校要求青年教师定期开展汇报课活动,参与磨课、听课、评课的全过程,鼓励青年教师参加区、市组织的教研活动、优质课评比、说课比赛、专题讲座,给新入职教师和"准骨干教师"的各自成长发展创设条件、提供平台,让青年教师借智借力,让教学效能郁郁共生,让教师发展的初心情怀常为常新。

四、以深化教学改革为抓手,切实增强思政课堂的吸引力

教师真正的高光时刻,是他站立于课堂之时。思政课建设必须要落实在课堂教学上。立足于新时代,天津市第二十中学坚持探索全新的课堂教学模式,提升思政课的亲和力和吸引力,传承红色基因,努力讲好中国故事,切实提高学生在思政课上的获得感,为培养德才兼备、全面发展的卓越人才打下扎实的基础。

(一)推动"思政课程"与"课程思政"同向同行

学校严格课程管理,学校领导定期对课表落实情况、思政课开展情况进行巡查检查,严格落实课表安排,确保思政课开齐、开足。学校定期召开党组织会议,落实各类课程与思政课融合问题,强化思政课的地位,为思想教育工作落到实处保驾护航。学校挖掘办学中蕴含的文化基因和思政资源,打造精品思政课程,从不同角度对思想教育进行价值引导,激发学生的家国情怀,树立正确的政治信仰和道德品格。

(二)推动"理论课堂"与"实践课堂"同向同行

学校强化思政课堂的实践性,把德育活动的成果引入课堂教学,通过"学雷锋标兵评选活动""志愿者服务活动"等活动涵养内在品格,创设课程蕴含"思政味"、学生乐学"思政课"的新局面。学校组织学生参与社会活动,促使学生自觉践行"爱国、敬业、诚信、友善"的价值观念;组织学生参与政协提案,关心身边的社会事,提升责任感与同理心;组织学生参加北京大学的模拟联合国大赛,让学生打开国际视野,形成主人翁意识;带领学生参观爱国主义基地,如周邓纪念馆等,鼓励学生主动担任志愿者工作,在活动中落实社会主义核心价值观。

(三)推动教学技能与互联网技术同向同行

学校创新教学方式,结合学生的学习、生活和思想实际,聚焦并及时回答学生普遍关心的理论和现实问题,采用案例教学、互动教学、情景教学、网络教学、实践教学等方法,丰富课堂教学内容,优化教学模式、创新教学载体,增强思政课堂的吸引力和感染力。学校充分利用互联网、大数据、人工智能、虚拟现实等现代信息技术,打造校内校外、课内课外、线上线下紧密结合的育人体系,创新"互联网+思想政治教育"模式,使思想政治教育从平面走向立体,从静态走向动态。

五、以全方位育人为落脚点,构建育德育心育能体系

德是做人的根本。思政课应将德育置于课程目标之首,实现思政与德育的有机融合。学校贯彻落实"立德树人"的根本任务,着眼"培养什么人、怎样培养人、为谁培养人"的根本问题,把德育活动的主题与思政课的教学内容紧密结合起来,全方位构建"大德育",多渠道上好思政课,真正使党的路线方针政策入脑入心。

(一)校园文化育德

先进的校园文化是学校的灵魂,是学校的特色和品牌,对师生有着巨大的感染力。学校大胆探索校园文化建设与思政教育有机融合的路径,从物质文化、行为文化、精神文化和思想文化方面精心规划,助推各校办学理念、校训、校园雕塑、文化墙、班级文化、师生行为文化等形成鲜明育人特色,时时体现课内课外、一草一木都在育人,实现文明校园的"形神兼备"和文明学生的"内外兼修"。

(二)传统活动立德

学校立足中华优秀传统文化,深入开展"讲好中国故事"活动,深化"向国旗敬礼""文明班级评选"、经典诵读、角色演讲、校园辩论赛、校园义卖、毕业典礼等活动,用中华优秀传统文化和革命传统教育为学生打好底色,厚植爱国主义情怀,培养担当民族复兴大任的时代新人。

(三)社会实践树德

学校部分党员教师和学生团员赴北京香山革命纪念地和香山革命纪念馆开展研学活动,参观"为新中国奠基——中共中央在北京香山"主题展览。学校组织学生参观周邓纪念馆、参加纪念平津战役胜利70周年活动、慰问西沙海战英雄、"学雷锋"义务劳动等活动,使学生将社会主义核心价值观铭记于心。学校与周邓纪念馆签订共建协议,组织学生参加"与院士面对面"科技实践活动,带领学生参观天津博物馆、海洋馆、中国移动5G重点实验室,赴清华大学参加清华大学建校周年校庆,与学长共话生涯规划。此外,学校还组织学生参加宣传《天津市文明促进条例》、澳门路社区慰问等志愿服务活动。这既能使学生亲身感受到马克思主义理论的巨大感染力和中国的发展,又能使学生对目前社会生活中急需解决的问题提出自己的设想。

六、以教学创新为驱动,筑牢思政教育主阵地

办好思政课,必须抓好改革创新这一关键环节。习近平总书记强调,推动思想政治理论课改革创新,要不断增强思政课的思想性、理论性和亲和力、针对性。因此,学校坚持在思政课创新上下功夫,结合学生的思想动态、行为特征,因事而化、因时而进、因势而新,让思政课成为学生真心喜爱、终身受益的课程。

(一)创新思政教学的内容和模式

思政工作的重要作用不言而喻。但由于工作方法创新不足,制约实效性的提升,目前思政教育仍然需要在以下方面进行努力:首先,突破传统的思政教学模式。在传统的思政课堂上,教师讲得多,学生更多的时候是被动记忆教师讲授的内容,缺乏自由思考和活动的空间,这不利于培养学生的创新能力。其次,探索多样化的教学方法。思政课教学不仅要向学生传授理论,而且要让学生在掌握理论的基础上学会应用、学会以正确的世界观和方法论分析和解决各种现实问题。为此,学校的思想政治课教学还需要采取更多样化的教学方法。再次,创设个性化的德育活动。学校已经开设了一系列德育活动,如经典诵读、演讲大赛、校园辩论赛、毕业典礼、手绘T恤、篮球联赛、啦啦操大赛等活动,但还要进一步加强活动的多样性和针对性,弥补传统教学模式的不足,使得教育活动日益鲜活精彩。

（二）思政改革创新永远在路上

学校将牢牢把握思想政治教育这一关键点，从三方面着力推动思政课改革创新，丰富思想政治教育形式：一是利用优势资源，加强思想政治教育。扎实开展校本课程的开发与利用，打造天津市第二十中学的特色教育品牌。二是丰富教育形式，给学生以人生启迪、智慧光芒和精神力量，培养学生的爱国主义情怀、集体主义信念，加强理想教育、道德教育、纪律与法治教育等，为社会培养德智体美全面发展的人才。三是强化总结反思，巩固思想政治教育成果。思政课教师应及时组织学生撰写心得体会、与学生谈心或者关注学生学习生活中的变化，及时掌握学生的思想变化情况，同时教师自身也应该做好总结反思工作，总结在思想政治教育中好的做法以及存在的问题，扬长避短，为后续的思想政治教育做好准备，形成系列化的思想政治教育内容。

新形势下，学校继续坚持以习近平新时代中国特色社会主义思想的指引，全面贯彻党的教育方针，落实立德树人根本任务，遵循思想政治工作规律，遵循教书育人规律，遵循学生成长规律，深化"思政课程＋课程思政"教育教学改革，强化思政课教师队伍建设，努力使思政课成为一门有温度的课程，把天津市第二十中学建设成为巩固马克思主义理论指导地位、发展社会主义意识形态的重要阵地。

总 论

开创思政建设大格局　引领全面育人新风尚

■ 邵凤鸣

习近平总书记在学校思想政治理论课教师座谈会上指出,推动思想政治理论课改革创新,要不断增强思政课的思想性、理论性和亲和力、针对性,并提出"八个相统一"教学要求。"八个相统一"言简意赅、深刻精辟,为推进新时代思政课建设指明了方向,为思政课教学发展提供了基本遵循。理解好"八个统一",对学校贯彻教育理念、开展教学改革具有重要的指导意义。

为精准推进思想政治建设工作,不断提高针对性、有效性、吸引力和感染力,天津市第二十中学深刻把握思政课程"八个相统一"的要求,坚持以立德树人为根本,以课程思政建设体制机制为保障,以天津市思想政治基地校建设为契机,以队伍建设为关键,打造具有学校特色的思政教育体系,建设了与天津市第二十中学使命担当相统一的大思政格局,努力培养能够担当民族复兴大任的时代新人,开创全员、全方位、全过程育人的新局面。

一、因实施策,构建思政育人共同体

在学校思想政治理论课教师座谈会上,习近平总书记强调:"办好思想政治理论课,最根本的是要全面贯彻党的教育方针,解决好培养什么人、怎样培养人、为谁培养人这个根本问题。"习近平总书记从党和国家事业发展的全局出发,深刻阐述了办好思政课的重大意义,明确提出了推动思政课改革创新的重大要求,为我们推进思政课建设指明了前进方向,提供了重要遵循。基于此,学校坚持贯彻落实习近平新时代中国特色社会主义思想,强化党对思政教育的领导作用,树立标杆,激发思政课建设的内在驱动力,筑牢立德树人思想之魂。

(一)坚持党的领导,统筹改革发展全局

学校党委承担思政课建设的主体责任,党委书记是第一责任人,学校思政工作领导小组全面负责,推动思政课建设各项任务措施落地落实。学校定期召开专题会议,研究思政课建设重点工作,解决实际问题。学校的相关部门各负其责、各司其职,全力支持思政课建设,建立齐抓共管思政课建设的工作机制,帮助解决思想政治课的实际问题。

(二)坚持价值引领,夯实师德建设内涵

学校领导班子成员与思政教师结对子,把"抓班子"和"抓思政课"结合起来,注重思政课教师的考核评价与精细管理,强化党对思政课教师的指导地位,确保各项任务的贯彻落实和督促检查。

(三)坚持机制创新,深挖"课程思政"潜力

学校组织开展"名师大讲堂",围绕习近平新时代中国特色社会主义思想"三进"工作,由政治教师讲解把关,提高全体教师"思政育人"能力,督促和引导全体教师挖掘各门课程蕴含的思政元素,实现思想政治教育和知识体系教育有机统一,形成"课程思政"建设机制,建立"全员思政"的观念。

二、因时奋进,唱响"铸魂育人"主旋律

习近平总书记强调:"办好思想政治理论课关键在教师,关键在发挥教师的积极性、主动性、创造性。思政课教师,要给学生心灵埋下真善美的种子,引导学生扣好人生第一粒扣子。"总书记的话高屋建瓴,指明了思想政治理论课教师承担着塑造灵魂、塑造生命、塑造人的历史重任。近年来,学校坚持以转变教师观念和提升教师能力为核心任务,不断加强思政课教师队伍的建设,强培训,促共享,重引领,进一步壮大思政课建设的"主力军",激发了课程思政建设新活力。

（一）优化管理"汇智"

为激发教师的积极性，学校不断增强管理工作的针对性，制定、落实相关规章制度，出台相应激励和奖励机制，深化教学管理体系构建，使教师在思政教学过程中的一言一行都有章可循。在日常教育教学工作中，教师可以据此解决相关问题，规范自身的行为举止，有效提升教育教学的积极性，大大改善思想政治教育效果。同时，学校严格按照"六要"标准，规范教师培训内容，围绕"政治要强、情怀要深、思维要新、视野要广、自律要严、人格要正"等方面，深入实施思政课教师素质提升工程，完善思政课教师全员培训机制，组织思政课骨干教师开展高级研修，形成了具有本校特色的培训品牌。

（二）内外结合"引智"

学校落实思政课教师实践研修专项经费，组织思政课教师寒暑假实践研修，开阔教师视野，丰富教学手段，加强优秀思政课教师培育。目前，学校还在健全思政课教学领军人才、名师、教学骨干、新锐教师有机衔接的优秀思政课教师培养体系，加大思政课研修工作室建设力度，促进优质育人资源平台的共享共用，实现优秀教师共赢共进。

（三）集体研究"借智"

教学与科研相结合是培养高质量人才、推动学科建设的原动力，教学是科研的基础，科研是教学的助推剂。学校努力抓好顶层设计，进行重点调研督查，推动教师积极开展教研教学行为，提高教师的教学科研能力。学校邀请天津市市区课题研究中心的专家举行讲座，邀请天津市教育科学研究院的专家及南开大学、天津师范大学的教授到校进行专业化指导，为学校的思想政治课教学把脉，保证思政课教师教学和科研的质量。此外，学校的思想政治教学小组在科研方面制订了研究方向和研究课题，确保教师除日常听课评课外，在课题研究、论文撰写、选修课程开发等方面也有所突破。每学期，政治教师都要完成一个小课题，形成一篇有实效的论文、经验总结、研究报告或者教学反思，通过教学研究解决自身面临的问题。

三、因势创新,全面提升思政育人实效性

课堂教学是思政建设的前沿阵地。办好思政课,必须抓好课堂教学建设这一关键环节。为充分挖掘思政育人功能,天津市第二十中学坚持以课堂为本、以内容为王,增强思政课教学内容的亲和力与针对性,积极探索"模式创新",推进多元立体综合教学方法改革,努力使课堂主渠道的育人功能最大化,让思政课"活起来""红起来"。

(一)转变教学模式

学校在思想政治理论课教学中采取探究教学模式。其包括三方面:首先,开放教学过程。在课堂上,师生共同参与、平等探讨,努力形成师生间的互动,给学生以充分思考、想象的空间和表达自己见解的机会;其次,开放教学内容。把教材内容与其他学科紧密联系起来,让学生亲身体会到任何一门理论都不是孤立的个体,不存在哪一门理论"有用"、哪一门理论"无用",进而开拓学生的视野;再次,开放教学环境。不局限于传统的课堂教学,提倡"走出去",让学生走入社会,参观和亲历社会实践,在这一过程中,激发学生的学习兴趣,引导学生深入思考。

(二)探索多样化的教学方法

思政课教学不仅要向学生传授理论,而且要让学生在掌握理论的基础上学会应用、学会以正确的世界观和方法论分析和解决各种现实问题。学校的思想政治课教学采取了多样化的教学方法:

首先,探究式讨论法。学校实行探究式讨论法教学,旨在培养学生独立思考与创新的能力。讨论法主要采取以下几种形式:一是由教师根据教学要求、结合学生关注的社会热点提出议题,议题下设立若干问题,在学生做了充分准备的条件下展开讨论。这样组织讨论,既能让学生掌握基本的理论知识,又能使学生对国家的方针政策及社会生活中的问题进行思考,从而提高其解决实际问题的能力。二是放手让学生提出问题,师生在平等的基础上进行对话,共同分析问题、解决问题。这种讨论方式能够调动学生的积极性,使学生的个性思维得到张扬、潜能得以发挥、创造力得到培养。

其次,主题演讲法。一是在历史事件纪念日和重大政治活动中开展主题演讲活动,让学生对于历史和重大政治活动有更深刻的思考,能够充分认识自己所肩负的责任。二是开展每节课前五分钟的时政演讲,让学生根据教材的理论内容,聚焦社会的热点,演讲题目课后准备,课上演讲,学生点评。这样,既锻炼了学生思考问题、分析问题的能力,又锻炼了学生的语言表达能力。

(三)加强社会实践教学

学校围绕立德树人根本任务,积极发挥博物馆、纪念馆、儿童活动中心、学生综合实践基地、大学等学生校外活动场所的作用,打造实践育人共同体,为思政课教学提供广阔天地和丰富资源。学校通过活动培养学生社会责任感和实践能力,使学生关注社会、走向社会、在社会实践中了解国情和开阔眼界,践行社会主义核心价值观和爱国主义精神。

(四)改革评价方式

学校打造"活动性"课堂,加强课堂评价,在评价中突出过程性评估的特征,包括学生自评、生生互评、小组评价、教师评价学生、学生评价老师等内容,增加对学生创新意识与能力培养方面的评价,建立有效的多元评价体系。今后,学校还将在思政课考试的内容和方法上进行改革,把考察重点放在运用基本原理解决实际问题的能力上,改变以往单一的闭卷考试模式,加入小论文、调查报告、问卷、讨论发言等多元化的测试形式。改革评价方式后,学生的学习表现都纳入总评成绩中,这能够有效激发学生学习的积极性和主动性,实现个性化发展。

面向未来,天津市第二十中学将继续认真学习贯彻习近平总书记关于教育的重要论述,把建好思政课和全面推进课程思政作为重要任务抓紧、抓实、抓好,持续加强总体规划和顶层设计,探索适应新时代学生成长和发展特点的思政课堂,全面提升思政课教学质量和水平,为培养德智体美劳全面发展的社会主义建设者和接班人贡献智慧和力量。

引 篇

构筑高效课堂是提高教育教学质量之本

■ 张月萍

打造高品质的思想政治教育,高质量的课堂教学是关键。课堂教学的质量与效率无论什么时候都是教学的生命线,在全面提升教育教学质量的形势下更是显得尤为重要。对于思政教育主渠道的思政课而言,如何构筑高效课堂,促进学生全面发展,一直是学校探究的重点课题。

近年来,学校的思想政治课程在持续改进中得到了加强,完备的学科体系、丰富的教材资源和科学的管理机制等都对思想政治教育建设形成了强有力的支撑,使其成为落实立德树人根本任务的关键课程。与此同时,学校努力遵循思想政治工作规律、教书育人规律和学生成长规律,组织教师开展校本教研活动,更新教育理念,创造性地提出了"四步互动"的思政课教学方法,即以"问题驱动、教师引动、学生主动、多元互动"为策略,不断升级课程育人质量,努力培养德智体美劳全面发展的社会主义建设者和接班人。

一、坚持育人导向,创设"四步互动"教学模式

提升教育教学质量,必须围绕立德树人这一根本任务,并结合学生年龄特点和兴趣范围,坚持以人为本的教学方式,科学认知"四步互动"的课堂教育理念,让学生沉浸在充满人文情怀、闪耀智慧光芒、洋溢成长气息的课堂中。

"四步互动"教学模式建立在互动主体的平等性、互动目的的明确性、互动内容的深刻性、互动方法的合理性基础上,旨在促进教学目标的达成和推动师生的共同发展。具体而言,"四步互动"是指教师通过创设情境、提出问题,引导学生自读教材、尝试解决、师生合作交流、互查互助,共同推进探究过程,最后由教师点拨、归纳概括,将问题与实际相联系,拓展应用。

需要注意的是,"四步互动"的过程并不是教师一个人所能完成的,需要教师和学生共同建构。在这一过程中,教师在教学活动中会生成突发灵感,与此同时,学生在课堂学习中也能发现问题、捕捉灵感并获得思维启迪。可以说,"互动—生成"是一个过程的两个方面。"四步互动"教学模式反映了教学过程中教与学的交互、反馈和融合,使得教学过程成为一个协调的整体,这是一个对话的过程,理解的过程,创新能力形成的过程。

二、践行教学策略,激活"四步互动"教学模式的思政元素

如何把"四步互动"理念落实到课堂教学上呢?学校通过集体教研、专家指导、开展丰富的教学活动等,立足于普通高中政治课堂教学,以全面实施新课程为契机,总结出有效教学、和谐教学、民主教学的高中思想政治教学模式,切实提高高中思政课堂教学质量,促进师生共同成长。

(一)第一步:创设情境、提出问题

由于教学内容以理论为主,思政课堂相比其他学科显得略为抽象、枯燥。为了激发学习兴趣,学校思政课教师发挥主观能动性,在教学中经常性地运用一些直观方式辅助课堂教学,增强课堂互动,激发思维活力。教育家陶行知说过:"先生的责任不在教,而在教学,在教学生学。"这就是说,教师首先要创设良好的学习氛围和情景,激发学生的学习兴趣、学习动机、研讨情绪,为学生进入学习状态做好情感上的准备。

直观演示法:利用多媒体技术展示图片、图表、音像资料、漫画、成语故事、名言等,注意展示的内容要与教学内容有密切的联系,可以选取较热的时政新闻,也可是实际生活中的事件案例。展示内容加上教师声情并茂的语言讲述,能够抓住学生注意力、调整学生的心理状态。如教学中可以通过图片新闻,让学生了解我国积极参与国际事务,进而清楚地知道中国是一个负责任的大国。

情境导入式:利用多种教学手段提供素材让学生进行评讲、表演等,渲染教学气氛,使学生置身于特定的情境中,引起心理共鸣。如在教学"联系观"这个主题时,教师可放映视频展示日本大地震引发海啸继而引发核泄漏,对日本国民和我国国民造成的连锁反应。

制造悬念式:利用层层设问的方式,在教学内容的重点难点处,教师可以一环扣一环地设置相关问题,并将问题书写在黑板上,调动学生的思维,引导学生的好奇心和求知欲。

（二）第二步:自读教材、尝试解决

事实上,在各模块的思政教材中,存在大量具有现实意义的探究主题。学校思政教师可以大胆放手,让学生自主探究,参与教学活动,主动阅读理解教材,实践动手,真正做到"四动"——动眼、动手、动脑、动嘴,培养学生良好的自学习惯和自学能力。

学生自主预习:学生的学习过程应该是从"有问题"到"没有问题"再到"有问题"的求知过程,因此教师要注意培养学生提问的习惯,让学生带着问题预习课文,找出答案。学生应把书本上的基本概念、原理、重要的句子、段落勾画出来。学生自己设置一些问题,对认识模糊的知识和不懂的知识尤其要慢读、细读,仔细考虑,等待老师在课堂上的引导与讲解。

学生查阅资料:学生查阅资料,突破了教学的空间和时间,在教师的指导下,学生可以动手查阅相关文献记载、报刊报纸、电视新闻、和网上信息资料。通过对实际材料的查阅,学生可以感知、理解教材,加强对理论的理解。学生也可以运用初步掌握的理论知识去查阅资料,说明实际中存在的问题,如研究性学习的查阅资料,培养学生分析问题和解决问题的能力。如学习"运动是有规律的"一课时,教师可以让学生在上课之前去查找人类利用客观规律为自己造福的实例,然后让他们谈看法,有兴趣的学生还可以此为题撰写研究性论文。

学生调查研究:引导学生在社会实践中获取直接经验和感性认识,学生走出课堂,进入社会,进行参观调查、现场访谈、专家访谈,直接掌握第一手材料。让学生在调查中提出解决问题的建议和方法,从而体验知识形成的过程。这样做有利于培养学生从实际出发、调查研究的求实精神。教师应要求学生实践调查研究,自主写出研究结果。如让学生对"价格对生活的影响"这一话题进行调查。

(三)第三步:合作交流、互查互助

这一环节是最大亮点,包括师生互动、生生互动、人本互动、人机互动。《经济生活》《生活与哲学》等思政教材设计极为注重生活化教育,这为互动交流提供了保障。因此,在教师创设情境、提出问题之后,就可以充分调动学生积极性,满足学生追求交流、尊重、成就感等多种需求。

学生在交流中处于主动状态,可以无拘无束地发表意见。由于各种意见互相交流、碰撞,个体受到启发,产生认同、灵感和疑问,这不仅能够激发学生产生新的创造意识和解决问题的使命感,也能够逐步培养学生的合作能力。同时,教师可以适当引导学生讨论对自然、社会和人生的感悟,启发学生正确理解和判断事物,有效培养学生的交流合作能力和语言表达能力。

学生辩论:为了培养学生的辩证思维,激发学生积极性,教师可以在学生容易误解处、教学的重点和难点处,贴近学生实际的内容处,设置一些辩论题。有了前面两环节的准备后,教师可让学生自己选择正方和反方,进行唇枪舌剑的辩论。每个持方都由四位辩手组成,前三位辩手进行自由辩论,第四位辩手进行总结陈词。如学习"用对立统一观点看问题"时,为了形象地理解一分为二的分析方法,教师可以让学生辩论"网络对中学生的影响是否是利大于弊",学习就业时可以让学生辩论"分配工作好不好"。

学生情境表演:为激发学生的学习兴趣,推动学生主动学习,让学生动起来、唱起来、跳起来，课堂教学可以采用学生情境表演的方式进行。学生情境表演一般采用模拟剧场、模拟法庭、"实话实说"等形式。这些情境表演不但能使学生深刻理解书本知识，而且能够提高学生的分析能力和语言表达能力。如在学习"一切从实际出发，实事求是"时，教师可以设计一个"市长竞选演说"活动。学生分成四个小组，各组选出一位候选人，候选人根据实际情况发表竞选演说，大家共同选出表现最好的候选人担任"市长"。

学生讨论交流：为了启发学生对知识的理解，使学生用知识去洞察现实，提高综合能力，教师可以采用学生讨论交流的形式进行教学。教师可以在导入环节设置一些讨论题，让学生自己准备发言稿，在课堂上大胆发言，各抒己见，学生之间互相评价。教学中教师要尊重学生的思维火花，对他们提出来的各种问题要适时肯定，以此激发学生的创新意识。

（四）第四步：教师点拨、归纳概括

强调发挥学生的主体作用，并不意味着可以取代教师的主导作用。教师始终在互动式课堂教学中进行科学指导、引导，是学生互动的组织者，是学生兴趣的激励者。学生互动以后，应该由教师释疑，进行归纳总结，澄清学生思维中的疑点、误点，使学生能够对知识全面理解。教材中设有"议一议""想一想""说一说""做一做"等，教师可以提问的形式或通过电子课件、学案的方式带领学生练习：如通过选择、辨析、分析等形式突出本课教学重点、找出各个知识的衔接点，将零散的知识网络化、简明化。

教师在此环节要注意两个问题。首先，要处理好教师主导作用和学生主体作用的关系。教师在上课前必须认真钻研课程标准及教材，明确各部分教学内容的目的要求，了解学生的知识现状，在此基础上严密设计，回答问题。学生在分析材料及练习过程中遇到的一些疑难问题，教师要及时给予指导或做必要的提示，防止出现教师"注入式"讲解、学生"放羊式"练习的局面。其次，要合理分配课堂上教师及学生活动的时间。教师的讲解要力求简明扼要，用词生动准确,注意突出重点,突破难点,着重比较归纳总结,抓住关键,讲清原理,阐明规律,尽量缩短教师讲解所占用的时间,以便课堂有足够的时间供学生开展"探讨式"学习活动。

师生互动起来后,师生之间产生了心理共鸣,教学也达到了高潮。这时教师可建议学生与家庭合作,亲自体验经济生活、文化生活、政治生活等,如让学生帮助家庭合理规划家庭消费支出,从而树立正确的消费观念;也可让学生对自己的压岁钱进行理财投资,培养自己理财的能力;让学生登录政务网站体验政务公开;也可建议学生亲自去剧院观看一场文化演出,体验文化的魅力等,进而真正提高学生的政治、经济、文化等方面的能力。这样既实现了培养学生哲学素养、政治素养、文化素养等知识目标,也实现了情感目标。

对于学生的作业教师可以采用开放式布置,采用"一课一练"方式,题量只是六七题,不同层次的学生可以要求不一样,这样有利于提高所有学生的兴趣和效率。互动式教学模式既然让许多学生参与的课堂教学活动,教师就应该要对学生的评价开放式,可以是现场的鼓励、表扬、激励等评价,也可以给他们记下课堂奖励分,在期末给他们加入总分,这也是新课程目标要求之一。

三、提升教学质量,发挥"四步互动"育德效能

少年强则中国强。要实现国家富强、民族复兴、人民幸福的"中国梦",必须靠一代又一代年轻人的努力奋斗。把一代代年轻人团结起来,形成最大合力,就是思政课的使命。通过落实"四步互动"教学模式,学校打造出具有天津市第二十中学特色的思政课堂:学生在体验中感知,在感知中渐悟,在渐悟中认同,在认同中养成,在养成中内化,发自内心地体味其中独有的世界观、人生观、价值观的意境和魅力,感受到其在自身生活学习实践中的重大价值和深远意义。

落实四步互动,有利于改变学生的学习方式,发挥学生的主体作用。学生在学习过程中由知识的被动接受者向主动探求者转变,这有助于激发学生的学习兴趣,增强学生的学习主动性,促进学生有效学习。

落实四步互动,有利于培养学生的批判精神与创新意识,提高学生的质疑能力与探究能力。教师在教学过程中重在对学生启发、引导,为学生提供足够的思维空间,鼓励学生独立思考、积极发言、大胆提问、善于质疑,并对学生的各种观点和问题给予点拨、指导,培养学生的思维品质和创新意识。

落实四步互动,有利于增强学生的人际交往能力,正确处理自己和他人的关系。师生的课堂交往有利于培养学生的合作意识、互动意识和社会适应性,使他们学会交流与分享,提高人际交往能力。同时,师生的课堂交往也能够满足学生的"表现欲"和"归属感",使学生学会正确认识自己和评价他人。

落实四步互动,有利于形成和谐、融洽的师生关系,营造一个轻松、愉快、和谐的课堂环境。师生之间的平等对话与交流,有利于激发师生双方的教学热情,使课堂教学成为师生一起分享、理解、体验生命的价值和自我实现的过程。

落实四步互动,有利于进一步提升教师的教育教学能力,促进教师的专业化发展。随着教师教学实践和教学理念的不断融合,必然会推动教师不断进行反思和研究,从而促进教师的专业成长和生命质量的提高。

四、坚持学生主体,形成"四步互动"鲜明风格

在2019年3月举行的学校思政理论课教师座谈会上,习近平总书记提出的"八个统一"为思政课教学改革创新指明了方向。坚持"八个统一",是对多年来弱化思政课教学做法的矫正,是对思政课教学目标和任务的明确定位,是对思政课教学质量提升的路径和方法的深入剖析。坚持理论性和实践性相统一是"八个统一"中具有代表性的思政课改革要求,以"大思政"格局为引领带动实践教学形象化、具体化、现实化、人格化,逐步探索理论性与实践性的和谐统一。这对思政课理论实践一体化改革提出了新的要求,推动着广大思政教育工作者不断深化思政课教育教学改革,积极探索上好思政课的新模式与新途径,全面培养学生的思想政治素养与能力。

首先,教师要以"学生中心"的教育理念为教育教学的出发点。教师要懂得

"放"，一个放字，需要教师用心体会"放手、放心、放远、放飞、放松"的深刻内涵，用客观的、矛盾的、联系的、发展的眼光看问题，相信每一个学生，依靠学生，培育"千江有水千江月，万里无云万里天""大体则有，具体则无"的人生情怀。

其次，加强研究，主动更新理念，运用信息化手段营造学习气氛，打通学习理论和习惯养成之间的壁垒。在高速发展的信息化社会中，适当的信息化手段的运用，更适合学生的学情。如课前利用微课学习理论，课中采取云班课等手段进行抢答、头脑风暴，课后用打卡App（应用程序）监督习惯的养成。在每个教学环节中运用信息化手段，提高学习效果。

再次，要增强思政课的体验性和共情感，充分利用课程本身特点打破课堂的界限。思政课不同于其他专业课和理论课，知识的广泛性、学习方法的多样性、学习场所的可变性是其鲜明风格，要充分利用思政课堂的灵活性特点，打通第一、二、三课堂，要将课堂理论学习、校内实践和社会锻炼三大课堂有机整合，形成全过程覆盖、全方位育人的大思政教育格局，利用第一课堂的严谨、第二课堂的自由、第三课堂的感性，促进课程知识的渗透和学生角色的转换。

课堂目标的细化是达成目标的基础，在思政课教学中，应坚持教师为主导、学生为主体进行总结反思，以"收获感"为衡量标准，看思政课是否有以下收获：是否让学生懂得一些道理，深知无国便无家、"没有规矩不成方圆"等道理；是否使学生掌握党史、国情、民情、国际风云变幻等基础知识；是否培育学生热爱祖国、振兴民族、保护家庭、珍惜生命的情感；是否引发学生常思人生的目的和意义，常问"我是谁、我能干什么、我想干什么"；是否促使学生有一定的习惯改变，变得善于沟通合作，变得自觉守法守纪，变得有节制地生活；是否使学生有一定的人生情怀，逐渐明白付出是人生的本质，体会到被需要是幸福的人生哲理，有感恩之心、敬畏之心，牢守初心。

青年兴则国家兴，青年强则国家强。提高思政课的质量，使学生树立正确的世界观、价值观，才能培养出合格的社会主义接班人。因此，为提升课堂育人质量,思政课教师可以积极践行"四步互动"的教学模式,以透彻的学理分析回应学生,以彻底的思想理论说服学生,以精彩丰富的内容吸引学生,逐步引导学生在加强个人道德修养基础上,培养深厚的家国情怀和民族精神,把爱国情、强国志和报国行融入社会主义现代化建设之中。

第一章
以理说服
政治性和学理性的统一

　　理论只要能够说服人，就能掌握群众；理论只要彻底，就能说服人。所谓彻底，就是抓住事物的根本。要坚持政治性和学理性相统一，就是要以透彻的学理分析回应学生，以彻底的思想理论说服学生，用真理的强大力量引导学生。在教学实践中，教师力图将政治性和学理性统一起来，用辩证的学理思维讲清问题，用正确的导向引领知识转化，积极运用灵活多样的教学方法，做到求真、达意、入情，促使学生深刻理解学科知识，把课程讲到学生心坎里，融入学生情感中，引导学生扣好人生第一粒扣子。

关于语文教学中渗透德育的认识和做法

■ 简冬生

一直以来,关于语文课到底是工具课还是文学课的争议,就没有停止过,但在语文教学中实现立德树人这一目标却是毋庸置疑的。德、智、体、美、劳,以德为先,在语文教学中渗透德育有得天独厚的条件,这是由教育、教学的规律决定的,尤其在现代化飞速发展的今天,加强德育,语文更是义不容辞。

首先,语文知识及能力不仅仅是学生学习文化科学的基础,也是人的发展及社会生活进步的基础。人不可片刻离开语文。如果语文教学中做到了德育、智育、美育的结合,久而久之,学生便能学会分辨真善美、假恶丑。从新时代精神文明建设的角度看,在语文教学中渗透德育是十分必要的。

其次,语文教材是一篇篇"美文",蕴含着丰富的思想感情。教学中,师生学习文学作品时深受作品精神的激励,同时也提升了自己的思想境界。如果把语文课上成政治课,或是变成词语的堆砌和机械训练,那么,既不能培养语文能力,又失去了对学生进行思想品德教育的契机。

再次,语文教材为德育提供了丰厚的素材。在作品中,作家们为我们描绘了祖国山川的壮美,展示了社会生活中人与人之间的关系,以及人民战士的高尚、革命先烈的赤诚、普通劳动者的质朴等,这一切都强烈震撼着学生的心灵,是进行爱国主义、集体主义教育的途径,不仅能培养学生继承中华民族传统美德,培养学生社会主义道德情操和远大理想,还能培养学生树立正确的科学观、人生观、世界观以及健康的审美情趣。语文的课外活动,如阅读、观影等,也为德育提供了良好环境。可见,作为实施德育的主渠道,通过语文教学实现立德树人目标大有可为。

结合语文学科的特点,在实施教学中我们采取了以下做法:

一、再现"入境"

许多写景状物的文章,在景物描绘当中融汇了作者的思想感情,这就是"意境"。教学中,教师一定要再现"意境",或绘声绘色地感情朗读,或惟妙惟肖地描摹叙述,教师应以充沛的思想情绪、丰富的形体语言、贴切的语言节奏,唤起学生强烈的情感体验,使学生受到情感的熏陶。如讲《荷塘月色》一文时,老师应有声有色地为学生创造安谧和令人寂寞的梦境般的氛围,使学生感受到作者渗透进作品中那淡淡的喜悦和淡淡的哀愁。这样,既结合时代背景使学生了解作品的深刻内涵,也能带给学生一种美的情感体验。

二、联想沟通

联想能使学生视野开阔,更广泛地认识生活、分析生活,从而提高辨别美丑、判断是非的能力。讲小说,应使学生充分联想,设身处地,使其如见其人、如闻其声,从而感知人物脉搏的跳动,产生情感共鸣;讲戏剧,通过台词去挖掘人物丰富的内心世界,进而使学生达到与作者沟通心灵;讲散文,更应使学生品味内在的"神"。如《为了忘却的记念》一文中,柔石的拳拳之心与其双目失明的母亲的眷眷之心是相通的,此时,可适当地引导学生思考:"母子如此深情,为什么不在一起尽享天伦之乐呢?"经过充分联想,使学生明白,人还应该为更伟大、更崇高的理想活着。

三、顿悟生情

讲解字词,是理解的前提。通过字词,教师把作品字里行间蕴含的强烈的爱憎情感传递到学生心中。《为了忘却的记念》中叙述了"左联"五烈士的殉难,行文至此,作者只写了四个字、一个叹号、一个省略号:"原来如此!……"那么,教师在讲课中就应启发学生去理解这四个字饱含的感情：真相大白，烈士身中数弹，革命青年英勇献身，精神崇高。这样将省略号所包含的情感形象化，在"此时无声胜有声"的境界中，便能够唤起学生情感上的强烈震撼。

四、升华觉悟

升华觉悟就是说，教学时不能让学生停留在对文学形象的感知上，或者仅仅是还原生活，还要在感性知识的基础上，引导学生抓住情感的本质——理性。讲授写景之作时，不应仅仅带领学生欣赏自然美，因为"风景之美不仅意味着自然本身的优越，也体现了民族文化、历史和精神"。阅读《过万重山漫想》，教师不仅仅要带领学生在长江两岸寻奇探胜，更应启发学生发现景色的内在美：战胜大自然，勇做生活中的强者，敢做社会生活中的开路先锋。由"感性—美—理性"，循环往复，使学生的情感得以净化，品德得到培养，思想得以提高。

五、锤炼教学语言

教学中，教师应把形象、感情、理论融合在一起，形成形象的、有感染力、有吸引力的语言。如《守财奴》一文的结尾，作者有一段出神入化的描写，展示了老葛朗台在临终前以一个骇人的姿势想去抢夺金十字架的动作。教师可这样分析："学生们，老葛朗台生命的最后时刻到来了，这十字架、烛台等丝毫没有引起老葛朗台的情感，十字架上金色的光芒，激起了他最后的渴望。原来，他虔诚信仰的是金钱，金钱就是他的上帝。在老葛朗台的世界里，最神圣的东西都散发着铜臭气。老葛朗台毕生爱财如命，而他的命又恰恰是结束在追求金钱的努力中。"小说以传神的情节画龙点睛地结束了全文，教师也以精辟的语言结束了分析。学生始终感受着形象，但又不断受到"理性"的冲击。因此，当他们掩卷之后，一定会去重新思考所看到的一切，在这种思考中他们的思想又一次受到洗礼。学生在提高审美能力的同时也培养了思想品质。

语文教学重视德育，不靠给予，而靠唤醒；不靠灌输，而靠渗透。这就对每位教师提出了很高的要求：教师应不懈提高思想、文化修养，在教学中，德育、智

育、美育并重。其中,教师要格外注意以下两点:

一是渗透德育,必须从社会现实出发,从学生现有的年龄特点、认识水平出发。也就是要紧扣时代的脉搏,这样才贴近学生,使学生便于接受。如过去讲《守财奴》时,教师除了引用揭露资本主义世界人与人之间金钱关系的话,还引用莎士比亚抨击黄金罪恶的诗,使学生认识到金钱关系的罪恶。现在是商品经济时代,在讲解时,教师应将教材中描写不同思想品行,不同阶层的人对待金钱的不同言行、态度的片段印发给学生,让他们联系自己的体验,展开讨论。最后在教师引导下,学生得出了这样的结论:金钱无辜,拜金有罪,关键不在黄金上,而在于使用黄金的人的道德上。

二是针对学生幼稚、单纯、不成熟,看问题片面、偏激的特点,有意识地引导他们使用辩证唯物主义、历史唯物主义的方法去分析问题、解决问题。如《劝学》一文,教师在讲述时不能满足于从学习意义、学习态度、学习方法三个角度概括文章内容,还要向纵深发掘。从一切事物都是发展变化的、从人的主观与客观的关系、从量变与质变的关系这三个方面来理解这篇文章所体现的朴素唯物主义哲学观。久而久之,学生的世界观自然得以提高,思想认识水平也必然会提高。教师还应注意在教学中,教师"主导"与学生"主体"的和谐统一,在学生的积极参与中引导和提高其思想道德水平。像课上发起讨论会,讨论文艺作品、流行焦点等,大家各抒己见,大家还可以在调查研究的基础上再加以讨论,最后在教师引导下,统一认识。这样,学生可以在讨论中及时发现问题,教师及时加以引导,达到思想品德的教育和陶冶。

语文教学并无定法,只有合适的教育。在教育教学改革的路上,我们永远都是学生!

高中思想政治课多元评价"五环节"探究教学法

■ 时　瑶

中学思想政治课是公民品德教育的必修课程,是帮助学生确立正确的政治方向,树立科学的世界观、人生观和价值观,形成良好道德品质的主要途径。同时,思想政治课教育教学活动也是学校德育工作的重要渠道。通过多年的教学实践,我们总结经验,形成了以多元评价为核心的高中思想政治课多元评价"五环节"探究教学法,改变了单一的评价机制,有效提高了课堂教学的有效性。

一、多元评价"五环节"探究教学法研究初衷

在一般情况下,高中思想政治课普遍存在着"灌输—考试"的基本模式,学生离不开"识记—应试"的基本方法。在考试的指挥棒的作用下,高中思想政治课的日常教学,往往把知识目标落实看得过重,在过程与方法和情感态度价值观目标的落实上流于形式,不能真正形成学生的学科素养。在教学评价上,较为重视结果的评价,而忽视过程的评价,学校以学生书面试卷的分数评价教师的教学效果,缺乏实践活动状况的评价和过程评价。因此,我们在教学模式中引入学生自评、小组评价、社会评价、教师评价、学生评价教师等多种评价机制,形成了思想政治课的"五环节"探究教学法,进一步提高教育教学效果、增强学生的学科素养。

二、多元评价"五环节"探究教学法概况

多元评价"五环节"探究教学法以思辨和表达为两大要素,以读、写、说、辩

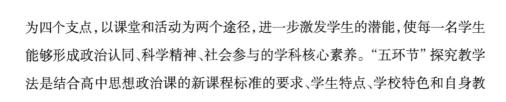

为四个支点,以课堂和活动为两个途径,进一步激发学生的潜能,使每一名学生能够形成政治认同、科学精神、社会参与的学科核心素养。"五环节"探究教学法是结合高中思想政治课的新课程标准的要求、学生特点、学校特色和自身教学实践形成的。

（一）第一环节：时政探究——先说后评

当前高中思想政治课教育应具有时代感、针对性、时效性,强调思想政治课教学中时政教学要与知识、能力、情感态度有机整合。为实现思想政治课教学与时政教学的结合,教师在教学中必须始终把握时代脉搏,让时政教学环节不流于形式,有针对性、目的性地培养学生的政治认同、社会参与精神,并通过时政教学引导学生关心社会、关心国家、关心天下人,培养学生用正确的世界观、人生观、价值观去认识家事、国事、天下事,指导他们的生活实践,弘扬主旋律。在这一观念的指导下,高中思想政治课多元评价"五环节"探究教学法就形成了。

每一节课课前学生以小组为单位,按照教师的要求做5分钟时政评论,评述内容包括两部分:一部分是陈述时政事件,另一部分是自己的评论或者感悟,要求把生活事件与理论有机结合。学生在收集整理资料、形成自己观点的过程中,提高了筛选信息、解读信息、评价内容的能力,进一步提高了其语言表达能力。教师可以借助时政点评引入新课,调动学生的积极性,这为理论知识学习奠定了基础。课前时政评论前,教师可发放评价量表。在这一教学环节中,教师可尝试进行如下评价:

表1-1 高中思想政治课时政评论评价量表

主题		内容	
语言		评论	
你的点评			
其他小组平均分			
所在小组平均分			
突出优点			
改进空间			
教师点评			
我的收获及反思			

　　在学生演讲后,其他学生填写评价量表。教师收集量表后形成综合成绩。

　　在学生"讲时政、评时政"的过程中,可以引入小组评价的方式,让学生树立集体观念。学生在评价别人和了解别人评价的过程中,可以学会分析、分享、学习。在自我反思和收获的填写中,学会总结和进步。这样的评价方式,提高了政治教学的时效性。

（二）第二环节：自读释疑——以疑导思

问题意识对于提高学生思想政治课的学习能力有重要的意义。高中思想政治课涉猎的内容非常多，包括经济、政治、文化、哲学、西方经济学原理等，既要有理论的深度又要有实践的广度。要运用课本理论解决实践问题，问题意识是基础。因此，在教学实践中，教师通过创设情境提出问题，学生通过自主阅读教材，尝试解决问题，并能提出有效的追问和解决方案。在这一环节中，教师可以运用学案进行记录与推进，学生在阅读教材的基础上填写学案。学案填充的内容，也是学生进行自我评价的依据。

在学案问题设计上既有基础知识的概括和提炼，又有"跳一跳，够得着"的思考问题。学生在学案填写时，自己会对学科知识和书本原理所对接的生活实际进行思考，提高自主思考问题、解决问题的能力。

（三）第三环节：互助合作——说写结合

这一教学环节仍旧使用学案推动，与前一环节不同的是，学生不再以个体为主进行释疑，而是以小组合作的方式，进行探究互动。为了使小组合作学习能够有效实施，不降低教学效率，使教师的意图、课程的理念得到有效贯彻，使学生的学习不流于形式，教师在课堂教学中要运用科学有效的策略进行监督和指导。为了让每一名学生都能参与讨论过程，我们设计了小组活动量表，学生通过填写量表进行自评和他评。

表1-2　小组任务量表

小组名称	探究题目		探究结论			
序号	任务名称（任务计划）	负责人	任务完成情况记录	小组对任务完成情况评价	评价理由	改进措施
1						
2						
3						

学生在交流的过程中,教师可以"合作参与者"的身份适时点拨,遇到有争议的问题,教师也不急于做出结论,应该让学生充分思考、辩论和实践。此外,教师应鼓励"领跑者"把一些机会让给"追跑者"或"起跑者",让竞争在友好的氛围中文明有序地进行,让不同层次的学生都得到发展。学生发表自己的见解,尝试解决问题的新办法,通过生生互助,培养学生的合作能力、表达能力、社会责任感、探究能力等。

(四)第四环节:点拨概括——讲练结合

新课程改革强调落实学生的主体地位,但是不能忽略教师的主导作用。没有教师的主导作用,学生的主体作用就不可能真正落实,学生探究和评价的效果就会大打折扣。因此本教学环节充分发挥教师的主导作用,对在前两个环节中的问题进行科学引导和指导,并对本节课的问题进行归纳总结,引导学生形成思维导图,能够科学记忆简要口诀。教师应帮助学生澄清思维中的疑点、难点,使学生的认识水平得以深化。

在本节课后,学生会填写教师评价量表,通过量表对教师的教学进行评价。

表1-3 教师教学评价量表

给这节课教学设计打一个分(10分为满分)	
你对老师的教学设计有何建议?	
你来设计本课内容,会使用的教学资源?	
你认为那位学生的观点最好,简要说明原因。	
你从本节课获得的收获是什么?	
你的老师表现如何(语言、服饰、动作等)?	

这一环节对教师课堂教学实际效果和教学设计进行评价,是教师进行教学

反思的有力依据，同时也让学生有机会帮助教师改进教学设计，这对教师提高教学水平有助益，也使教学设计更贴近学生的实际。让学生学会正确地评价教学，进而主动参与课堂教学的设计，能够激发学生学习、创造的积极性。

（五）第五环节：拓展推移——实践应用

课堂学习的原理如果只停留在口头上就失去了教学的意义，所以针对一些与生活紧密相连的重难点内容，教师可以设计一些学生能够联系实际开展的社会调研或动手操作的任务，让学生把学习导的理论知识和实际相结合，认识和解决一些实际问题。如"我的理财计划书""居委会是什么样的组织""认识我身边的道德模范"等。让学生走出学校参与社会实践活动，能够达到感悟知识、提高觉悟、培养能力的目的。这一教学环节可以小组为单位进行探究实践，通过评价进行。

表1-4 小组任务量表

小组名称		探究题目				总负责人	
序号	任务名称	任务计划	负责人	任务完成情况记录	小组对任务完成情况评价	评价理由	改进措施

小组的每一位成员要填写评价量表。

表1-5 小组成员自评量表

小组成员姓名	任务完成情况	与团队合作情况描述	对探究结果的贡献率	对自己能力的描述	是否愿意尝试的其他任务	给自己打分	其他所要表述的内容

表1-6 小组成员互评量表

序号	任务名称	评价	简要说明理由	得分

表1-7 教师评价表

报告（论文）等级	对报告（论文）简单评述	实践单位（采访对象）简单评价	小组得分

　　学生参与实践拓展的过程得分，由教师得分和小组互评平均分构成，不计算个人状况得分，小组得分就是小组每位成员的个人得分，会计入期中、期末成绩，这样做的目的是培养学生的团队意识，使其学会融入集体，在学校之外的活动参与中做好自我约束，使团队有效合作。

　　行者常至，为者常成。在新理念的指导下，在课堂模式研究过程中，我们尝试了多种评价方式，明确了学生主体、教师主导地位，注意学生参与活动的过程，让学生的理论知识与实践能力在活动中相得益彰，在自评、他评的过程中让学生的身心得到和谐全面成长，从而提高政治课教学的实效性，把教育教学的目标落到实处，初步形成高中思想政治课多元评价"五环节"探究教学法。政治学科的开放性比较强，还需要在教学实践中进一步探索和完善这一教学法。

"有形"教学促"无形"素养

——高中政治"学科核心素养"养成初探

■ 张 华

"一切教学都是育人。"这里的"育人"是多元的,它要求教师不仅传授给学生简单的文化知识,更要给学生能够带得走的、受用一生的东西,这个东西就是方法、能力和智慧。叶圣陶先生曾说过:"所有的课都应当是政治课,所有的课也都应当是语文课。所谓所有的课都是政治课,不是要求把所有的课都上成政治课,而是所有的课都应当从学科课程的性质、任务、特点出发,自然地对学生进行思想品德教育;同样,所谓所有的课都是语文课,也不是要求把所有的课都上成语文课,而是所有的课都要指导学生学习语言文字的应用,这是作为一个中国人的基本素养。"

叶圣陶先生的话中,至少有两点相当重要:一是学生发展核心素养中少不了思想品德素养和语言文字素养;二是学生发展核心素养既是基于学科的,又是超越学科的,应当用学生发展核心素养来统领各学科教学,同时在学科教学的过程中结合学科特点,有的放矢地发展学科核心素养。因此,教师不仅要研究本学科的教学,还要关注、研究、把握和落实学生发展的核心素养。这就要求教师不仅要学习和把握共性的、一般的核心素养,还应当研究和探索本学科的核心素养。

高中政治学科核心素养包括政治认同、理性精神、法治意识、公共参与四个方面,是对知识、能力与情感、态度、价值观三维目标的整合。这四个核心素养的培养,需要教师在课堂教学中借助一定的引领策略来实现。为此,教师要力求每节课至少有一个环节引起学生的共鸣,使学生情感得以升华。教师可以尝试从以下几个方面着手培养学生:

一、思维牵引——良好的开始是成功的一半

教育家加德纳的多元智能理论认为,人有多种智能,包括语言智能、数学逻辑智能、空间智能、音乐智能、运动智能、人际交往智能、自然智能和个人内在智能八种。这一理论要求我们必须关注对学生心理、适应能力、生存能力、综合能力等多方面的培养,这样才能利于学生的终身发展,这些方面与我们的"核心素养"相一致。要达到此目标,我们认为首先可以在课程导入的环节,从书中所给的事例、课堂偶发事件或课前搜集的材料中选取能引起学生兴趣和共鸣的好素材,如某个有哲理的笑话、学生自己身边的小事、或有质量的"脑筋急转弯"等,让学生在思维碰撞中领悟知识,体悟人生道理。

在教授"生活与哲学"一课时,一天,上课铃响,我走进教室,发现学生们都在看着一个学生,不停地笑着,还不时窃窃私语,循着他们的视线,我把目光停留在了王同学身上。只见他脸涨得通红,两只手却在抽屉里不停地"折腾"着,我好奇地走到他面前,定睛一看,原来,他左手的食指伸到了一个空的矿泉水瓶口里,怎么也拔不出来了!学生们越笑,他越着急,越用力拔手指,手指就越肿得厉害,更加难以拔出。

我当即问大家:"你们有什么办法让他把手指拔出来吗?"这时,孩子们才把思绪转移到出主意上来——"把水瓶剪开!""像拔萝卜一样找力气大的帮他一起拔。""要不打119吧?让消防员帮帮他。""热胀冷缩,用凉水冲着手指和水瓶连接的地方,边冲边一点点往外拔。"最后的这个办法,成功帮王同学解了燃眉之急,在此基础上,我趁热打铁让学生们讨论:"这件事体现了什么哲学道理呢?"学生们在教师的引领下,最终领悟到:做什么事都要具体问题具体分析,要遵循规律,正确发挥主观能动性,不能蛮干,如果蛮干可能会带来很大的损失。

教师适度适时的引领,使学生从感性认识的角度理解并验证了相关知识,为实现"如何理解哲学常识对人的指导意义"的教学目标奠定了基础。思维引领促使智慧与智慧之间碰撞,心灵与心灵之间悦纳,这样的政治课让学生兴趣盎然,获得感增强。活跃的课堂氛围不仅训练了学生的思维,还培养了学生敏锐的观察能力和知识的迁移能力,更增强了学生的责任意识和公众参与意识,学生在经意或不经意的情境引领下,能够感悟人生真谛,引发对人生、社会的思考。当然,这一环节的操作要注意两个问题:首先,所选的内容要贴合学生学习的知识和生活的实际,注重思维的健康性、辩证性;其次,要把握好时间与分寸,避免出现主次颠倒的现象。

二、疑问引领——积极的质疑促进知识的深入

优秀的课堂应有深度。这是对知识而言的。教师应由浅入深设疑,挑战学生的知识、思维和智慧。疑问引领是问题式教学法的延伸,它是指学生在教师的指导下,进行开放式与发展型的讨论,使学生在逐层深入的课堂答辩中弄清问题,明辨是非。

在讲授"和平与发展:时代的主题"一课时,我设计了一系列的问题:"什么是和平问题?为什么和平问题是时代的主题?什么是发展?为什么发展能够成为时代的主题?和平与发展是怎样的关系?和平与发展的障碍是什么?如何维护和平、促进发展?"这些问题在探究活动的层层推进下逐个展开、逐个突破,学生在阶梯式的疑问引领下,加深了对和平与发展这一主题的政治认同。

三、情境引领——合理的情境是升华知识的摇篮

优秀的课堂要有"温度",即通过设置情境使学生有情感触动。由境入情使知识亲近学生、触动心灵。为此,课堂教学过程中,教师要有意识地筛选那些既符合要学习的内容,又利于提升学生核心素养的情境材料,引导学生结合自身经验对这些素材进行多元深层的解读,引领学生思考和探索,用适当的语言充分表达自己所思、所想、所悟,进而把理解和体验外化,在掌握知识的同时学会用理性精神指导自己做事做人,在情感体验中升华思想品质,实现政治"核心素养"的提升。如在"和平与发展:时代的主题"一课中,我设计了四个情境探究活动:

(一)探究一:沉思历史,呼唤和平——创设情境、寻疑激趣

我先播放关于战争的短视频,让学生分析视频:20世纪上半叶,人类两度遭遇世界大战,战争给人类带来了太多的不幸。然后通过展示学生们在网上搜集的关于战争危害的图片,给师生以强烈的视觉冲击。教师请学生用词语描述视频和图片带给自己的感受。在情境的冲击下,学生不难得出"饱尝战乱之苦的世界各国人民呼唤和平、反对战争"的结论。这一探究结合学生学情,创设有效的教学情境,能够很好地激发学生的学习兴趣,调动学生内驱力。

(二)探究二:反思发展,深识和平——设疑导思、释疑探疑

通过视频"发展"探究总结在相对和平的环境下的世界发展状况,使学生深度理解和平对发展的意义,整合和平与发展的关系。这一探究让学生通过课前预习,在对和平和发展的知识有初步理解后,再观看视频资料,更好地提高理性分析和参与解决问题的能力。

(三)探究三:维护和平,促进发展——论辩问题、升华认知

教师放映"霸权主义和强权政治"相关视频,学生分析并得出结论:"和平与发展"的主要障碍是霸权主义与强权政治。学生根据预习阐明维护和平、促进发展的有效途径。这一探究旨在创造条件让学生学会自主发现信息、捕捉信息并辩证地理性思考。

(四)探究四:和平发展,中国风范——合理评价、体验感悟

通过使学生观看视频"和平发展的态度差异",感悟中国在追求和平、维护和平过程中的做法、态度、主张等。学生分组进行3分钟的交流研讨,生生互动,交流观点。学生是课堂的主体。本探究活动采用小组合作探究的学习方式,充

分发挥学生的主体作用,拓展学生思维,在生生、师生互动中延伸知识,强化与国家的政治认同。

四、习题引领——好的练习是升华知识的牵引绳

习题检验是教材知识的补充和延伸,这里说的练习指的是那些既具有一般练习题巩固知识、检查教学效果、巩固和深化教学观点的功能,又具有通过练习升华情感态度价值观作用的练习。教师从学生实际和生活实际出发,精心设计选择课堂练习,争取把无形的素养培养融入有形的生活领域中,既提高学生的解题能力,又拓宽学生的知识面,还可以提高学生的核心素养,实现三效合一。如学完"树立正确的消费观"和"投资理财的选择"这两个内容后,教师可以布置活动,让学生体验"我是家庭小主人",学生与家长一起设计收入投资计划,记录每天家庭的消费明细,月末结算,并对自己的家庭投资消费进行横纵对比分析。通过这样的拓展性练习,学生能亲身体会到"不当家不知柴米贵"的道理,从而发自内心地珍惜父母的劳动成果,在参与中经过理性分析形成对学科教育的认同感,更学会感恩。

通过实践,我们发现对学生核心素养的培养绝不是一蹴而就的,不是仅凭一次思维引领、一个疑问、一种情境、一道习题就可以实现的,它是长期积累的结果。提升学科核心素养的环节设计不在于多,而在于精和长期不懈的坚持。我们坚信,在无数"有形"的教学活动中,一点一滴积累与反思提升会让学生政治学科核心素养于"无形"中提高,聚沙成塔、水到渠成。

教有所思，方有所得

——浅议政治学科核心素养在教学中的培养

■ 杜 颖

现阶段，我国对于教育领域的变革与发展非常重视，不仅促进新课改深入推行，而且对于高中思想政治课教师的课堂教学方式以及教学效果有了更多的要求。在此背景下，教师对于学生学科核心素养的培养更加关注，希望通过积极转变教学理念以及教学方式，在提升课堂教学效率与效果的基础上，实现核心素养的培养。本文以高中思想政治学科教学为例，结合实际教学经验，对高中思想政治学科教学中学科核心素养的培养进行探究。

一、核心素养背景下的高中思想政治学科教学现存问题分析

现阶段，虽然高中思想政治课教师对于学生核心素养的培养非常重视，但是依旧存在着一定的问题，主要可以归纳为以下三点：

第一，关于课程教材方面的问题。就现阶段使用的教材来看，其非常重视相关知识逻辑性的体现，但与学生实际生活联系得不够紧密。同时，教师也没有在实际教学中加强教材与实际的联系，这并不利于学生核心素养的培养。

第二，关于教师认知方面的问题。由于在高中阶段，学生的课业任务较重，需要学习的科目、知识点较多，知识点深度较大，所以教师在实际的教学中，更加重视学生知识能力的提升，使得核心素养的培养流于形式。

第三，关于教学方法方面的问题。目前，多数教师依旧使用传统的教学方式,不仅降低了学生思想政治学习的兴趣,也阻碍着学生核心素养的形成。

二、核心素养背景下的高中思想政治学科教学问题成因分析

造成上述问题发生的原因可以归结为以下两个方面:

第一,主观层面的问题成因。高中思想政治教师的教学策略、教学理念等较为落后,对于学科核心素养的培养较为轻视是该类别中主要的表现。基于这样的情况,我们认为,必须要重视对学生核心素养的培养,确立高中思想政治学科核心素养的培养目标,并使用新的教学手段,促进学生在掌握知识点的同时,实现更好的发展。

第二,客观层面的问题成因。在这一方面中,教材与生活的联系不紧密是主要表现。针对这一情况,我们认为,除了要积极促进教材改革之外,相关教师还要对教学内容进行深挖,在课堂中加强知识点与实际的联系。

三、高中思想政治学科核心素养培养的具体策略探究

(一)明确建立核心素养培养的政治教学目标

高中思想政治课教师在对学生的核心素养进行培养时,必须要对基于核心素养背景下的高中思想政治教学目标进行了解与明确,确保后续所有的教学设计、教学方法的使用都符合主要的教学目标,保障与提升课堂教学的效率。教师需要认识到,在核心素养培养的过程中,由于需要进行多样的、大量的实践活动,所以教学目标的设定十分重要。对于高中思想政治课教学来说,教师需要在对学生的信仰、思想、尊严、担当等进行培养的基础上,实现对学生自主学习与探究能力、实践能力、应用能力等的培养。

在对学生培养的过程中,高中思想政治课教师要重点对学生的价值观以及政治情感进行引导,利用针对性教学,潜移默化地强化学生的政治理念;在对学生进行思想培养的过程中,高中思想政治教师要重点对学生的知识转化与应用能力进行培养,这可以通过问题引导、实践活动等实现;在对学生尊严进行培养的过程中,高中思想政治教师要结合相关法律的知识点,强化学生"在维护自身利益的同时,也要对他人的利益进行维护"的认识;在对学生担当进行培养的过

程中,高中思想政治教师要重点结合实践活动,避免"高分低能"问题的出现,让学生具有着全球意识以及国际视野。

(二)对高中思想政治教学内容进行有效整合

高中思想政治教师想要在实际的课堂教学中实现对学生核心素养的培养,就必须要对相应的教学内容进行有效整合。在实际的教学中,高中思想政治教师要将教材中的内容与学生的实际生活进行联系,在提升其对相关知识点的理解程度的基础上,丰富学生的实际经验,促进其学科核心素养的形成。如在进行人教版高中思想政治教材必修一"投资理财的选择"的教学中,由于相关内容对于学生日后的生活有着较大的影响,而我国的传统观念并不重视理财,家长对于子女的教育也只是"好好读书,找个稳定的工作"。所以我首先给本课的题目加上一个副标题——管理财富,规划人生。让学生明确理财能力对于幸福人生的重要性,从而改变学生心中对理财问题的陈旧观念,并且利用互联网对相应的视频资源进行查找,在课堂中播放视频资源。这样的方式不仅能够对学生掌握的知识点进行有效地拓展,也实现了知识与生活的联系,推动学生在实际的生活中对于学习的知识进行应用,培养其核心素养。

在教学培训中,我了解到,新的必修教材中包含着四个模块,每一模块都对应着不同方面的核心素养。基于这样的情况,高中思想政治课教师在讲解不同知识点时,要结合教材的内容,对学生不同方面的核心素养进行培养。如对于"中国特色社会主义"来说,教师能够对学生的政治认同进行培养;"经济与生活"能够对学生的科学精神、政治认同进行培养;"哲学与文化"促进学生人生观、价值观等的正确树立,并提升了学生的文化自觉与自信;"政治与法制"推动了学生对公共生活与政治生活的积极参与。

(三)积极转变传统的思想政治教学方式

1.结合问题情境的设置,构建活动型课堂。在利用设置问题情境构建活动型课堂时,相关教师需要注意,在进行问题情境的创设时,要结合完成相应的教学主题,最大程度发挥问题与情境的作用。如在进行人教版高中思想政治教材必修一"树立正确的消费观"教学时,教师可以在课堂开始前,对于"双十一"购物的消费情况以及相关数据进行介绍,设置问题:"你在'双十一'都买了什么?""你的父母在'双十一'都买了什么?""在购物后有后悔的情况出现吗?"组织学生进行小组交流与分享。同时,也可以让学生结合前期学习的"消费及类型"的有关内容,对"双十一"的消费展开分析,在完成小组讨论后可以在全班范围内进行分享。在这一阶段,教师需要重点注意学生的问题。换句话说,就是要鼓励学生勇于提出不同的意见,促进全班讨论。这样的方式不仅能够更好地吸引学生的注意力,引出后续的教学,并能够对学生自主学习与探究能力进行提升,实现核心素养的培养。

2.提升课堂的活动体验,构建实践型课堂。为了进一步提升学生的应用能力以及实践能力,我们认为,高中思想政治教师必须要对校内教学资源进行充分挖掘与整合。通过组织多种实践活动,实现对学生核心素养的培养。如在进行人教版高中思想政治教材必修三"在文化生活中选择"的教学中,可以让学生以小组为单位对主题为"远离腐朽文化与落后文化"的相关内容进行查找与分析,并以课件的形式在课堂中进行展示与分享。也可以充分挖掘校园广播、校园宣传板、班级板报等资源,对相应知识进行宣传。这样的方式能够对提升学生对于相关知识点的理解,也培养了学生的学科核心素养。

在高中思想政治教学中,学科核心素养的培养有着十分重要的意义。通过明确建立基于核心素养培养的政治教学目标、对高中思想政治教学内容进行有效整合、积极转变传统的思想政治教学方式,实现了学生应用能力、实践能力、自主学习与探究能力等的提升,促进了学生更加全面的发展,完成了对学生学科核心素养的培养。

教育不是灌满一桶水，而是点燃一把火

—— 让思想政治课成为点亮生活智慧的火种

■ 赵丹丹

美国前总统奥巴马曾在美国年度教师颁奖典礼上指出："每个孩子的心中都有一块看不见的黑板，他们一生都带着这块黑板。他们遇见的一些人在上面写上了爱与支持的信息，一些人则留下了否定与怀疑的信息。每个教师的工作就是擦去这些否定与怀疑的信息，写上关心的话语、激发自信，并强化价值。现在，虽然今天的一些学生可能一点儿也不知道他们心中的这块黑板，但他们却知道教师给他们的影响将持续一生，因为老师非常重要。"

这段话让人感慨良多。有一些学生会在毕业考试结束的那一刻"清空内存"，理直气壮地说："老师，我不欠您了，您教我的都还给您了。"这看似是一句玩笑话，但却真实反映了应试教育的无奈与悲凉。到底影响孩子一生的是什么呢？书本上的知识可能会忘，可孩子们却不会忘记在自己学生时代出现并付出过真情实感的老师们，哪怕是老师的一句口头禅，多年之后，这些都会历历在目。"学高为师，身正为范。"相对于"学高"，"身正"带给学生的震撼应该更为强大。所以，良好的学习能力、正确的价值选择、积极的生活态度才应该是老师留给学生真正的财富。于是，我也悟到了政治课教师的价值所在——政治课是德育主阵地，政治课教师是帮助学生健全人格、智慧生活的向导。让健康的人生理念借助教材、通过课堂传递给学生，这是时代背景下政治课教师必备的基本功。

一、生活要不失激情并有担当

曾经有段时间,"世界那么大,我想去看看"几乎成了各大网媒转载的热词,也成了大家茶余饭后"筹划未来"的必备良句之一。几次偶然的机会,让我对这句充满情怀的话语多了几分"警惕"。"互联网+"的时代,信息传播速度之快,辐射范围之广,是人类历史发展至今的奇迹。有些信息来不及甄别和考证便消失于网络之中,可信息所带来的影响却以其"润物细无声"之势留在了民间。当时,这句话在学生之间热度很高,我不禁想到大家曾对那句同样充满浪漫情怀的"来一场说走就走的旅行"的批判,这其实就是被华丽外表包裹的责任感缺失,所以,我怕同样的断章取义会带给孩子们不好的影响。于是,我对写这封辞职信的作者充满了好奇,便在网络上找到了以下信息:

"顾少强,女,中共党员,中学教师一级,2004年毕业于河南师范大学教育系心理学专业,2004年7月到学校工作至今,现为校级骨干教师。2006年被评为省级优秀共产党员;2012年加入郑州市心理讲师团,为多所学校进行大型公益心理讲座。现为郑州市心理教师核心组成员,负责郑州市心理团体活动成长小组教师培训工作以及郑州市关工委'关爱空巢老人'小组培训部部长。人生格言:唯有将工作变成事业,才能发自内心去热爱。"

作为自己的同龄人,能在自己短暂的教师生涯中留下这样几笔,堪称表率。所以,我萌生了还原真相的念头,我想告诉我的学生们"看世界本无错,让看世界变成推卸责任、逃避现实的借口就是你的错了"。

于是,在人教版九年级思想政治课"造福人民的经济制度"的教学设计中,我以"世界那么大,我想去看看"为情境导入,带着学生看天、看地,看家乡、看世界,看自然、看人文……在一场视觉盛宴之后,我以网友们对于"辞职看世界"的顾虑"钱包那么小,哪也去不了"为转折,引导学生们思考:"'看世界'的确需要一定的经济支持,那辞了职的顾老师靠什么去看世界呢?"孩子们脑洞大开,争先恐后回答问题:"顾老师可以当换客,别人能换来房子,她也许能换场环球旅行……""顾老师工作过一段时间,应该有点积蓄……""顾老师可以边打工边旅行……""顾老师是心理老师,可以开个心理诊所……"孩子们的建议虽然五花八门,但都值得一一肯定。

　　紧接着我便把自己整理好的顾老师的工作经历展现给学生们,我要把一个不仅有专业技能、工作经验,而且还是一位负有责任心,充满爱心的顾老师介绍给同学们,告诉大家这些都是她去看世界的资本。最后,我告诉学生们,顾老师看世界的"第一站"便是在成都古城开了一家客栈,一来可以谋生,二来可以通过客栈这个平台传播中国文化,可见顾老师不仅在生活中有股小激情,还有一份大担当。至此,本节课德育渗透的任务顺利达成。

　　本课的第二阶段则是以客栈为中心,辐射到与客栈经营过程中打交道的各种经济实体,教师带领学生分类,找不同,进而整理出我国现阶段现存的各种经济类型以及我国的基本经济制度,教学任务的完成也并不显得突兀,完全依托于初三学生的生活经验之上。课后思考的作业则是希望学生在"大众创业 万众创新"的时代背景下给未来的自己写一份创业书,形式可以多样,但目标必须体现社会效益与经济效益的统一。今天的创业计划也许明天就是去实践的意义,我相信孩子们在筹划未来时一定会迸发出热情。

二、生活要理智客观不偏颇

　　不知从何时起,"扶不扶""管不管""帮不帮"成了人们价值选择的纠结点,当"生活需要正能量"成为口号的时候,是不是就能消灭"负能量"?我一度很想在课堂上专门和学生讨论这个话题,但这的确是个很成规模的社会问题,加之初三学生的认知水平,讨论不好就会变成简单的说教,毫无意义。可是一次偶然的事情,让我对身边的这群"00后"刮目相看。

　　在"不计代价与回报"的学习过程中,我问学生:"想不想证明自己是个有社会责任感的人? 怎么证明?"一个女孩子的回答让我特别感动:"老师,有一天放学,校门口堵了很多车,当时没有交警,特别混乱,因为我是步行,所以发现是有辆电动车位置摆得不对,导致汽车过不来。我当时跑过去挪电动车,可是电动车太沉,我根本搬不动。半途还被爸爸拽走了。爸爸当时训斥我:'万一挪不好再把旁边的汽车砸了,你赔吗?'我当时很委屈,可还是很坚持,让爸爸和我一起挪……电动车挪开了,汽车不堵了,只是爸爸一路都没和我说话,可我还是觉得我做的是对的。不过,晚饭的时候爸爸告诉我,以后再遇到这种情况,自己搞不定,一定要找别人帮忙……"听了这番话,我的眼睛湿润了,心里酸酸的——每个孩子都是天使,如果号称"大人"的我们不能正确引导,很有可能会折断天使的翅膀;可是心里又感觉甜甜的——天使终究是天使,骨子里的那份善良与美好是与生俱来,打磨不掉的。

"你真棒!我给你32个赞!"我喊了出来,班里响起了热烈的掌声,我听得出,这掌声中饱含肯定与希望!

三、生活要视野宽阔有格局

联合国教科文组织编著的《学会生存——教育的今天和明天》明确指出:"教师的职责现在是已经越来越少地传递知识,越来越多地激励思考。除了教师的正式职能外,他将成为一个顾问、一个生活情景的再现者、一个帮助发现矛盾而不是拿出现成真理的人。"所以教师,特别是政治课教师就更应该摘掉"说教者"的帽子,放下身段,转变角色,让自己成为和学生一起品味生活的伙伴,成为可以让学生表达真实想法的听众,成为他们在遇到观点分歧时公正的裁判。

人教版高中政治必修二"政治生活"模块是集理论学习、社会认识和公民教育于一身的综合性课程。其中,对学生进行的马克思主义基本政治观点的教育包括政治观、国家观、民主观、政府观、公民的权利和义务观、国家利益观等。在模块学习之前,我节选了张维为教授题为"做自信的中国人"的演讲的部分内容。时代发展到今天,开放的世界需要我们用自己的眼睛去观察,用心去体会,事实胜于雄辩。我有的放矢地扩充教材内容,全面客观地分析东西方政治体制的优势,让学生清醒地认识到任何一种政治文明的存在都曾经为世界文明的进步做出过贡献,进而升华学生们的民族自信和爱国情感。

不管时代如何改变,真善美依然是人们亘古不变的追求,在追求真理的过程中,思想政治课教师应该着力突出思想性,成为带领学生寻真、觅善、创造美的精神导师。

初中思想品德课教学有效性探究

■ 杜 辉

长期以来，传统教育以"填鸭式""管束式"教学模式为主，忽视对学生问题意识的培养，上课时教师讲空道理，交代知识要点，复习时学生背要点，考试时力争一字不差地答要点，导致课堂气氛沉闷，课堂效率低下。随着教育改革的推进和新课程的全面实施，如何使思想品德课教学的有效性得到提高，真正发挥德育功能，使思想品德课回归德育本身，是每位思想品德教师应该思考的问题。

一、实现教学理念的转变

"一切为了学生"是新课程改革的核心理念。因此，转变教学观念，实现学生的全面发展是思想品德课教学改革与发展的首要任务。实施新课程改革，核心是由过去"重知识、轻能力"的传统教育教学模式转向知识、能力"双提升"的模式，使学生逐步培养正确的价值观、人生观和世界观。教师要充分体现人文精神，突出学生主体地位，促进学生参与实践，自主探索、合作交流、阅读自学，帮助学生形成独立思考的习惯，把教学过程转变为师生共同合作创造的过程。课堂教学要以学习方式改变为重点，帮助和指导学生形成适合自己的学习方式，在开展主体性学习和研究性学习的同时，鼓励合作学习，促进学生之间相互交流、共同发展。教师是一个组织者、引导者、评价者，而不是要什么都在学生之上的传统师者。

二、构建生活化的课堂教学

思想品德课应该加强课程内容与学生生活、个人知识以及现代社会和科技发展的联系,让他们在生活中学会学习,在学习中更好地创造生活。思想品德课教师应该在课堂教学中实现课堂教学的生活化。

（一）新课导入生活化

新课导入是上好一堂课的关键,而生活化地导入更能贴近学生、吸引学生学习教学内容。新课导入时,教师可以从学生熟悉的生活案例着手,使学生的学习从生活原型出发。如此"生活化"的导入,容易使学生产生情感上的共鸣,调动学生的学习积极性,较好地达到预期的教学目标。这样,在轻松愉快的学习氛围中,学生自然能够兴趣高涨地进入新课的学习。

（二）教学情境生活化

教学内容的设计上,要充分利用教学情境,还原生活场景,从学生生活中寻找课堂教学的素材。通过科学合理的设计贴近学生生活的情境,能够让学生主动参与,激发学生的情感,促进知识的迁移,达到明理、启思、慎行的目的,最终完成思想品德课的教学目标。

（三）设计生活化的教学问题

生活是思想品德课教学的源头活水。教师设计的探究性问题必须根植于与学生息息相关的生活,立足于学生现有的生活经验,关注学生身边的事,让学生经历一个"从生活到知识,再从知识到生活"的循环上升过程,让学生"重温发现的乐趣"。通过问题设计,搭建生活素材与理论知识之间的桥梁,让学生在感知生活的同时获得超越生活本身的理性思考。

三、采用恰当的教学方法

在整个教学过程中,教师的目的在于启发学生理解知识,掌握学习方法,引导学生学会学习、学会思考、学会创造。教师不只是知识的传授者,更重要的是学习的促进者、组织者和指导者。思想品德教师更要完成由传授者、操练者向启发者、引导者的角色转换。当然这就要求教师不仅应具有传授知识的高超本领，而且还必须具有指导学生学习的科学方法、沟通交流的精湛技巧、启发引导的绝妙艺术。

初中思想品德课堂教学需要师生互动交流。学生科学的人生观、价值观的养成，需要教师外部的教育和指导，更依赖于学生主动的感受和体验。初中思想品德课堂教学过程中，教师要发挥主观能动性，积极创造条件，为学生自由活动创造条件。具体来说，教师可从以下几个方面努力：

（一）课前准备

在每次开展课堂教学之前，教师可以要求学生事先预习了解要学习的内容，并通过多种途径收集与要学习内容相关的知识，熟悉相关背景知识，为学生在课堂上熟悉、理解教学内容做好准备。如在开展"珍爱我们的生命"课堂教学前可开展一次以"我爱生命"为主题的课堂讨论。

（二）实践活动

实践性是初中思想品德课堂教学最重要的特征之一，通过增强课堂教学的实践性，让初中学生自主参与课堂教学，一方面可以培养学生的动手能力，另一方面有助于其在实践中形成和发展正确的思想观念和良好的道德品质。

（三）情境体验

初中思想品德课教学要让学生在情境体验中掌握新知识，教师要对教材内容进行优化组合，运用多媒体技术将音乐、游戏、媒体图片等运用到初中思想品德课堂情境中，丰富课堂教学。

教育是一种理念，更是一种价值追求。思想品德课有效性的提高既要结合教学实际不断创新教学方法，也要结合学生实际，调动学生的主动性，更要转变教育理念，让思想品德课教学回归德育本身，即为了人的发展。

第二章
核心培育
价值性和知识性的统一

　　坚持价值性和知识性相统一，是提高思政课质量水平、推动思政课改革创新的题中之意。在天津市第二十中学，授课教师高度重视课程价值性与知识性的统一，寓价值观引导于知识传授之中，合理选择教学内容并构建知识点脉络，创新教学模式和手段，使思想政治教育有效地融入知识体系中，实现智育与德育的统一。这一教育理念贯穿于实践始终，为落实立德树人、加速学生成长奠定了基础。在课堂上，学生不仅可以学习到扎实、科学的学科知识，更可以聆听到丰富、有效的人生经验，进而树立正确的道德价值观，成为新时代的筑梦人。

在体育教学活动中培养学生体育学科的核心素养

■ 张　晶

体育运动的意义在于让国家的下一代拥有坚定的品格和强健的体魄。作为教育体系的一部分,当代体育教育提高学生体育技能必须以核心素养培养为出发点,在素质教育的引领下,培养学生的坚毅品格和健康良好的心理素质,促进学生的全面发展。在教学实践时,教师不能只教给学生知识和技能,还要教会学生学习,培养他们学习的兴趣,使他们在学习中形成积极向上的精神、活泼开朗的个性、坚强的意志品质和强大的自信心。为此,德育在体育教学中占据了非常重要的地位。

一、学习动机的培养与激发

学习动机的激发需要一定的诱因,使已经形成的学习需要由潜在的状态转入活动状态,从而调动学生强烈的学习愿望或意向,成为实际学习活动的动力,这样不仅可以调动学生的学习主动性,为完成当前的学习任务创造有利条件,而且可以使形成的学习需要不断得到巩固与发展,利于今后的学习。在体育教学中,学习动机的激发不仅限于教学的开端,还要贯穿于整个教学过程,那么在体育教学中,教师如何激发学生的学习动机,笔者通过多年的教学实践经验对其进行了分析和总结。

在体育教学中,要激发学生学习的动机,首先要进行动机的培养。所谓动机的培养,就是学生把体育教师提出的学习体育的重要性等要求变成自己内在的学习要求,经历心理过程从不认可到认可的转变,它是一个使学生从没有学习需要到产生学习需要的过程。必须让学生树立正确的思想观念,改变以往旧的被动的学习方式,理解贯彻终身体育的新观念,培养"终身体育"的意识。"终身体育"是指人们在一生中所受的各种体育教育与培养的总和,是体育锻炼者按照自己的意愿进行贯穿一生的参与体育学习和体育锻炼的全过程,教师在教学中要培养学生具有终身体育锻炼的意识习惯和能力,使学生成为有浓厚体育兴趣的人,让其终生自觉地参加体育锻炼,这是我们在体育教学中贯彻"终身体育"思想的捷径。要端正思想,改变重智轻体,片面追求升学率的倾向,让学生德智体同步发展,体育教学是一种双边的活动,只有教师的教和学生的学有机结合起来,才能使学生学到体育的基础知识和技能。但是对于学生来说,教师的教只是外因,而外因只是个条件,必须通过学生自觉积极的内因才能起作用,而动机的培养则是内因发挥作用的首要条件。可见,学生上好体育课的动机培养是非常重要的。

二、在教学中培养学生学习兴趣的意义

兴趣是人们倾向认识、研究和获得某种事物的心理特征,一个人对感兴趣的事物往往可以具有持久而集中的注意力,保持清晰的感知,引起丰富的想象和积极的思维,产生愉快的情绪体验,并能在从事与他有关的活动中用意志去克服困难而不觉得疲劳。

学习兴趣是指对传授知识技能的学习活动产生心理上的爱好与倾向性的追求,它是学生内心需要学习、向往学习的一种肯定的认识与表现,它能有效地诱发学习动机,强化学习动力,调动学生的学习积极性。一般来讲,学习兴趣是学生从事学习活动并获得成功的先导和曙光,在体育教学中有着举足轻重的作用。

兴趣是一种倾向性的探究反射,而学习就是一种探究活动,体育学习是指学生在教师指导下认知模仿、练习掌握知识技能的过程及师生双方相互交流、影响的情景。学生对学习活动感兴趣，势必是因为学习活动能满足学生求知的欲望。让学生拥有轻松、快乐的情感体验，促使其从内心建立对活动认识上的积极肯定和乐意参加的愿望与需求，从而能够使学生对学习活动产生好感。

这种由学习兴趣引发的学生对学习活动的愉快情感体验及乐意参加学习活动的欲望与需求，增强了学生学习的劲头与情绪，成为激发学生学习动机中最现实、最活跃的诱因，将构成学生在艰苦的学习中所需要的那份热情与意志，形成执着的学习意志和视苦为乐的学习情绪，对其正在进行的学习活动的深入开展，具有直接能动的作用。

从兴趣的心理、生理机制上来看，由兴趣引起的探索知识技能的大脑皮层兴奋中心与注意力所形成的兴奋中心同属大脑警觉中枢，因此人们对感兴趣的事物必然倾注很高的注意力，有学习兴趣的学生必然对学习活动保持高度注意，其意义在于能有效地启动有关认识器官，使认识器官处于活跃兴奋状态，促使学生全神贯注，提高学习效率。作为反映学生心理特征的学习兴趣，始终伴随着学生的学习认知活动，它与学习过程中的注意、思维、想象等密切相关，直接支持着学生认识活动的过程，直接影响学生身心的健康发展，是学生不断学习、不断进步的心理基础。

正确的示范是学生接触新技术动作最直观的感受。体育教师通过具体动作，使学生直接感知所学动作的结构、顺序与要领。因此示范要规范、熟练、轻快、优美，示范时还可利用体育挂图以及先进的教学手段——电化教学通过电视或录像进行规范。规范化动作的示范教学，帮助学生建立正确优美的动作概念，培养学生强烈的学习愿望和兴趣，如在进行高中学生行进间单手肩上投篮动作的学习过程中，我首先让学生利用室内课观看篮球比赛录像。让学生通过看录像产生一种"我也想学，我也想掌握这一技术动作"的愿望，此时学生对三步上篮产生了浓厚的兴趣，然后教师在室外通过优美正确的示范，进一步激发学生学习的动机，使学生带着浓厚的兴趣进行学习。

三、学习兴趣的培养策略

(一)师生关系

师生关系是一个重要的教育因素,良好的师生关系有助于调动学生的主动性和积极性,充分发挥学生的主体作用,能使在体育教学过程中师生活动协调一致,相互配合,提高效率。对于学生来说,教师的教只是外因,外因只是个条件,必须通过学生自觉积极的内因才能起作用。可见,学生上好体育课的动机培养是非常重要的,积极的情感具有激发调动学生积极性的作用,推动学生自觉积极地实现体育教学目标;消极的情感会抑制学生热情,甚至会使学生拒绝接受教师布置的学习任务。师生产生情感共鸣,可使教学富有生机,学生学有兴趣。

(二)教学方法

1.明确目的。在体育教学中,要使学生明确学习目的,端正学习态度,使每个学生明确学习该项目的具体任务和要求,明确该项目的考试考察方法与标准,这样才能使学生意识到自己的差距,建立明确的学习目标,激发学生内在需要及正确的学习动机,学生才能在行动上表现出刻苦学习、努力锻炼。

2."区别对待"。要了解每个学生的实际情况,尤其是对基础较差、身体素质较差的学生,教师要找出切实可行的要求,不可使学生感到教师的要求高不可攀,从而失去信心。教师要在不同时期制定不同的教学目标,要及时肯定学生们的成绩,使其树立战胜困难的信心,这样才能调动学生学习的积极性。

3.新颖的教法。体育课本身是一项十分有趣的活动,学生的兴趣则是学习动机中最主动、最活跃的成分。教师在教学中必须重视课程的组织和教学内容,尤其是教学方法的新颖,这要求教师要根据教学内容及任务,选择恰当而灵活的课程的组织形式和步骤,同时配合使用学生感兴趣的直观教具,生动地讲解,正确地示范。

4.利用反馈。反馈是激励学习的一种方法,通过反馈,学习者可以对自己的学习结果有所了解。反馈能够起到强化的作用。在体育教学中,教师使学生知道自己的学习结果是有很大的激励作用的,因为学生知道自己的进步,就能提高学习热情,增强努力信心。

5.开展竞赛。体育教学中,教师要依据教材和学生对学习的兴趣,开展多种形式的竞赛活动。竞赛活动是激发学习积极性的一种有效手段,教师可以在教学中依据课程的内容和情况,结合实际,在学生与学生之间、小组与小组之间采用竞赛形式进行练习或考核,这将会给课堂带来生机。如短跑,在体育课中只有恰当地安排竞赛活动,才能激发学生学习的动机。

6.趣味游戏。游戏是一种娱乐性活动,它能使学生灵活地运用已获得的知识、技能和技巧。在教学中对一项内容重复地进行练习,学生会感到枯燥、单调,如果在适当的时候穿插一些游戏,这无论从生理学、运动心理学、教学方面来说,都有着良好的效果和积极的作用。如为了发展学生的速度,可采用加速跑练习,但在练习时,学生往往积极性不高,只是象征性地去做,并没有完成课时任务,这时我们可以把练习嵌入"黄河、长江"游戏:即将全体学生分成两大组,面对面站立,一组为"黄河",一组为"长江"。教师喊到哪一组,那一组学生需要转身并迅速跑开,另一组则追赶他们。这个游戏既练习了加速跑,又活跃了课堂气氛,使快乐式教学融入课堂,大大激发了学生学习的兴趣和热情。

7.场地布置。从心理学角度分析,良好的场地布置能激发学生练习的兴趣、信心和运动能力。如平整松软的沙坑和醒目的起跳板,可引起学生练习跳远的兴趣。

学习动机是推动学习的动力,如果学生没有自发的学习动机,教师就应从外界施予激励,帮助学生设立学习目的,确定志向,使之对学习产生信心,实现自己的愿望,因此,教师在教学中必须适当地运用心理学的手段引导,激发学生的动机,然后再进行教学。有了良好的动机后,教师要注意在教学中对学生兴趣的培养,学生对体育学习产生了浓厚的兴趣,拥有了饱满的情绪,才能以积极的态度、吃苦的精神去认真努力学习,掌握好动作,才能更好地完成体育教学任务。

碧血丹心　知行合一

——浅论班主任如何帮助学生过好人生的"拔节孕穗期"

■ 王志会

好老师要有"肝肺皆冰雪、润物细无声"的奉献精神,自愿守护精神家园、牢牢把住道德底线,带头弘扬社会主义道德和中华传统美德,以自己的榜样行为影响和带动学生,培养优秀的接班人。

"只有当他把精神力量用来使自己变得更好、更完善的时候,一个少年才能成为一个真正的人。"苏霍姆林斯基这样说,是告诉教师要激发学生在精神领域里的自我教育。青年教师面对学生,要站好班主任这一重要岗位,努力做教育革新的开拓者、教育公平的实践者、学生成长成才的引领者。本文将从带班理念、工作思路、方法策略、实施步骤这四个方面浅析班主任应如何帮助学生过好人生的"拔节孕穗期"。

一、带班理念

容错机制——允许孩子犯错误。青春期的孩子就是会有个性,会逆反,善待犯错误的孩子,是一种教养,更是一种教育艺术。宽容自身便是一种教诲力量。班主任要给孩子机会,和孩子一同发展。

言传身教——老师是学生的一面镜子,只有做到修身正己,才能以人感染人。班主任更要严慈相济,严在原则,爱在点滴,在班级里营造团结上进、和谐友善的氛围,让每个孩子都有归属感,激发每一位学生最大的潜能。

点燃火焰——启发引导学生,而不是强行灌输和高位压制,提升整个班集体的活力和动力,打造富有热情、有担当、有责任感、有情感的集体。

情理联系——用朴拙的初心看待学生,春风化雨,真诚相待。和人打交道需要谈感情,教育教学工作,是和心智尚未成熟的学生们打交道,更要以真心换真心。教师应在简单的工作中寻找丰富的途径,在重复的工作中寻求创新,在朴素的职业中追求不凡。

二、工作思路

铁肩担道义,责任谱青春。狠抓日常管理,严肃班风班纪。带班必然要从立端方起头。治家严,家乃和;教不严,师之惰。我接班后,会第一时间和学生们制定班级纪律,制定班训班规,学生公开演讲竞选班干部,全班投票评选班委。选出富有责任心的班委后,我会和他们一起轮流记录作业、出勤、卫生、纪律等学生档案,公平公开公正,及时准确高效。

修合无人见,心存有天知。软抓生理教诲,化攻讦为鼓励。青春期的孩子易躁易怒,易喜易悲,更年期的家长们缺少经验,焦头烂额。为了不激化矛盾,我用微班会和微家长会的方式,做连接家长和学生的桥梁,用《战国策》里的"触龙说赵太后",《曾国藩家书》中的"念念改过,虽小必惩"等故事,告诉家长"父母之爱子,则为之计深远""舐犊情深,爱之有道",引导孩子孝顺父母、自立自强。这样,全方位地实现家校联合、互相促进、三方共赢。

同德则同心,同心则同志。我用焦点透视法开好每一次班会,争取其他师长的帮助。班会是班主任管理班级的金钥匙,用好了就可以事半功倍。我会用这个时间和学生们一起做团队游戏,一起谈理想抱负,一起聊青涩感情。当学生厌学时,我给他们看支教教员的视频,引导他们关爱贫困山区的儿童;当学生逆反时,我播放感恩父母的沙画,教给他们做人的事理;当学生劳累时,我带他们听《隐形的翅膀》和《怒放的生命》,让他们感悟人生。另外,各项活动我都积极邀请任课老师参加,增加师生互动,争取其他老师的帮助和指导,大家同德同

心,共谋教育大计。

三、方法策略

（一）视频教化法

我利用早晚自习和班会的间隙,播放微视频,让学生感同身受,接受教育。视频主要可分为励志、温情、爱国、学习四类。励志类如《希望树》(乡村教师刘寅),温情类如《回家》《写给母亲》《就是那一只蟋蟀》,爱国类如《五星红旗我为你骄傲》《大爱无边》,学习类如《数学之美》《物理之光》《朗读者》等。通过这些视频,学生们有了一点一滴发自内心的改变:主动为灾区捐款,为山区学校捐赠书籍,为爸爸妈妈做一顿饭,疫情时为一线人员筹集防护用品,积极参与学校的语商展演活动……学生在各个领域彰显出责任意识、担当精神。

（二）偶像激励法

我充分利用课前演讲交流、自主交流等形式,让学生介绍自己的偶像,并引导学生以积极向上、乐观坚强的科教文化名人为偶像,树立正确的世界观和价值观。演讲交流活动可分为两类:第一类是老师推荐演讲,如《活着就是为了改变世界》《我有一个梦想》,名人名校毕业典礼上的演讲;第二类是学生自主演讲,如《改变世界的梦想》《我的青春我做主》《学而时习之》《大江东去:苏东坡之光》《致敬屠呦呦》《对话莫言》等。这些演讲激发了学生昂扬向上的斗志,有助于培养孩子们直面困难的勇气,在沐浴世界文明之光的同时,增加底蕴涵养。除了名人激励,我还会组织学生评选班级形象代言人,树立身边的榜样,更好地促进学生互帮互助、互促互学,形成优势互补的良性循环。

（三）诗书引导法

人生短而艺术长,艺术家把作品传于后世,使无数后来人从他人的作品里汲取前进的力量。我带领学生读经典名著,同时引导学生以昂扬的姿态投入生活和学习中,坚定信念,勇往直前。读《平凡的世界》,使学生相信努力可以改变贫穷的命运,每个平凡的人都可以成为英雄;读《苏东坡传》,使学生体会大学士苏东坡的坚强乐观、旷达洒脱；读雪莉·桑德伯格的《向前一步》，鼓励女生勇敢果断、独立坚强。

（四）共赏音乐法

柏拉图认为，培养年轻人，首先应重视音乐的作用："因为关于音乐，对于美好的事物的爱慕之情就是它的终极意义。"学习生活单调而烦琐，处在青春期的学生总会有烦躁之时，这时候作为班主任就要及时进行调节，让学生的校园生活丰富多彩，让大家爱上班集体，热爱生活。我指导学生赏鉴音乐，也勉励学生自己创作音乐。对于年龄较小的初中生，我们选用《隐形的翅膀》《怒放的生命》《骄傲的少年》作为班歌；而在逐渐成熟的高中学生中，学生原创的《海棠花开》《纪念册》《君子如玉》等兼具青春情怀和人文气质的歌曲，颇受同龄人追捧。

（五）娱乐互动法

新时代的学生有强烈的自我认同感和鲜明的个性，他们和老师的关系不再是"耳提面命、聆听教诲"，而是渴望"平等、自主、独立"。作为青年教师，更应该接近学生，深入了解学生。我会和学生们一起，参加"抓人"游戏、跑步、跳绳等文体娱乐活动，充分融入学生生活，做他们"知心知情、可敬可爱"的班主任，也会和他们一起走进南开大学、天津大学等知名高校，探讨理想专业，共同聆听大学教授讲授的优质课程。一届又一届学生飞速成长，我会邀请那些优秀的毕业生回到母校，给学生们介绍他们的学习和生活之路，发挥榜样在身边的积极作用。

四、实施步骤

以身作则，言传身教。为人师表，要先做好本职工作，并不时反思自我的不足，做学生参考的楷模。一是制定班规，培养班委。制定细致严密的班级规定，严肃班风班貌，培养一批信得过、有担当的班委干部，并适当实行值日班长轮岗制。二是狠抓常规管理，召开主题班会。严抓一日常规管理，时时关注、事事关照、人人关心，平等对待所有学生，真心关心所有学生，利用好班会时间。三是开展活动,及时总结。开展学习竞赛、设计大赛、演讲比赛、歌舞展示、读书比赛等活动,用小组评比、男女竞争、一对一竞争等方式,激发群体活力。四是家校联合,换位思考。尊重学生家长,帮助家长引导孩子,和家长一起探讨更有效的教育方法,营造良好的家校气氛。

实践告诉我们,有多少担当就能创多大奇迹,尽多少职守才会有多少收效。我和一届又一届学生成为师生,成为知己,也和一批又一批家长成为朋友。作为青年教师,我用汗水浇灌梦想,用智慧修正偏差,用勤奋书写传奇。我和学生亦师亦友,塑造每个孩子的可能性;我和家长戮力同心,提升每个家庭的幸福感。在教育教学之路上,我永葆赤子之心,不断找寻生机,探索新方法。知书善思,行者致远,未来的征程上,我一定谦冲自牧,慎始敬终,认真聆听每一季花开的声音!

重视培养高三学生勇于面对人生的能力

■ 单　芃

家庭渴望新的生命，当新的生命降临时，我们要如何养育呢？社会需要新的力量，当新的力量出现时，我们该怎样引导呢？学校需要新的学生，当新生入校时，我们又该怎样培养呢？哪里都对"新"有所渴望，世界是不断进步的，新陈代谢是必然的自然规律。

每个人从出生到死亡，几十年的生命历程，活得精彩是很多人的追求。然而，随着时代发展，我们开始提倡"在活得精彩之前，先要珍惜生命，理解生命的意义"。作为一名高中教师、班主任，我面对的课题绝不仅仅是以优异的成绩将学生们送入大学校门，还有一样非常重要，就是当学生面对挫折时，能不能接受现实，坚强地站起来，不放弃希望，勇敢地走向明天。

面对学生我总爱说一句话："请抓住机会，把握今天。"其目的是希望学生们能珍惜当下的学习机会，努力学习，为将来打好基础；同时，要学会勇敢地去争取机会，不放弃每一次与他人竞争的机会，锻炼能力。很多学生表示赞同，也有些学生会"过耳就忘"，但几乎没有学生会问，如果没有把握住机会，失败了怎么办。我们都太看重成功，往往忽略了失败的可能。学校面对升学压力，总是希望学生们以背水一战的气势，拼搏成绩。然而，有成功，就有失败；期望越高，失望可能越大。这种心理落差所造成的危害很可能就是学生质疑生命的一个引子。因此，无论家庭、社会还是学校都应先将学生培养成为一名能够面对挫折

的坚强的人,应使学生懂得人生价值有很多。

在高中教育中,特别是毕业班学生心理辅导时,应该首先明确重点辅导人群。其次,根据个体与群体的差别选择合适的方法,以达到教育学生,使学生坚强内心,勇敢面对人生的目的。

根据心理问题,高三学生可基本分为以下三类:

第一类:高考焦虑型。大多数学生都会随着高考的临近而紧张,感觉这是关系人生的重要考试,不可大意,且因学校、家庭和社会的高度关注而惴惴不安。这是一种普遍且正常的焦虑现象,不足以构成问题,只需正常疏导学生心理,多多鼓励,学生即可缓解。因此,鼓励的方法最有效,最能坚定学生信心,使学生坚持复习下去,最终顺利走进考场。

第二类:"升学唯一论"型。"升学唯一论"型学生认为升入大学是人生在本阶段的唯一出路。这部分学生多见于经济困难家庭,家长无能力帮助学生选择其他出路,也很想通过学生考大学改变家庭状况。这种学生其实为数不少,但家庭尊严使然,不易"暴露"。这类学生大多很听话,学习很努力,与学生相处较谨慎。对此,老师要明确自己很难彻底改变这类学生家长的想法,毕竟这种思想形成已久,甚至根深蒂固,不如帮助学生更有用。教师可以与学生考前谈心,以缓解其压力;也可以请他们整理一些毕业生创业的材料,制作一期高考心理辅导的班报,进而帮助其分散注意力,拓展分析和解决问题的思路。

第三类:"一走了之"型。"一走了之"型学生怯懦于高考,家庭经济条件不错的会选择在考前出国。这种学生的确不用再让老师担心其是否能进入考场,是否能考出优秀成绩,但本着对学生负责的态度,老师明知这些学生选择了逃避,就更不能对他们未来毫不担忧。良好的家庭条件给了他们更多的选择机会,也成了他们一遇挫折就逃避的避风港。内心不够坚强,难保他们今后走入社会后不会遭遇更大的挫折。因此,一定要告诉他们,避开高考其实是选择了一条更加未知的道路,在不熟悉的环境里更要坚强,而且教师要与这些孩子保持联系，如在微信中给予鼓励，至少不让他们感到孤独。虽然选择了不同的道路，但将来的人生未必不会相交，我们曾经是共同努力过的伙伴，将来也会是人生中重要的朋友。

除此之外，在毕业班班级的日常管理和集体活动中都应有计划，有实效。主旨思想要明确：即使高考就是拿成绩说话，也用不着我们每天都背负着成绩的枷锁生活；不是高考的成功就意味着人生的成功，未来有太多的挑战等着我们；即使成绩不理想又怎样？高考成绩的三位数字不会阻碍你赢得明天，关键是你想不想赢。

我要将这些道理教会学生，首先要制定工作计划。第一步：抛开负担，静心学习。这是要让学生在复习阶段，抛开杂念，全身心地认真复习知识。再多的机遇与挑战最终都要用知识与能力来争取。第二步：坦然面对，正常发挥。每次考试都是高考试练，即使进了高考考场也没什么不同，面前就是一张卷子，考一考你学了三年的知识和本就具有的能力。第三步：事业选择了我，我定不负人生。每个人都可以畅想未来，规划人生，不过人生本就是双向选择，你可以选择人生，人生也会选择你，当你被选择时，也许正说明你适合这项工作、这份事业，只有抱定决心，肯于付出，必有所成。

这三步计划可以以班会的形式呈现，老师先提出主题，让学生们充分思考，再总结交流。很多锁是从内打开的，只有当事者从内心打开了心锁，才能真的豁然开朗。

帮助学生顺畅地度过这一年是每位毕业班教师的愿望，我们一定要制定好教学计划，认真教书，科学复习，减轻学生的负担，使其更好地迎接高考。

天津市第二十中学思政教育改革创新的探索

论高中政治教学中的学生财经素养教育

■ 肖 成

最近几年,违法违规的校园贷事件屡禁不止,部分大学生在不需要任何抵押和超出自身偿还能力的情况下贷款,最终导致一些悲剧发生。这从一个侧面反映出部分大学生财经意识薄弱,接受财经素养教育不足。2016年5月发布的《中国青年财商认知和行为调查报告》也证实了"90后"大学生存在理财意识较弱、风险判断能力不足等特征。

大学生尚且如此,高中生在面对这些问题时能否处理好同样是一个重要的问题。虽然高中生对金融知识有一定程度的了解,但对于金融安全知识的了解不够,保护账户安全和面对金融风险的能力仍需进一步提高。对于高中生来说,他们即将步入成年阶段,离开父母,进入大学生活,如何支配生活开支,具备基本的理财能力,对于独立开展大学生活非常重要。随着社会的不断发展,越来越多的国家将财经素养教育作为学生的基础教育,提上教育日程。学校作为财经素养教育的前沿阵地,开展财经素养教育具有现实意义。

一、财经素养

近年来,在国际经合组织(简称OECD)的持续推动下,2012年,金融知识第一次被列入国际学生评估项目(Program for International Student Assessment. PISA)。随着2015年推出学生发展核心素养,PISA将财经素养定义为"掌握并理解财经概念和风险的有关知识,以及学会运用这些知识的技能,以便在广泛的财经活动中做出有效决策,提高个人和社会的经济效益,参与经济生活"。

二、国际形势

目前全球已有20多个国家把财经素养教育作为国家战略,纳入国家基本教育制度。许多国家和地区,如澳大利亚和加拿大都在积极推动财经金融知识普及教育。它们先后从国家层面发布了财经素养战略,并建立了相应的机构负责。

三、国内现状

随着经济社会的不断发展,我国也越来越重视财经素养教育。2015年,国务院发布"关于加强金融消费者权益保护工作的指导意见"。在建立健全保障机制第三部分,明确指出教育部应将金融知识教育纳入国民教育体系,有效改善公民金融素养。2016年,国务院发布了"推进普惠金融发展规划(2016—2020年)"。在加强金融教育与金融消费者权益保护第一部分,明确提出有必要建立金融知识教育发展长效机制。大、中、小学积极开展金融知识普及教育,鼓励符合条件的高校开设与金融基础知识相关的公共课程。2017年2月,基本形成了财经素养教育标准框架。该标准为学生建立了明确的财经知识体系。2017年,高中思想政治课程内容中特别设置选修课程模块1"财经与生活"。

根据《中国教育舆情周报》报道,国际经合组织公布了2015年PISA测试结果,由北京、上海、江苏、广东组成的中国部分地区联合体位居总分第十,而前两次由上海作为试点代表中国参加测试时曾两次夺得世界第一,这个强烈反差引起了社会强烈反响。因此,加强学校教育迫在眉睫。

四、高中生财经素养教育的意义

目前,财经素养与阅读素养、数学素养和科学素养一样,已逐渐成为现代社会公民必须具备的基本素养。我们应该意识到,生活环境的改变已经对学生财经素养提出了新的要求。财经素养教育不仅仅是关于如何管理钱、如何理财的教育,更多的是运用经济管理思维合理优化资源,整合配置。具体来讲,财经素养教育可以使我们在获得知识技能的基础上培养责任感,形成良好习惯,自信

理性进行决策和选择,积极乐观面对生活,最终实现价值观的引领。

五、高中生财经素养的培育策略

天津市第二十中学是天津市重点中学,学生的基本知识是比较扎实的,并且动手操作能力较强,获取信息的手段多种多样、渠道丰富,参与实践活动的积极性较高。这为本课开展实践活动创造了有利的条件。

第一,夯实基础。结合教材,理解财经术语。"万丈高楼平地起",为了向学生们普及财经术语,我会结合教材将具体的财经新闻或事件作为案例给学生们讲解财经术语。如GDP(国内生产总值)、股息等。

第二,每节课讲述一名财经专业人士的小故事。通过讲述真人真事,如"股神"巴菲特、马云、乔布斯等,让学生们不仅只知道人名,而是通过小故事了解财经专业人士,感受财经魅力,提高学生学习财经素养的兴趣和效能。

第三,故事化知识点。财经知识点一般较为枯燥,如银行的利率、保险的概念等。为了能够引人入胜,提高学生们的兴趣,我以故事的形式引入知识点,如教授商业银行一课时,引用盛宣怀"洋务思维"改造票号、创办第一家中国人自己的银行的实例,帮助学生们理解消化知识点。

第四,引入财经新闻报道。在教授政策利导性影响股票涨跌一课时,我以深圳比亚迪汽车公司近五个月的股市价格走势图为例,说明都有哪些因素影响股票的涨跌。比亚迪是一家高新技术企业,通过对纯电和混电汽车的改造创新大大减少了二氧化碳的排放,践行环境保护理念,从而赢得了发展。通过这则案例,让学生明白股票购买不能凭个人喜好或是一时冲动,要根据经济因素、国家政策等因素合理分析,趋利避害,规避风险。由此学生对股票的认识由感性认识上升到理性认识。

第五,借古鉴今。以收入和消费为例,我在教给学生收入是消费的前提和基础等知识点的同时,引用孔子的"节用而爱人",引导学生们树立科学的消费观念,培养他们勤俭节约的好习惯。再如在教授个人信用卡相关内容时,我引用《增广贤文》中的"君子爱财取之有道",让学生明白借贷的本质以及如何根据未来的收入提前消费个人信用。在宣扬中华传统文化的同时培养学生们的财经素养。

第六,小组结对讨论学习。在教授人教版"经济生活"第六课"股票、债券和保险"时,我将全班学生分为三个兴趣小组,即股票组、债券组、保险组。通过对学生如何合理地计划和使用手中的零花钱,培育学生正确的金钱观,提高他们的财务管理能力。这种合作式和体验式的教学形式,寓教于乐。股票组学生从股票特点、收入来源、收益性、稳定性、风险性等方面进行介绍,提出应该买股票,同时也分析了投资股票的利与弊。在这个展示活动中,为了让学生体验投资的收益性和风险性,债券组学生从债券的概念和分类、投资回报如何、所承担的风险又如何等方面对比国债、金融债券、企业债券的风险性、收益性、流通情况等特征,得出购买债券的建议。保险组学生从其种类、性质以及购买保险和购买其他项目有什么区别、保险优点在哪里等方面建议购买保险。

第七,"温故而知新"。通过课堂随机提问、不定期问卷调查的形式,了解学生们对财经素养的认识程度,对已经教授的知识点进行重温,加深理解,为后期的教学打下坚实的基础。

财经素养课程在我负责的班级试点教学是一次创新尝试,在学校领导的大力支持下,这次财经素养教育实践取得了不少经验和成果。多种形式的教学活动让学生有更加宽广的空间去探讨,能够激发学生的探究兴趣,增强学生的分析能力,提升对知识的归纳和总结能力。通过理论与实践的结合,在经验和探索过程中,能力得到发展,情感得到提升。我让教学探究活动与学生的日常生活紧密相连,在具体的教学探究活动中学生学会知识,提高知识应用技能,激发学生的学习动力,走出课堂,进入社会,了解更多的社会和财经现状,促进课堂教学效果提升,使学生在解决现实问题的同时,更全面地掌握知识,运用知识,变被动接受金融知识为主动学习金融知识。通过一系列的活动,绝大部分学生

认为通过财经素养教育收益很多,也非常期待学校能够多开展此类活动,并开设相关课程。

在设计和实施财经素养教育课程过程中,我遵循"教师指导为辅,学生探究体验为主"的原则,通过创设情境活动,引入主题,让学生自主学习,在实践中合作、交流、沟通、反思和收获。对于学生来说,通过一堂课的学习,学会知识很重要,但更重要的是要树立正确的世界观、人生观和价值观,让学生在获得知识的同时能培养健全的人格。对此,我主要采用"情境—体验—认知—升华"的策略,让学生主动参与、勤于思考、积极实践,以培养学生财经素养,促进学生整体素质全面提高。

"路漫漫其修远兮,吾将上下而求索。"高中生财经素养教育不是一蹴而就的,作为一名政治学科的教育工作者,在探索财经素养教育过程中,还有很多模式需要进一步完善和提高。

探寻合唱教学新模式，提升学生核心素养

■ 李　波

如乐之和，无所不谐。校园生活的和谐之音不仅来自书声琅琅，也来自歌声嘹亮。音乐艺术，特别是合唱艺术，集审美、创意、激励、合作于一身，蕴含丰富的育人功能，对学生核心素养的培养与提升有着积极的促进作用。

一、合唱艺术的育人优势

在新的教育形式之下，新的音乐课程改革要求音乐课堂不仅应使学生掌握相关音乐技能，更应注重培养学生音乐审美、创造、探究、合作的能力以及提升学生的核心素养，并激励音乐教师以此为契机，不断探索新的音乐教学模式，合唱艺术恰好具备上述的育人特点。

合唱艺术是学生获取音乐技能、技巧的捷径。合唱艺术包含了许多音乐要素，其中音准的准确、节奏的平稳、力度与速度的变化与对比都能够最直观地展现合唱艺术的内涵与魅力。与此同时，学生对各个声部之间音色的处理、音量的平衡都需要每一位歌者运用歌唱技巧进行细腻的控制，每一次的合唱实践学生都能够感知多个层面的音乐技能、技巧，进而得到不断锻炼。

合唱艺术是学生提升音乐鉴美、审美的快捷方式。合唱艺术实践的过程，学生会逐步形成对各个音乐要素的敏感性，逐步通过音乐要素的不同特点去感知音乐形象，进而从感性到理性地去提炼音乐作品所传递的精神内涵、人文内涵，从更高的维度、更多的角度、更加理性的态度去赏析音乐作品，评价音乐作

品,不断积累和提升对音乐艺术之美的感知能力,而这种感知能力也会在潜移默化中提升学生的思辨、审美、鉴美的能力,不断丰富学生的情感体验,完善学生的人格,为美好的人生打造一抹靓丽的底色。

合唱艺术是学生团队协作、探究的共享平台。合唱艺术的形式丰富,既有双声部的"一领众合"形式,也有单声部的轮唱形式,还有多声部的和声形式。不管哪种形式都有一个共同的特点,就是无处不在的分工与合作。在旋律、节奏、速度、力度等音乐要素的共同作用下,合唱队员之间的分工与合作要求具有很高的准确度,每个音符、每个节奏、每段旋律都要精准地相互契合才能形成美妙的和声与共振。与此同时,在进行合唱艺术实践的过程中,合唱队形的变换、表演动作的编排、合唱队员演唱情绪的调整、面部表情的变化都要求每一位合唱队员步调一致,共同协作完成。这无疑是对学生协作、探究能力的一种锻炼和提升。

二、"班班唱"合唱教学的准备工作

(一)摸底调查、分析学情

组织和建立班级合唱团首先要对班级的每一个学生进行嗓音的测试与鉴定,为划分声部做好准备。教师可以效仿音乐电影《放牛班的春天》中音乐老师马修的做法,提前让每个学生根据自己的特点自选一首歌曲或者一段旋律进行演唱或者在音乐老师的示范下进行模唱,然后将每一个学生的音域、音色、音准、节奏感等音乐条件与技能进行汇总分析、分类,作为日后音乐老师分配声部以及制定分层教学的依据,做到后续工作的开展事半功倍、有的放矢。

(二)听赏结合,激发兴趣

著名的教育家赞可夫曾经说过:"对所学知识的兴趣是学习最大的动力。"浓厚的兴趣无疑将成为学生学习合唱最好的老师,合唱比赛的成功便得益于此。让学生快速了解合唱、喜爱合唱,就要求音乐教师着力提炼合唱作品中的美感,如优美动听的旋律、层次分明的和声、意境深远的歌词等,用这些易于感知的美去唤醒学生的耳朵、震撼学生的心灵、陶冶学生的情操,使学生产生学习合唱作品的冲动,将之前的"老师要我学合唱"转变为"我自己想学合唱",完成"要我学"和"我要学"的过渡。在这个环节上,我提前准备了几个经典的合唱作品,先对作品进行赏析前的讲解,然后从视、听感官最直接的角度带领学生感知合唱艺术丰富多彩的和声效果和科学的发声方法以及正确的歌唱状态。紧接着引导学生们聆听辨别不同声部的旋律起伏、节奏变化、力度处理、音色变化等。

起初,学生只对处在高音区的主旋律比较敏感,难以辨别低声部支撑下的和声效果,我采取主动范唱低声部旋律的办法,不断强化学生的注意力,让"犹抱琵琶半遮面"的低声部不断呈现在学生的耳畔,也让学生更加直观地感受到和声的效果,经过两节课的训练,学生们渐入佳境。事实证明,磨刀不误砍柴工,有计划、有目的的赏析与聆听可以把合唱中抽象的和声概念具体化,进而提升学生对合唱艺术的感知、理解能力,在学生的耳畔树立正确的合唱听觉,培养其融洽的演唱状态,为日后的学习奠定坚实的基础。正所谓:"闻千曲而后晓声,观千剑而后识器。"

三、"班班唱"合唱教学的技术指导

建立合唱意识,培养合唱习惯。经过之前"听赏结合、激发兴趣"的过程积淀后,接下来就要更进一步地让学生建立合唱的意识,培养学生良好的合唱习惯。初中阶段的学生歌唱基础参差不齐,要在教学中通过教师讲解和亲自示范等方发帮助学生纠正歌唱时因为"压喉"而产生的喉音过重、声音干瘪等现象,引导学生在演唱中不仅要张开"前嘴"更要打开"后嘴",用"打哈欠"的方式去放松喉头,引导学生想象嘴里"含着一口水"歌唱,这样能使学生获得更加通透、自然的歌声。同时,提醒学生歌唱不是单一器官的工作和运动,而是全身各个器官紧密配合、相互支撑的一项综合协调能力,要全身心投入才能"更上一层楼"。在向学生讲述歌唱的气息时,可以用一些生活中生动有趣的例子引发学

生联想,产生共鸣。

例子:小狗喘气。小狗身形不大却能够发出响亮且具有穿透力的声音,正是因为其发声过程有一定的科学性,并具有良好的气息支持发声。教师可以通过教学视频让学生观察小狗喘气时身体的变化,进而引入腹式呼吸和胸腹联合式呼吸在歌唱中的作用,告诉学生在歌唱中进行吸气时,犹如用鼻子闻一朵美丽的鲜花,并将花香深深吸到腹部,感觉两肋向外膨胀,横膈膜向下扩张,然后保持气息,徐徐地将气息呼出,让学生根据教师的讲解自主练习,融会贯通。我总结了三个动作,生动提示学生歌唱时应该保持的正确状态是"眉心提起来,眼神亮起来,嘴角笑起来",并通过范唱来让学生进行模仿,更直观地感受歌唱的技巧,帮助学生树立良好的歌唱习惯。在强调学生演唱状态的同时,我不失时机地提示学生的歌声和谐、相互融合,声部高低音之间的统一。

四、"班班唱"合唱实践中的具体策略

(一)树立典型,榜样的力量是无穷的

在学生合唱的实践学习过程中,模仿是最直接且高效的学习方法。在班级中通过教师的观察挑选出歌唱声音较为科学规范的学生,让其在全班学生面前进行范唱,教师再进行有针对性的指导,指出声音的优点,给予充分的肯定和正面的评价,增加学生的学习兴趣和自信心。同时,也指出学生们歌唱中存在共性的不足之处,给予纠正和完善,利用文艺骨干的示范作用,找到突破点,并"以点打面",分层推进。

音乐教师要善于激发学生之间的模仿能力,采取一对一的歌唱模仿,一对多的歌唱模仿,甚至不同声部与声部的歌唱模仿,让学生触类旁通,逐步突破合唱教学中声部间横与纵的和谐、统一的难点,在激发学生学习兴趣的同时,树立了榜样的自信,充分体现了分层教学理念,锻炼了学生自主学习、合作探究的能力。

（二）营造情境，声情并叙

合唱的艺术魅力并不是高超的歌唱技巧，而是通过合唱艺术作品所传达的丰富内涵，完成自身的情感体验，获得精神上的满足。在班级合唱教学中，音乐教师要抱有一颗"匠心"，深入浅出地对合唱作品进行研究、打磨，着力从旋律、节奏、速度、力度、和声等重要的音乐要素中提炼音乐形象，并结合生动、生活的语言引导学生去感知和理解较为专业和抽象的概念，激励学生在音乐中充分发挥想象力，用天马行空的想象力赋予音乐全新的生命，乘着歌声的翅膀自由飞翔。如在教唱二声部合唱作品《蝴蝶飞》时，我专门找到一段两只蝴蝶翩翩飞舞的视频，将视频播放给学生看，并用生动、生活的语言启迪学生："学生们，这两只翩翩起舞的蝴蝶在空中盘旋追逐，它们飞行的轨迹就像两条起伏的旋律线同时奏响，形成了完美的和声。"深入浅出的描述与讲解，让学生的脑海了产生了二部和声的音乐形象，激发了学习合唱作品的渴望。于是我趁热打铁，顺利地引领学生在蝶舞飞扬的优美情境中逐步掌握这首二声部合唱作品。"营造情境、声情并叙"的教学方法在班级合唱教学中的应用实践效果很好。

再如在二声部合唱作品《猎人合唱》的教学过程中，合唱作品的第二乐段采用了一种特殊的创作手法——衬词"啦"。学唱的初期，一到这个段落学生就会忍不住哄笑，严重影响教学进程，于是我针对此段营造情景，进行讲解，着力引导学生体验衬词所在段落利用跳跃、进级的音符刻画出的猎人策马扬鞭、乐观奔放的音乐形象，并让学生把自己想象成为一个威武乐观的猎人，狩猎归来，纵情高歌。通过具体的猎人形象和狩猎情境的营造，学生再次学唱就很有带入感，大家声情并茂地演唱了《猎人合唱》的衬词部分。在班级合唱教学中，音乐教师要善于结合合唱作品内容营造情境，启迪学生的心灵、激发学生的渴望、使学生在感知音乐形象，理解音乐内涵的基础之上，发自内心地歌唱，声情并茂地诠释合唱艺术作品，这样，诸多班级合唱教学中的难点就会被——化解。

（三）创建展示平台，激发正向能量

班级合唱的不断发展与建设需要学生的紧密配合、教师的潜心研究，更需要学校方方面面统一认识，大力支持，群策群力，不断对外"创建展示平台"，对内"激发正向能量"。如每一年利用校园艺术节的展示平台举办"唱响励志歌曲，彰显青春风采"班班唱班级合唱比赛，组织全校师生共同参与合唱比赛，邀请学校领导出席担任赛事评委，以学年为单位评选出优胜的班级并给予表彰，用手机、单反相机、录音录像设备记录下活动的整个过程和精彩片段，赛后发给班级合唱团的每一个成员。同时，引导学生以"感恩之心伴我歌唱"为主题，为自己的父母和老师写一张明信片。创建展示平台，激发正能量可以为班级合唱发展更上一层楼奠定坚实的基础。

在不断摸索、实践与积累的过程当中，班级合唱这朵芳香怡人的艺术之花已经盛开，并日渐形成"百鸟齐鸣、百花争春"的繁荣景象，展现出"班班歌声嘹亮，人人精神饱满，个个协作共赢"的良好氛围，让我们看到了班级合唱积极的育人作用。

让数学走进生活，以数学涵养品德

■ 张 楠

数学是一门综合复杂的课程，是人们生产生活不可或缺的基本工具，对人类历史的发展和社会进步都起到了不可替代的作用。数学课堂教学，尤其是高中数学教学，内容多、数量大、涵盖广、难理解，对于喜爱数学以及基础扎实的学生来说，它可能是一门有趣、值得深入研究的课程，对于学困生或者不喜欢数学的学生来说，它就是一门枯燥、难懂的学科，甚至会对谁学敬而远之。新课改背景下，教师不仅仅应传道授业解惑，更需要引导学生体验学习和收获的快乐，培养学生的学习、探究和创新的能力。作为一名高中数学教师，如何培养学生学习数学的积极情感，学会数学知识、理解数学本位、传承数学精神，让学生和"枯燥、繁杂"的数学走得更近？我认为有以下几点可以参考。

一、与生活实践结合起来

夸美纽斯曾经说过："一切知识都是从感官开始的。"正是因为学生亲自动手获得的数据，才对这个问题的真实性不会产生怀疑，我们在教学过程中可以以直观方式再现知识所表征的实际事物或它的相关背景为教学情境，这样既可加深学生对知识的认识，还可以使学生体会到数学来源于生活，提高学生学习数学的兴趣，拉近学生和数学之间的距离。

如在"向量的加法及几何意义"这一课的教学中，我们可以引用生活中的一些具体事例，来帮助学生加深对向量加法的理解和认识。在设置情境导入环节

中,我们可以从两个问题着手。问题1:大家放学后先回宿舍再到食堂,那么大家的位移是多少? 可用图2-1表示:

图2-1 情境导入环节问题1示意图

问题2:如果一个物体受到这两个力的作用,那么这两个力的合力是多少? 怎么表示? 简图如下:

图2-2 情境导入环节问题2示意图

在老师提出问题后,学生能够根据自己的生活经验及物理常识得出结论,通过类比、分析看出向量加法与位移合成、力的合成的相似之处,从而脑子里初步得出向量加法的三角形法则及平行四边形法则的初步雏形。学生通过合作探究后就能够得出向量加法的三角形法则和向量加法的平行四边形法则。

这样在学生预习及结合生活实践导入的前提下,教师提出问题由学生思考,在学生讨论、总结的过程中,老师及时引导、补充,从而完成基本知识的教学。之后,课堂练习和运用环节也可以结合实际生活经验来培养学生对数学知识的使用,如可以设计行驶和速度等与生活密切相关的问题,这样学生就会对数学产生浓厚的探究兴趣,在不知不觉中爱上数学,走近数学。

二、设计出好的教学活动

一堂好的数学课,往往需要好的教学活动作为支撑。这不仅仅是为了提高学生课堂学习的积极性和主动性,提高课堂效率,更重要的是,只有通过活动,才能拉近学生和数学的距离,在轻松愉快的活动中学到知识。诚然,没有活动的或缺少活动的数学课堂，一定是空洞乏味、机械教条的课堂，没有活动的支撑，学生学习起来就会缺乏注意力，对内容的理解就不会深刻全面。当然，在高中数学课堂教学中，要想设计出"好的教学活动"，就需要综合考虑高中数学学科特点、课本内容、学生基本情况和能力等各方面因素。"好的数学教学活动"要时时散发浓厚的数学味道，要以促进学生的发展为中心，要关注学生的差异性发展，开展活动时要关注活动的有效落实。

教学活动要充分把"教"和"学"两者结合起来，"教"是指教师，教师在课堂中扮演着引导、组织和评价的角色，"学"是指学生，学生活动才是课堂活动的主要内容。"好的高中数学课堂教学活动"要把握好四个方面：一是要能够激发学生求知和探索的欲望，调动学生学习的兴趣和主观能动性；二是要让学生掌握科学规范的数学学习方法，注重对学生学习数学的能力和习惯的培养；三是要从学生的实际情况和能力水平出发，做到因材施教，通过启发式和分层次教学，让每个学生都能够参与到活动中来，特别是要学困生克服"依赖"心理，学会独立思考、主动探究，增强对数学学习的兴趣；四是数学教学要给学生足够的时间去经历观察、猜测、推理、计算、验证等过程。高中数学难且复杂，只有给予学生充足的时间，才能夯实学生的数学基础。

值得注意的是，高中数学课堂教学活动，应该建立在新课程理念的基础上，倡导学生自主探索、合作交流。学生要获得数学知识，发展数学能力，就需要经历独立、自由的思考过程。同时，每名学生的生活经历、学习习惯、思维方式各不相同。此时，合作交流就能为学生们提供一个展示自我学习成果的平台，通过学生们的相互讨论，学生将会更全面、更深刻地去理解数学知识。因此，教学活动实际上就是让学生在自我探索的基础上，相互交流，探究学习，一起成长。

三、要因材施教，分层次教学

传统高中数学教学存在一个严重的问题，就是忽视了学生个性化发展的需要。对于能力强、基础好的学生来说，他们还需继续跟着教师花费时间和精力去学习他们已经懂得和掌握的知识，慢慢地容易丧失对数学的热爱，拉远了与数学学科的距离；对于基础稍差、能力稍弱的学生来说，由于对老师教学的内容吸收缓慢，跟不上数学教学的步伐，问题越来越多，漏洞越来越大，慢慢地形成恶性循环，逐渐地被数学所"抛弃"，学习数学的积极性和自信心也渐渐淡化。因此，对于高中数学教学来说，要想落实素质教育的要求，使学生得到全面发展，教学质量得到全面提高，就必须承认学生个体差异，因材施教，使知识的发生、发展规律与学生的认识规律有机结合起来，让各层次的学生在课堂里均有所得，智能尽量得以发展，从而使绝大多数学生能达到基本要求，部分学生达到较高要求。

学生在学习能力上是有一定差距的，特别是高中数学，其更加复杂，对学习的思维、分析、应用等能力都有一定的要求。那么，为了更好地引导学生学习数学，避免学生产生对数学"敬而远之"的思想，让学生掌握基本的数学知识和技巧，有必要从学生自身学习能力的角度出发，因材施教。教师在备课、上课以及课后作业和辅导上，都要有针对性，不能一概而论。现在，我们教学中，会适时采用小组合作学习的模式，根据学生的学习情况，形成"优中差"三个层次，教师在教学目标的设置上应根据学生的实际水平、教材的具体内容、课时的具体安排来确定，在导入新课后，要让各层次的学生明确本节课的具体教学内容、所要实现的具体教学目标、所采用的具体教学手段，课堂教学要针对各层次教学目标来进行，使课堂教学更有效。每节课要求：学困生必须达到"基本教学目标"，中等生在完成"基本教学目标"的同时应积极探求完成"较高教学目标"的教学活动；优秀生达到"较高教学目标"的同时，应能自主做相应的练习。

这里我们以"四种命题"的教学为例。我们可以制定以下目标：a（理解），理解四种命题的概念，掌握命题形式的表示；b（模仿），能写出一个简单的命题（原命题）的逆命题、否命题、逆否命题；c（初步应用），能在四种命题之间进行简单转化；d（灵活应用），利用四种命题真假性之间的内在联系进行推理论证。

其中 a、b 是基本目标（学困生需要达到），a、b、c 是中层目标（中等生需要达到），a、b、c、d 是高层目标（优质生需要达到）。

课堂教学是全员参加的，所有学生都要尽可能地吸收课堂知识，课上的分层教学有一定的局限性，因此我们要把"分层"更多地应用到课后的作业及辅导上面。

为了在教学里做到"下要保底，上不封顶"，就要对学生的作业布置进行分层。作业的数量和难度设置应该考虑学生的心理承受能力和知识实际水平，"科学的作业量＝学生可承受的作业量 ×（1+10%）"。在学生对知识学习缺乏兴趣的情况下，最大的作业量不应该超出学生承受力的 10%，难度应该设定在不抄袭的前提下能够回答，才有可能培养学生继续学习的兴趣和信心。

所以，学困生的作业量应该适量减少，减少到大部分题目基本能够回答，减少到足以能够完成和达到知识学习的基本目标。而优秀生的作业量应该适当增加，增加到其能够体验到挑战成功的愉快感。特别是对数学学习有浓厚兴趣的学生，当他们经过一番苦思冥想之后攻克了一道数学难题，那种喜悦难以言表。我们就该利用他们这种钻劲，充分激发他们的兴趣，适时给他们一些难题并进行辅导，来调动他们的积极性。这样循序渐进地训练他们，使他们不断得到进步，同时还可以鼓励他们带动身边的学生，使每一个学生都能充满学习数学的兴趣，从而提高集体的数学成绩。

再有就是"个别辅导"，这也是分层教学的一个重要的环节。教师应对不同层次的学生进行不同内容的辅导。学困生相对来讲学习的依赖性较大，对他们的辅导要从基础开始，降低问题的切入点，不断鼓励，不断肯定，帮助他们树立自信，激发兴趣。对他们的辅导多以面批、面改的形式，教师应多一些督促，多一些耐心，久而久之必见成效。而中等学生相对学习的自主性稍强，对他们的辅导可以放松一些，利用他们的自觉性，培养他们互帮互助、共同进步的精神。对于优秀生，更多的是强调和激发。"强调"是强调他们要重视基础，不能因小

失大。"激发"是激发他们挑战的兴趣,帮助他们充分享受遨游在数学海洋的乐趣。

教师在高中数学的教学中,应充分考虑学生智能特点、独特性和多样性,在课程设置和教学设计上突出多元化和个性化,通过发挥各种不同的智能活动在课堂教学中的不同作用,创造一种适合每一个学生的课堂教学,让每一个学生都能得到最好的发展,让每一个学生都能够和数学走得更近,让每一个学生都能够享受数学的乐趣,让每一个学生都能够自信而愉悦地走向未来。让学生学会用数学眼光观察世界,用数学思维思考世界,用数学语言展示世界。

个性发展，尊重为先

■ 郑 宇

新高考改革更尊重学生的主体意识，重点主要关注如何增加学生选择权及科学选才，旨在培养个性化人才。而如今的教学方式无法满足学生个性化的需求与全面化的发展，不利于学生自身个性化的发展与创造性的发挥，而且大班式教学在提高教学效率的同时也带来了一些问题，如教师一对多，与学生之间交流沟通较少，不能充分了解大多数学生的个性化与差异化需求，这就更不利于学生的个性化发展。

一、理论阐释

尊重是现代社会人和人交往过程中基本的道德准则和行为规范，每个人都是有尊严的、独立存在的个体，人与人之间需要相互尊重。根据马斯洛的需求层次理论，人对尊重的需要是五种需求中第四级别的需求，在基本的生理与物质需求满足后，被尊重就显得尤为重要。因此，让学生获得尊重，是学生全面健康成长的主观需求。

当今我国教育部明确提出应"关心每个学生，促进每个学生主动地、生动活泼地发展，尊重教育规律和学生身心发展规律，为每个学生提供适合的教育"。由此可见，尊重是为学生提供适合的教育和个性发展的前提。学生的个体化差异是客观存在的，只有充分了解并尊重学生，才能够有的放矢地针对不同学生选择适宜有效的教育方式，才能充分发挥每个学生的潜能和积极因素，才能使

每个学生得到个性发展。

二、实践做法

（一）尊重学生的选择，强化主体意识

高考改革的轴心总是围绕着"选择"二字：从最初单一的"选文科"还是"选理科"到现在更为自由的"六选三"。学生选择权的被扩大是尊重学生个体差异的体现，同时也增强了学生的责任意识与主体意识。

作为一名普通任课老师，我尽量把权力下放给学生，让学生有更多的选择。新冠肺炎疫情过后开学复课，为了尽量减少学生流动、避免交叉感染，我们要给学生固定好座位。我将座位表以坐标的形式定义清楚，在微信群里以小程序的方法开展调查问卷，让大家自行选座，原本我设想到了一些座位被重复选择及后排空缺的情况，没想到可爱的学生们不仅没有互相争抢"C位"，有几位学生还考虑到自己的身高因素，怕影响其他学生的学习，纷纷表示自己愿意靠后坐，把前排座位主动让给个子稍矮的学生，我对这些学生提出了重点表扬。这种为别人着想的品质，更值得大家肯定和学习。学生自主选择的座位让他们上课更有课堂认同感和参与感，也让优秀的品格得以彰显。

（二）尊重成长规律，发展学生能力

不同的家庭和生活经历造就了学生不同的个性，也形成了学生不同的心理品质和思维方式，这些不同的个性在教学活动中，就会形成不同的学习需要。我尽量根据授课内容、学生个性，采用灵活的分组方式，如相对微观晦涩的课程，就按照性格分组，让活跃的学生带动组里内向、不善表达的学生去讨论和发言；实验操作课，就按照动手能力分组，让大家结成对子，互相学习、相互提升，让大家个性得到更充分的发展。

心理学研究表明：学习内容与学生所熟悉的生活情境越贴近，学生自觉接纳知识的程度就越高。一方面我尽量引实验进课堂，网上授课期间，为了弥补线上课程对实验操作的限制，我积极使用学校引进的NOBOOK虚拟实验室，不仅利用平台提供的现有实验资源，还创建了多个实验，课上给学生演示，既增加了线上授课的趣味性，又更直观地让学生感受到化学实验的魅力。另一方面我尽量挖掘生活中的素材，如通过"饮用水是如何净化得来的"这一问题，展开对海水淡化、沉淀除杂等知识的讲解；通过"为什么绿豆汤的颜色常常不同"这一问题，带领学生感受化学实验条件对结果的影响；还有八四消毒液与酒精不能混合、汽车过桥时快速驶过与停留时哪个桥承重更大等问题，让学生用已有的知识去尝试解决生活中一些常见的现象，领会获得知识和解决问题的成就感，并引导学生们关注生活，留心身边的现象，多去思考，科学类学科的魅力在于此，世界的发展之源也在于此。

（三）尊重个体差异，发掘个性潜能

有些学生，喜欢自己涉猎课余知识，对此我给予鼓励，给他们创造展示自我的机会。如让学生上台讲解"原子模型发展史"方面的知识，激发学生主动学习的同时，也锻炼了学生的语言表述能力，还带动了其他学生的学习兴致，收到了很好的课堂效果。我尽量给喜欢动手做实验的学生提供实验室，指导实验小课题，发掘学生们在实验探究、撰述文稿、视频剪辑等方面的兴趣与潜能。

在第二届选课走班时期，班里的学生来自不同的行政班，我根据历次考试的成绩算出个人与各行政班的平均分后，与整体平均分做对比，如图2-3。从图中可以看出各个班的波动情况，整体偏弱一些的，我会有针对性地多给予关注。图2-4是班里某学生横向的自我对比图，可以看出来明显的上升趋势，由此该学生一改之前信心不足、兴致缺缺的状态，后面的学习状态也越来越好，成绩更是稳中有升。

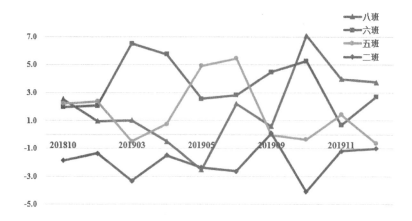

图2-3　各行政班班级平均分与教学班平均分的对比

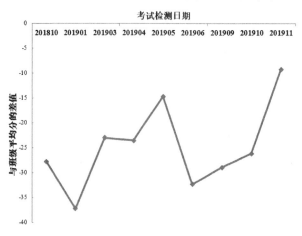

图2-4　某学生历次考试成绩与平均分求差对比图

四、实施效果

尊重学生的选择权,不仅能够让他们更有课堂认同感和参与感,也能够让优秀的人才不断涌现。在课堂上,启发式教学和创设真实的问题情境的使用,取得了良好的教学成果,很多学生都表示对学习化学产生了浓厚的兴趣,会主动利用自己的课余时间完成一些简单的小实验。在课堂外,我利用绘制的表格曲线,帮助学生分析问题,建立信心,学生在化学学习上取得了更大的进步。

第三章
正向传导
建设性和批判性的统一

　　做好思想的正向传导,对于"拔节孕穗期"的学生来说,具有不可替代的作用。对于天津市第二十中学而言,坚持建设性和批判性的统一,不仅是思政课的自身要求,也是其实现育人功能的必由之路。因此,坚持建设性和批判性的统一这一要素贯穿于思政课建设的全过程。一方面,学校不断加强思政课程建设,将思政教育渗透各个学科的教学,打造红色引擎,传导正能量;另一方面,针对传统教学中存在的缺点、不足,学校敢于创新教学方式,拓宽授课渠道、阵地,促使学生在多元化的课程体系中熔铸红色基因,坚定理想信念,点亮美丽心灵。天津市第二十中学向学生提供丰富多彩的个性化课堂,从中华剪纸到校园历史剧,从语商教育到思维导图,充分激发学生的思维活力,提振拼搏奋进的信心和底气,为思政课建设提供了重要保障。

花和小草都能照射到阳光

——关于新课程多元评价的探讨

■ 阎　茸

今年是初中"道德与法治"课程改革的第一年。在实施过程中,我们发现课本内容更贴近学生生活,课堂的气氛比过去更加融洽自由,学生真正成为课堂的主人,思维的广度和深度、课堂的容量均有了很大的提高,学生也更爱思考、更爱争辩、更爱探究。随着新课改的推进,评价问题随之成为这场改革的焦点、瓶颈。在这些繁荣的课堂面貌背后,如何重新认识评价的功能效用,转变以往单一、集权式的评价模式,让教师、学生都能成为评价结果的获益者,使新的评价体系契合新的课程标准,进而规范新的教育教学,成为笔者常常思考的问题。在此就教学评价过程中的点滴体会和大家分享。

一、指导思想

"课改"之前,以百分制和笔试为主的期末成绩考核和评价模式,已经持续了相当长的时间,它在人们头脑中形成的思维定式已经相当顽固。以往每到期末,教师和学生都在为最终的卷子的成绩绞尽脑汁,这样必然会加重学生的学习负担,造成教师和学生"重分数、轻课堂,重结果、轻过程"等弊端。这样的后果就是课堂沉闷,只有极少数的学生能够跟着老师思考,老师仅仅对个别学生有所关注,无法关注所有学生的全面发展和个体差异,过分强调评价的甄别与选拔,忽视改进与激励的功能,使学生处于被动地位。

课堂教学的改革与实验必须找到切实有效的切入点和突破口才能取得令人满意的结果。新课程的多元评价方式无疑就是这个突破口。传统教学评价的弊端在于没有正确认识课堂教学评价的作用,把教学评价本身当作目的与终结。因此,应重视和加强课堂教学评价的诊断、导向、激励等功能,建立促进学生全面发展的体系。在平时的教学过程中,我将《基础教育课程改革纲要(试行)》中有关的表述作为我的教学多元评价的指导思想,并牢记于心:"建立促进学生全面发展的体系。评价不仅要关注学生的学业成绩,而且要发现和发展学生多方面的潜能,了解学生发展中的需求,帮助学生认识自我,建立自信。发挥评价的教育功能,促进学生在原有水平的发展。"

著名心理学家加德纳于20世纪90年代就曾经提出过多元智力理论。多元智力理论的广阔性和开放性对于正确地、全面地认识学生、评价学生具有很高的借鉴价值。加德纳认为,人的智力由七种紧密关联但又相互独立的智力组成,它们是言语—语言智力、音乐—节奏智力、逻辑—数理智力、视觉—空间智力、身体—动觉智力、自知—自省智力、交往—交流智力。这七种智力能力给人们提供了多维看待人的智力的视野和方法,各种智力只有领域的不同,而没有优劣之分,轻重之别,也没有好坏之差。因此,每个学生都有可以发展的潜力,只是表现的领域不同而已。

从这个理论出发,教学过程中没有一个学困生。以往所说的学困生是以学习的结果作为唯一的尺子衡量的产物。这就需要我们的教师在以促进学生发展为终极关怀的参照下,从多角度、全方位的考虑、善于发现学生身上的闪光点,使评价真正达到促使人发展的根本目标。从不同的视角、不同的层面去看待每一个学生,而且要促进其优势智力领域的能力向其他智力领域迁移。教师评价学生再也不能以传统的文化课学习成绩为唯一的标准与尺度。"多一把尺子就多一批好学生。"每一个学生身上都有无限的潜能,能够吸引老师关注的目光,正像花和小草都能够照射到阳光。

二、实践中的具体操作

（一）评价内容实行"自助"，允许学生选择

教育学研究表明，自发的学习是持久的，也是最深入的。初中思想品德教材中，每一单元都设置了主题探究，每一个主题探究我们都认真对待，给学生提供选择的机会。

1.开放内容的选择。七年级教材（下）中第二单元，探究主题为"青春"。我当时对学生提的要求就是：主题鲜明突出，内容积极向上，形式不限。等到展示时，有不少学生制作了"青春的拼图"，也有不少学生绘制了"青春的手抄报"，还有学生编辑了"青春纪念册"。

2.允许选择伙伴。不少主题探究都是一个需要合作的项目。对于初中生来说，来自同辈群体的影响是巨大的，这样的小组合作往往更具有教育效果。因此在活动中我允许学生表达选择意愿，自由结合小组，在轻松愉快的气氛中与伙伴合作，获得知识，增长才干。

3.倡导不同形式的选择。七年级教材（下）中第二单元的主题探究内容为"做情绪情感的主人"。对于这样一个相对抽象的主题，活动的最好效果就是内化。于是我针对这一主题设计了如下内容，为学生提供选择的机会，使他们能够结合自身特长展示自己的潜能，这是多元理论的具体体现。

作业"多样自助餐"允许学生选取其中一个内容进行探究。

主题探究：做情绪情感的主人

合作项目：以小品表演的形式，表现出喜怒哀惧的区别；编写校园短剧剧本，以情绪情感为主题；用音乐的形式创作或改编，表达情绪之歌；其他……

个人项目：用漫画的形式，为喜怒哀惧画像，或将三者进行对比；以书信的形式为有情绪困恼者解决烦恼；绘制个人一个周内的情绪曲线图；其他……

（二）评价主体多元互动，三者形成合力

以往评价基本上是指教师对学生进行评价，而在新课程、新理念下，应更注

重学生的自我评价,以及学生之间的评价。将教师引评、学生自评,学生互评三结合,鼓励学生从中相互促进、相互补充,在评价中求进步、促发展。

1.教师引评,坚持正确的思想导向。新课程评价必须坚持正确的思想价值导向,客观记录和描述学生的学习状况和思想品德发展状况以及发展需要,调动学生的积极性,增强学生自信心和进取意识。这必然要求教师的评价要真实、公正可信,对学生思想品德课的学习评价不仅重视结果,更注意发展、变化和过程,要把形成性评价和终结性评价结合起来;注意给学生足够的机会展示他们的特长,发挥评价的激励作用。通过教师的引评,每位学生都能受到教师相应的关注,发展其正确的思想导向。

2.学生互评,学会互相欣赏。学习伙伴处在同一个层面,对同伴的评价更易被评价者接受,并且在评价别人的同时,也会对自己的行为进行反思。学生会慢慢学会去发现别人的优点,学会用欣赏的眼光去看别人,适时地、恰当地给别人赞扬和鼓励,这样不但能够营造互帮互学、轻松愉快、和睦相处的课堂气氛,而且能够培养学生立足社会的处事原则和生存能力。同时,通过互评,不少学生都发现自己身上曾被忽视的优点、长处,正被其他学生欣赏,这有助于学生正确认识自己,树立自信。

3.本人自评,敢于正确对待自我。学生是学习的主体,在学习的过程中感受最深、体验最丰富,想说的话自然也最多,因此,在评价时也最具有发言权。只是在实际操作中教师要注意引导学生提高自我监控和反省能力。我在教学中设计了如下问题提供给学生,用于指导自评:"这节课(这个活动)我学会了什么? 其中最大的收获是什么? 小组活动中,我发现了什么问题? 在别人回答时,我在倾听吗? 我从中得到什么启发吗? 在这节中我是怎样来学习的? 这种方法好吗? 在这节课(这个活动)中,最值得自豪的是什么? 还有其他的什么想法吗?"

这三个评价主体各有侧重。教师评价重点在学生对知识掌握的程度及平时的学习态度。学生评价重点在学生之间的认同程度,对学生行为习惯及参加活动的态度、配合程度、协作精神等方面做出恰当的评价。自我评价则是学生在学习后,自己在知识、能力、交往、心理等方面取得的成绩,对自己的收获感悟或存在的不足做出一个恰当的评价,起到自我监控和反思的目的。教师引评,本人自评,学生互评三者结合形成合力,评价将更为科学、全面。

（三）评价手段科学多样,动静结合

以往的评价侧重于用纸笔测验的方式对学生进行评价,用终结性的、单一的、知识性的考试来对学生思想品德课程的学习及思想状况做出评价。其实评价手段除纸笔测试外,还包括课堂观察评价、激励性评价、成长记录、评价量表、考试等方法。这有利于对评价者进行综合性评价,有利于把过程与结果动静统一起来。

三、师生体会

（一）教师体会

评价是指挥棒,为了避免教师受"应试思想"的影响,"穿新鞋走老路",我们尝试改革学生评价方式,不再以一张试卷、一个分数一锤定音。我们尝试实施学生的发展性评价,强调评价主体多元、评价方式多样,重视过程,关注学生的综合素质的形成。新课改强调每位学生都要发展,但不是一样的发展;每位学生都要提高,但不是同步的提高;每位学生都要合格,但不必是相同的规格。我想采用多元评价的重要意义也在于此。

（二）学生体会

这种多样化的学习形式,让我们每个人都能"秀"出自己的个性,放心大胆地做出自己满意的作品,不拘束于形式,不受任何的束缚,有开放的空间和自己的节奏,让大家的个性得以展现。这种收获并不只是书本上的知识,也让我们的精神得到了前所未有的满足,让我们的才能无限放大,而且能使我们更加自信,充实而快乐。

　　总而言之,新课改还是一个新事物,它带来的冲击都是一种必然。重要的是,在这之中,我们应对新课改充满信心,采取一种积极探索的态度。同时有关新课改的评价也是一门艺术,在运用过程中要讲方式方法,好的评价方式,学生能在真诚的评价中进步发展,奋发向上。新课改给课堂带来了勃勃生机,致力于让每个孩子都能得到充分的、更符合其个性的发展是新课改的根本,只有这样花和小草才都能照射到阳光,在阳光下茁壮成长。

在道德与法治课中实施语商教育的研究

■ 蔡馨媛

　　卡耐基曾说:"一个人的成功,约有15%取决于知识和技能,85%取决于沟通。"简单来讲,就是良好的语言表达可以改变我们的人生。语言的表达是一个人最基础也是最关键的表达。语商教育在我国起步较晚,普及程度较低,对语商的研究和教育与智商、情商等相比简直是微不足道。然而在实际当中,语商成为现代社会的人才抉择标准。语商具备的技能、心理、文化、品格、价值观等因素与学生的核心素养联系紧密,因其鲜明的体验性及可操作性,成为发展学生核心素养的有效切入点和途径。

　　21世纪社会飞速发展,初中学生应树立正确的思想观念和良好的道德品质,做有理想、有道德、有文化、有纪律的四有新人。在道德与法治课教学中实施语商教育的实践研究,具有重要的现实意义和一定的创新性。目前,学术界关于培养语商素养的研究成果很少,关于在初中道德与法治课教学中培养语商素养的研究成果更是极为少见。近年来,笔者曾在相关网站上搜索"语商教育"的相关内容,出人意料的是相关文献仅有19篇;以"初中道德与法治"为检索关键词,搜索出相关文献582篇;以"初中道德与法治、语商"为检索关键词,搜索出相关文献为空白。笔者认为,道德与法治课是德育课程的重要阵地和语商能力培养的重要课程,道德与法治教师应充分把握学生的学习需求和成长心理需求,善于抓住教育契机,巧妙地将语商教育融入道德与法治教学,通过道德与法

治课的有效教学提升学生的语商素养,促进学生的思想道德素养和语商素养共同发展。

一、在道德与法治课中实施语商教育的理论概述

(一)相关概念的内涵界定

1.道德与法治。道德与法治课程是中学生的必修课,是初中教育的重要课程,旨在促进和引导中学生在思想品德方面的发展。初中道德与法治教材共6册,围绕个人、家庭、学校、社会、国家、世界展开。为适应初中学生的成长需要,本课程可适当与心理健康教育、法律法规、时事政治等内容进行融合,促使学生养成良好的思想品质,提高对法律法规的认识,养成法律意识,促进身心健康,并逐步树立正确的人生观、世界观和价值观,提升其各方面的修养。

2.语商教育。或称语商培育文化,意在从学生的自身发展和未来需求出发,以提高每一位学生的语商为直接目的,而进行的全面、系统的培训及实践教育活动。语商,是指语言商数,是一个人语言运用能力的综合体现,具体表现在一个人对语言的思考辩论能力、口头表达能力,以及在语言交流中随机应变的能力。一个人的语商对说话和办事起着非常重要的作用。通常语商教育紧紧围绕"语言表达文化""语言表达艺术""语言表达状态"多个维度,以思考辩论和语言表达为基本要素,同时辅以阅读、表述、书写、辩论等内容,希望通过实际课堂教学和相应的课外活动,吸引学生对于语商教育的兴趣,从而让学生积极参与,达到提高学生语商素养的目的,激发学生学习能力和创新能力的潜能。

笔者所在学校围绕语商教育这一办学特色,把传统学科与语商教育完美结合,提出了一套科学合理的教学体系,旨在让学生学习知识的同时提高语商能力,养成终身发展的能力。因此,语商教育成为培养学生综合素质的重要手段和途径,也成为学校的办学特色。

(二)在道德与法治课中实施语商教育实践研究的必要性

1.实现个体发展的需要。在校学生的成长离不开与学生、老师、家长和社

会的交流,良好的语商能够帮助学生形成融洽的合作能力,保障其身心健康发展,提高其思想觉悟,这也是道德与法治课程的核心内容和重要目标。在道德与法治课教学中融入语商教育,有助于学生树立正确的人生观、世界观、价值观,帮助学生转变思想,形成正确的政治态度,养成敢于表达、善于表达、乐于表达的习惯,使学生在表达中增强自信,在自信中愉悦成长,促进学生未来的学习、工作、生活和谐开展。

2.实现课程目标的需要。道德与法治课是一门活动性的课程,旨在实现道德和法治的内在融合。其重视传统文化的教育,以立德树人为主旨,以社会主义核心价值观为引领,针对时代的需要,引导学生主动学习知识,培养良好的思想品质,树立正确的价值观、人生观、世界观。在道德与法治课中实施语商教育有助于提升社会主义公民素质,有助于道德与法治课程目标的实现。

3.落实学科核心素养的需要。在道德与法治教学中实施语商教育,有助于学生形成适应终身发展和社会发展需要的必备品格和关键能力,落实政治认同、法治意识、理想精神与公共参与等学科核心素养,使学生在树立正确的价值观念的同时,继承和发扬中华文明的传统美德。

4.实现社会发展的需要。从社会需求的角度出发,语商作为人的综合素养标志之一,已经成为选拔人才的重要衡量标准。高素质的公民,对一个国家的建设和发展具有极其重要的意义。在道德与法治教学中实施语商教育,解决了我们国家未来一段时间培养什么样的人才的问题,这是奠基学生未来、适应社会需要、促进可持续发展的过程,同时也是顺应时代潮流、进行教育机制改革的趋势。

二、在道德与法治课教学中实施语商教育的主要问题

(一)部分道德与法治课教师重教轻说

部分道德与法治课教师过于追求成绩的高低,只重视对学生智商、情商等方面的开发,完全忽略语商的重要意义。这部分教师高度重视书本知识教学,在课堂上仅以教师讲授课本知识为主,不给学生创造发表意见、提升语商素养的机会,忽视了学生语言表达能力的培养。

(二)部分道德与法治教师自身语商素养不足

要在道德与法治课教学中培养学生的语言表达能力,道德与法治课教师的语言表达能力至关重要。教师的表达能力直接影响教学的质量和效果,因此作为人民教师,特别是道德与法治课教师,必须具备应有的优秀的表达能力,才能给学生做好规范的指导。但是部分道德与法治教师由于自身能力的欠缺,课堂语言表达能力不足,教师在课堂中语言的表达中规中矩,没有丝毫特色,导致课堂氛围低沉,枯燥乏味。久而久之,学生会失去学习的兴趣,不要说提升学生语商的能力,哪怕是基础的课堂知识学生都不一定能掌握。

(三)道德与法治教师教学方法单一化

一部分教师在讲课时姿态居高临下,总是一副要随时准备教训人的神态,这样会拉大学生与教师之间的距离,导致学生因为害怕而不敢主动提问或表达自己的见解,对教师产生畏惧心理,在学习的过程中始终处于被动地位,这样并不能提起学生对道德与法治课的兴趣,严重者甚至可能还会产生厌学心理,把这种负面的情绪带到其他学科的学习中去,会大大降低其学习热情,对学生的语商水平的提高更是起不到积极作用。

(四)部分学生参与语商教育活动的主动性不高

学校从课内、课外途径提供的各种机会,仅仅锻炼了一部分感兴趣、愿意主动参与的学生的能力,另一部分学生主动性不够高,不愿说、不愿意表达,对各种活动"敬而远之",仅仅采取观望的态度,不愿意主动去提升语商水平。部分学生对道德与法治课不感兴趣,认为内容枯燥乏味,学习的态度不够端正,这都会直接影响教学质量,更不要去说提升学生的语商素养。因此,在道德与法治教学中激发学生兴趣,提高学生参与的积极性和主动性,扩大学生参与语商教育活动的覆盖面等众多问题都亟待解决。

三、在道德与法治课中实施语商教育存在问题的原因分析

（一）部分道德与法治教师教学观念落后

在均衡教育的背景下，一部分道德与法治课教师对自己的能力不够自信，还是继续采用传统的教学方式，把课本中的知识内容对学生进行单方面的强输硬灌，不考虑学生是否理解。部分教师无法与时俱进，因此对语商教育的实践、创新比较少。从国家推行新课改机制到现在已经过了很长一段时间，但是部分道德与法治课教师受限于教学观念和综合能力，还是很难做到理论结合实践，不能做到在实际教学中实践新课程理念，无法将语商教育与道德与法治课程进行融合。

（二）部分道德与法治教师缺少教学反思

作为一名道德与法治课教师，结合所任教学科的学科特点及学生的年龄性格特点等，需要对自己的教学过程进行认真反思，特别是课堂陈述部分，如普通话是否标准、语言表达是否准确、问题是否具有启发性、课堂氛围是否轻松愉悦、是否关注并调动起每一位学生、是否在课堂上频繁与学生互动、是否做到表情管理和肢体语言管理等。实践证明，轻松愉悦的课堂氛围会对学生学习知识有很大的帮助。在道德与法治课堂上，教师可以利用一些技巧，通过语言的表达把课堂内容生动形象地呈现给学生，营造一个轻松愉悦的教学氛围，这样才能会激发学生对道德与法治课程的兴趣，大大提高教学质量。所以通过认真反思，教师才能发现教学中存在的语言表达等问题并予以改正。

（三）部分道德与法治教师对开展语商教育的重视程度不足

部分道德与法治教师不重视开展语商教育的重要意义，担心无法很好地掌控课堂，仅仅将语商教育流于形式，还是多以课本知识为主，教学方式多以讲授为主，不能有效地将语商教育融入道德与法治课的教学中。特别是在部分面临考试的年级中，道德与法治教师仍习惯通过课堂教学的灌输和大量的课后习题要求学生把握知识，导致一些学生只会死记硬背，人云亦云，产生思维惰性，这

样学生在学习的过程中将会始终处于被动状态。

（四）在道德与法治课教学中开展语商教育的理论支持和相关资源较少

笔者搜索并研究了大量文献、论文、教学成果，发现将语商教育体系作为学校特色的研究极少，且语商教育大多从语文学科入手，将语商教育与初中道德与法治课教学相结合的实践仍在开发摸索中，并不完善。笔者所在学校的语商教育体系在系统性、全面性等方面仍然有所欠缺，理论体系的不完善导致在教学过程中开展语商教育遇到了一些困难，可借鉴和参考的经验与资源较少，通过初中道德与法治课教学中开展语商教育的实践进展较缓慢。

（五）初中学生身心发展特点的影响

由于初中学生年龄普遍偏小，心智不太成熟，心理活动变化较为频繁，因担心他人取笑，常常不敢也不愿在公开场合表达自己的想法。这个阶段的学生虽然对社会现象有初步的认识，但往往只局限于表面现象，对事物的本质缺乏一定的理解和判断。这直接导致他们容易忽视通过语言来表达自己想法的重大意义。因此很多学生不愿主动参与活动，不愿表达内心真实的想法，提升语言表达能力也就无从谈起。

四、在道德与法治课中实施语商教育的反思

针对以上问题及其原因，道德与法治教师应注重遵循启发性原则、循序渐进原则、因材施教原则和正确价值导向等原则，进一步探索在教学中实施语商教育的有效措施与方法。

教师是在道德与法治课教学中提升学生语商素养和语言表达能力的主体。这要求教师必须具备一定的水平才能促进语商教育更好的实施开展。教师要做到不断学习、丰富自己，才能更好地在语商教育中扮演启发者的角色，发挥引导的作用。此外，道德与法治教师必须努力把语商教育和传统课程相结合，在两者之间找出平衡点，积极创设教学情境，既要让学生们学好知识，又要在教学中渗透语商教育。运用教学技巧营造轻松愉悦的课堂气氛，鼓励学生战胜自己，主动发言,提升教学质量。道德与法治教师应结合本学科的特点开展教学建模活动,在教学实践中逐步完善语商教学的新模式,将语商教育贯穿道德与法治课的各个环节,使学生通过反复的练习逐渐提升语言表达能力和思辨能力,培养核心素养,养成乐于、勇于和正确表达自己思想观点的能力。

　　道德与法治教学不应局限于课堂,学校和教师要鼓励和支持学生主动参加语商教育活动,把语商教育的理论与实践活动真正结合在一起,为每一位学生的成长做好铺垫。学生不仅要与学生交流,要与教师交流,更要真正的社会人士接触,以此丰富学生的生活阅历,在不同的语言交际中提升自己的语言表达能力,感受语言的魅力,提高语商素养,逐渐形成正确的价值观念和良好品德。

浅论思维导图在高中政治教学中的应用方式

■ 赵　東

　　思维导图和传统的笔记相比有较大的优势。思维导图在政治教学中的应用实践表明其有较好的前景,符合高中政治学科的特点和学生智力及情感特点。思维导图能够极大地提高学生的理解能力和记忆能力,它对于逻辑思维和创造性思维都有较大帮助。前面所述的思维导图应用于高中政治教学中的实际意义促使我们积极实践、努力创新,在教法设计、学法指导上有所突破。

一、思维导图应用于教师教学设计

　　利用思维导图的方法,教师在研读教材及课程标准、备写教案的过程中就可以用一张大白纸进行图示创意:以“课题”为思维导图的主题,以“课程标准”“教法设计”“学法指导”“情景创设”“保障条件”等关键词入手进行初步教学设计,然后从概念出发,或从学生的实际出发进行必要的整理,最后形成一篇有学科或章节特点的教学设计。上完课后再用思维导图的方式进行教学反思,总结经验,为以后的教学再设计积累心得。

　　上述过程可能是一种无序化的过程,但它能较好地体现教师的思维流程和个性化的设计理念,而不是在传统教学设计的固定模式中牵强附会。教师在集体备课中也可以充分使用思维导图进行共同讨论,完成教学设计。教师之间的讨论是提高备课效率的重要方式之一,这样做可以做到集思广益。一人记录,大家参与,然后及时整理,形成一份好的设计效果图,每个教师在使用时还可以根据学生实际和教学实际进行加工处理,改进完善。

二、思维导图应用于教师课堂板书和投影演示

板书设计是课堂教学的一个重要内容,也是一个教师教学基本功的展示。但大多数教师的板书是在课后的知识小结中体现,此时的学生已筋疲力尽,只是被动进行记录,教师板书的知识脉络与结构图的优美并没能给学生深刻的影响和思维的启迪,因此教师应在教学过程中利用思维导图进行板书演示。板书演示能顺应我们大脑的自然思维模式,教师要使用关键字,刺激学生在做笔记的时候就思考句子的要点到底是什么,这可以使学生积极地听讲。教师在板书演示时要恰当使用彩色粉笔,使用图象、颜色刺激学生的视觉感官,使其加深记忆,获得一个大课题的全景图。最主要的是思维导图呈现的思维的流程对培养和提高学生的抽象思维能力有很大的帮助。

由于多媒体技术在教学过程中应用日渐增强,教师使用演示文稿(PPT文件)的次数也越来越多。使用程序制作思维导图辅助教学变得越来越简单,操作快捷、图象形式多样和容量大的特点显示了其比"纸+笔"工具具有的优势,这是政治课课堂教学的一个趋势。

三、思维导图应用于学生复习总结

传统教学中,教师组织学生进行复习,教师归纳总结多,学生自主整理少;学生被动接受,教师强行灌输。学生失去兴趣是必然的。教师应积极倡导学生使用思维导图来主动组织概念,自主建构知识体系图。实践表明,学生根据自己的理解制作思维导图作品,能够激发他们的学习兴趣,促使学生积极思考,加深对知识的理解。个性化作品的完成也能增强学生的成就感,促进学生学习能力的提高。

学生的思维导图多是使用"彩笔+白纸"进行制作的。这种方法简单实用,教师要鼓励学生积极使用,不能用统一的模式限制学生,要让学生发扬自己的个性。在鼓励学生建构知识体系时,教师要指导学生注重学科知识的科学性、逻辑性,不能肤浅地追求图示的好看、新颖而犯知识性错误。教师也可以直接利用学生创作的作品进行演示讲解,从而充分调动学生主动归纳知识、建构章节或单元知识体系的积极性。

四、思维导图应用于学生探究性学习

思维导图可以帮助学生整理知识概念,加工信息,更重要的是能帮助学生探究知识,主题讨论和进行反思。学生可以根据自己的学习情况独立确定一个小的探究性问题,或与学生合作围绕某一主题进行讨论研究。思维导图不仅能够应用于教学与学习有关的活动中,也能应用工作计划、工艺设计、活动策划等领域。

学生可以独立创作思维导图作品,也可以由教师与学生协作完成。教师可以引导学生使用计算机多媒体技术,高中学生的信息技术水平可能超出教师的能力,他们的信息素养、动手操作的能力已具备在网络环境下学习的条件。因此,教师引导学生从网络上搜索下载大量信息并加工整理,这很有现实意义。使用思维导图进行网络环境下的探究性学习,既方便又快捷。在学校信息技术条件好的情况下,教师应学习并引导学生使用制作思维导图的软件,如Inspiration和Mind manager,这些软件都非常容易掌握,为学生学习提供了新的工具。

思维导图是一个能够打开大脑潜能的强有力的图解工具。它同时运用大脑皮层的所有智能,包括词汇、图像、数字、逻辑、韵律、颜色和空间感知。思维导图可以运用于学习、生活、工作的各个层面,帮助教师和学生更有效地学习,更清晰地思考。时代的发展使得知识飞速更新,作为教师需要更新知识,更新教学方法,作为学生需要改变学习观念和学习策略。教师要重视思维导图在教学中的应用,应该将对思维导图的认识与应用内化成自己和学生的创造性素养,为学生长远发展做出创造性的努力。

传承中华剪纸艺术，点亮学子美丽心灵

■ 庞　宇

剪纸艺术出自广大劳动人民，其源远流长数千年，积累了深厚的民族文化底蕴，具有鲜明的民族和文化特色，体现了我国的传统思想特质和文化模式，是我国民间传统艺术的瑰宝，在世界非物质文化遗产中，剪纸艺术以其独特的艺术魅力获得全世界诸多艺术爱好者的青睐，正日益散发着瑰丽的光芒。

剪纸简单的材料、复杂的线条、灵活的技巧，能传神地表达独特的人物情感、地域特色、民族风貌，呈现出一副具有民族特色、历史意蕴的图案，可以引起学生学习的兴趣。传统剪纸艺术实践课程以其独特的艺术魅力和特色，可以广泛而深刻地凸显学生的美术核心素养：图像识读、美术表现、审美态度、创新能力、文化理解等。这几个维度互相之间有着深深的契合与呼应，对提升学生的美术核心素养有着先天的优势。那么，如何让我们的传统剪纸艺术更好地走进校园、融入课堂？这已经成为美术教育专家和众多一线美术教师所面对的一个重要的研究课题。

一、在美术教育中开展传统剪纸艺术课程的重要性

传统艺术课程的开展具有深远的意义，在丰富和充实美术课堂教学内容的同时，还能够起到提升学生美术核心素养、传承和发展中国优秀传统文化、不断促进和增强学生树立"文化自信"意识、激发学生不断产生民族自豪感和使命感的作用。美术教师在教学实践的探索与研究中不断创设情境、完善教学方式方

法,进而不断激发学生学习传统剪纸艺术的兴趣,锻炼和培养学生剪刻的技能和方法,不断提升学生在艺术实践中独立思考、独立动手、独立制作的能力。这个过程将注重培养学生的思辨创新能力和审美感知能力,同时还将为学生提供更多不同形式、不同深度、不同维度的动手实践机会,为中华民族非物质文化遗产的传承与发展添砖加瓦,贡献绵薄之力。

人教版初中美术教材中适合开展丰富多彩的传统艺术课程,如中国剪纸艺术、编织艺术、刺绣艺术等,进而起到传承与发展中国优秀文化的作用,让学生通过学习在内心深处树立"文化自信"的意识。初一学段的学生童趣盎然,这个年龄段学生的身心发展具有以下特点:思维活跃,善于动手实践,对新的事物具有强烈的探知欲望,具备一定的创新能力等。

教学实践中适宜创作简单常用、趣味性强、装饰性强的作品,所以,初一年级开设剪纸课是非常有必要的。教师可以通过介绍中国传统艺术的历史渊源,以观赏小视频、欣赏优秀的剪纸、到艺术展览馆参观、走进民间传统剪纸艺人、教师引导示范等多种形式,让学生们了解我国民间传统艺术和剪纸艺术,感受剪纸艺术的独特魅力。教师可以引导学生增强对剪纸的感受能力与创新能力,激发学生学习剪纸的兴趣。因此,民间优秀传统美术在美术教育中注定拥有特殊的地位和作用。

二、美术课堂是传统剪纸艺术绽放魅力的绝佳土壤

《义务教育美术课程标准》指出:"基础美术不是专业美术,而是一种生活美术教育,学生学的不是专业美术,而是生活美术,它所包含的内容应该有利于学生未来生活和身心发展。"

民间优秀传统美术是劳动人民在生产过程中创造的,是经过传承和不断创造的艺术智慧的结晶。学生通过欣赏教学认识传统的地方文化,有利于激发对我国丰富多彩的民间优秀传统美术的喜爱之情,增强对民族美术的认同感和热爱。如天津"四大民艺"——"泥人张"彩塑、杨柳青木版年画、"风筝魏"风筝、剪纸。以杨柳青木版年画和剪纸为例,杨柳青木版年画集中代表了中国北方民间木版年画的鲜明特色,与江苏的桃花坞年画一起扛起了中国民间木版年画的大旗,为中国民间美术的辉煌添上了浓浓的一笔。天津剪纸的艺术风格、制作方法均有独到之处。天津剪纸不同于南方剪纸的纤细秀丽,也不同于北方其他地区剪纸的粗犷淳朴,而是偏重写意。天津剪纸借鉴了年画、瓷器、木雕等图案设计,注意外形刻画。天津剪纸中的人物比例匀称,线、面衔接柔和,无明显幅度变化。整体图案浑厚有力,线条流畅,刻画精细,花鸟人物栩栩如生,情景交融,具有很高的艺术价值。艺人尹德元是著名刻纸作坊进宝斋老艺人王进福的徒弟,他将皮影戏、彩绘艺术与剪纸相结合,开创了天津剪纸新风格,使剪纸由民间手工艺发展为艺术创作。

三、美术课堂开设传统剪纸艺术课的具体步骤

（一）培养学习兴趣、营造学习氛围

著名的教育家、心理学家本杰明·布卢姆曾经说:"学习的最大动力,是对学习内容的兴趣。"教师可以根据学生的年龄特点和该年龄段所具备的心理特征,归纳总结出普遍能让学生产生兴趣的点。如在学生的眼中:这个学习内容"酷酷"的、"好有趣"或"好实用"等,并提炼出剪纸艺术内在魅力中可以换化成为学生能更直接感受到的内容或符合学生年龄特点和心理特征的内容,来切实激发学生对剪纸艺术的学习兴趣和投入学习的激情,充分调动学生学习剪纸的积极性和主动性,从而使学生乐于学习剪纸。

在实际的教学中我做了如下尝试:为提供"酷酷的"剪纸内容,我从剪纸的题材上尝试做出突破,剪纸内容不拘泥于传统的风俗习惯类(如龙凤呈祥、鱼戏莲花、喜上眉梢等)、劳动场景类(如春耕、夏锄、秋收)、神话传说类、风景名胜类等题材,鼓励学生们寻找更贴近自身生活的题材。女生一般喜欢漫画人物题材的剪纸,而男生一般喜欢变形金刚题材的剪纸。为让学生在选题上就开始感觉自己要创作的剪纸作品是最"酷"的,在选定现代的题材后,我带领大家利用

传统的剪纸工艺和手法进行剪裁创作,这种传统与现代相结合的方式在实际教学过程中得到了学生的喜爱,也收到了良好的教学效果。

为提供"好有趣"的剪纸内容,我尝试在剪纸的教学当中利用"三折""四折""五折"等创作技法,使学生的剪纸作品呈现出"一剪多图"的效果,让学生在惊喜之余不由自主地发出"好有趣"的赞叹。大家产生的"好实用"的感受来自我在教学中对剪纸作品"目的"的实现。在布置剪纸作业时,我会针对"教师节""感恩节""父亲节""母亲节"等节日布置主题性剪纸作业,让学生将自己精心创作的剪纸作品作为特殊的节日礼物送给最亲爱的人,这样的教学设计让学生有机会用自己别具匠心的艺术品去传达对亲人的爱,让浓浓的情感在课堂制作中产生,在课外得到延伸。同时,我将学生制作的优秀剪纸作品在校园各个楼层的"艺术角"进行展览,提升学生艺术创作的热情和积极性,不断增强学生的自信,从而使其创作出更多优秀的剪纸艺术作品。

观察和赏析是教学过程中十分重要的环节,同时也展现着学生们的心理活动过程。在实际的教学过程当中,我充分发挥网络共享平台的资源优势,利用各大搜索引擎,为学生们搜索不同样式的剪纸艺术作品,并结合作品进行赏析和深入介绍讲解,让学生由感性到理性,感悟剪纸艺术不同于其他艺术形式的独特魅力,并用剪纸艺术的独特感染力,熏陶学生们纯真朴质的心灵,使学生不由自主地发出赞叹,进而迫不及待地想要亲自动手感受剪纸艺术的魅力,此时教师再为学生徐徐打开剪纸艺术的大门,将剪纸艺术的技法和知识娓娓道来,必定会收到良好的教学效果。

学生对学习内容有了浓厚的兴趣,我们的教学就成功了一半,就像我们在肥沃的泥土中种下了一颗神奇的"种子",我们只需要通过教学实践就能让"种子"萌发新芽、茁壮成长。怎样使一张普通的纸张在剪纸工具的"鬼斧神工"下,神奇地变为一个剪纸艺术品?首先要让学生在不断的观察中去探究,通过课堂实践,开出成功的花蕾,结出丰硕的果实。

如在美国、德国等外国学访团来天津学访交流美术展示课活动中,我们以"中国剪纸艺术"为主题,与中外友人、中外学子一起,分别上了三节有内容、有特色的剪纸课,在课堂教学过程中我运用多种教学方法引导学生亲自动手实践,切身感受剪纸艺术的独特魅力,安排了丰富有趣、具有很强实际操作性的教学内容,学生们表现出了极大的兴趣,在教学的过程中,经过我适时地启发和指导,在细致的讲解过程中学生们很轻松地掌握了对称式的剪纸方法,同时自由式和花边式的图案的制作也使大家兴致盎然,大多数学生都能按照老师的要求剪出独特而美丽的剪纸作品。

令我感到惊喜的是,外国的学生也都对中国的剪纸艺术产生了浓厚的兴趣,纷纷参与其中,在老师的指导下,不仅剪出一个个精美的剪纸作品,而且还能主动给大家展示自己的作品。学生们在高涨的情绪中,自然而然地学会了由易到难、由简到繁的剪纸技法。学生们在观察交流中会发现剪纸的技法分为两种,一种看起来"线线相连",即为阳剪;一种是"线线相断",即为阴剪。教师适当的点拨,激发学生自主探究的兴趣,使其在探究中收获喜悦,在喜悦中递增信心。

(二)巧妙引导、悉心指导,提升学生的观察能力

观察能力的培养、敏锐的视觉感受和正确的观察方法是剪纸教学中不可缺少的重要部分。因此,在教学的过程中,教师应调动学生的注意力,让他们有步骤、分层次地仔细观察,在交流讨论中说出作品中的剪纸符号和结构元素,经过多次、反复训练,提高学生的观察能力。如学习对比四瓣形折叠法和五瓣形折叠法剪纸《窗花》,让学生观察思考采用不同的折法,剪纸的效果有何不同;同样是剪纸《蝴蝶》,在蝴蝶身体部位分别采用花瓣形和月牙形的剪纸符号,引导学生观察线与线之间是如何灵活连接的;指导学生观察蝴蝶的翅膀部分是怎样用水滴形、锯齿形、柳叶形等剪纸符号有机组合的。在观察和对比中增强学生对剪纸结构和符号的视觉敏感,以达到创作时实现剪纸内容的丰富与精致。

（三）因势利导,提升学生的创新能力

兴趣是人对事物的一种向往、迷恋、积极探索追求的心理倾向。兴趣是一种特殊的意识倾向,是学生学习的情感动力,是求知欲的源泉,是直接推动学生学习的内部动力,是培养学生创新能力的起点,也是学习成功的关键。有兴趣的学习不仅能使学生全神贯注、积极思考,而且能使学生沉浸在活跃的氛围中。在剪纸教学过程中教师除了指导学生学会剪纸的基本知识、基本技能,还应引导学生善于思考、勇于创新。

创设情境,启发想象。在课堂教学过程中,教师首先可以创设活跃的课堂氛围,引导学生大胆想象,并积极尝试实践,让学生充分体验参与的乐趣和成功的喜悦。如教学剪纸中"窗花剪纸"一课,教师可以播放过新年剪窗花、贴窗花的动画视频,引领学生们进入新年的节日情境中,然后再讲解过新年的节日习俗,告诉大家剪窗花就是新年节日习俗之一。教师在讲解的过程中可以演示几种窗花的剪法,启发学生们展开想象。学生们情绪高涨,都迫切想剪出最精美的窗花作品。最后,教师将学生的作品组合粘贴,汇聚成一幅春意盎然的百花图,学生所获得的成就感溢于言表。

为想象插上翅膀,突破思维瓶颈。法国伟大的启蒙思想家、哲学家、教育家卢梭曾经说过:"现实的世界是有限度的,想象的世界是无涯际的。"在学生时代学习知识是十分重要的,但相比有限的知识学习来说,培养学生广阔无边的想象力对于学生的全面发展来说更加重要。纵观古今,因为有先贤们天马行空的想象力推动着时代不断进步,才有了我们今天璀璨的人类文明。想象力是能动的知识,是创造力和智慧的必要背景。

丰富的想象力是形成创造性思维的重要因素,想象力的不断拓展有益于智力的提升、思维的拓宽,可以使学生融会贯通,发掘新的事物,进而拓宽自身的知识面。那么,在日常的教学实践当中,作为教师应该有意识地发掘教材中所蕴含的能够激发学生想象力和创造性的因素,并且举一反三地启发学生的创造性思维,让丰富的想象力和创造力相辅相成,在彼此促进中得到完美的结合。

　　小小的剪纸艺术,以兴趣导入,以动手实现。在美学实践的过程中,既有图像识别和美术表现,也展现了学生的审美态度,激发其创新能力,拓展与加深了文化理解,可以渐进、多层次、多方面地提升学生的美术核心素养。愿在寻找美、实践美的美术课堂上,每一位学生都能用灵活的双手剪出美好的未来,收获身心的和谐发展,并在不断提升美术核心素养的过程中逐渐成长为有理想、有道德、有能力、有担当的新四有青年。

以校园历史剧促进学生的自我完善

■ 苏彩玲

历史是过去的事情,要了解和认识历史,需要了解、感受、体会历史的真实境况和当时人们所面临的实际问题,需要对历史形成合理的"想象",需要"移情",需要"设身处地"进行体验学习,这样才能去理解历史、解释历史。然而当前,高中历史课堂大都只按照传统的讲授模式开展教学,学生依然囿于灌输式的学习。课堂上,学生仅仅看着课本、听着老师讲授,很容易因为对历史的某些现象缺乏形象、深入的理解而产生乏味的感受,进而逐渐对历史学习失去兴趣。

出现此种情况,一方面与历史学科本身的特点有关。历史学科的内容涉及古今中外人类社会的各个领域,史料浩如繁星,形式多种多样,内容纵横交错。作为综合性很强的人文学科,学生只通过传统的授课方式学习历史知识,在理解知识方面存在很大差异。另一方面,历史课堂教学效果和老师的教学意识极为相关。如果老师没有让课堂生动有趣的意识,无法让学生愿意走进历史,课堂效果会大打折扣。这两方面与普通高中历史课程标准中"反映先进的教育思想和理念,关注学生个性化、多样化的学习和发展需求,促进人才培养模式的转变,着力发展学生的核心素养(唯物史观、时空观念、史料实证、历史解释、家国情怀)"的基本原则不符。

一、传统历史授课模式下的思考

天津市第二十中学在开设国家统编教材《中外历史纲要(上下册)》课程的

基础上，在高一年级开设校本课程——"校园历史剧（'戏精'的诞生）"作为对传统历史课的补充。校园历史剧就是以历史教学内容为依据，以历史核心素养为标准，在尊重史实的基础上，教师引导或协助学生以"自编自导自演"的形式开展历史教学的实践活动课。开设此课程旨在：

首先，唤起学生学习历史的兴趣和爱好，激发学习动机。让每位学生都参与进来，让学生主动走进历史，让历史走近学生，让历史"活起来"。校园历史剧作为一节活动课程，把枯燥无味的历史知识转化为生动活泼的戏剧表演，最大限度地调动学生的参与热情，让学生乐于接受、善于接受。

其次，便于学生理解历史，加深巩固知识。通过情境的创设，让学生在历史的学习中真正融入其中，有助于引导学生思考、分析历史发展的过程，改变被动识记知识的状态。同时，学生在活动中，通过讨论研究、反复练习，加深对历史知识的巩固。

再次，发掘学生的个性潜能，培养学生形成健康的、多元的个性品质。校园历史剧作为一节活动课程，查阅资料、选取主题、编写剧本、准备道具、协调排练、主持演讲、表演评价等环节，有助于培养学生的创新思维能力。将历史教科书上的内容转化为戏剧的形式表演出来，其本身就要求有一种创新性。而这种创新性要求学生在理解知识的基础上，发挥各自的主动性，结合主观和客观条件，对历史知识加以加工和表现，这有利于学生的创新发展。

最后，由于学生的能力各不相同，每个学生都有自己的兴趣、爱好、性格、能力，有着不同的发展目标和追求，因此，不可能每一个学生都有表演天分和较高的语言表达能力。这突出了历史剧的合作性。这种合作是发挥不同学生的不同才能，通过各方面的协同和合作，达到校园历史剧演出的效果，让每一个学生在合作与分工的戏剧表演中都能够得到历史知识的教育和熏陶。因此，在校园历史剧的表演过程中，可以锻炼学生的动手能力、创新思维能力、表演能力、团队协作能力，促进学生全面发展，满足素质教育的要求。

二、理论依据及阐释

教育学理论基础方面。实用主义教育家杜威认为,现代教育具有三个中心:"儿童(学生)中心""活动中心""经验中心"。杜威认为人们真实的生活,才是身心成长和改造经验的正当途径,所以教师要把教授知识的课堂变成学生活动的乐园,引导学生积极自愿地投入活动,从活动中获得知识,养成品德,实现生活、生长和经验的改造。杜威强调在做中学。

古语有云:"听而易忘,见而易记,做而易懂。"校园历史剧表演呼吁学生参加实践,使自己从亲身经历得到感悟与提升。校园历史剧正是遵循了"在做中学"的实践原则:在课堂内外,学生在老师组织和指导下,按照核心素养的要求,结合具体的历史教学内容,在尊重历史史实的基础上,由学生自主编排剧本、自主选择道具、自主创设情境,自导、自演,以真实的情感来加深对社会历史发展的理解和认识。校园历史剧是学生广泛参与的实践活动课程,是一种集语言、动作、表情等于一体的生动活泼的表现形式,使参与其中的每位学生都得到锻炼提升。校园历史剧由学生来编和演,就是"做"的一种具体表现。著名教育实践家和教育理论家苏霍姆林斯基提出,学生拥有可以自由支配的时间是促进其个性发展的重要条件。校园历史剧重视学生的个性,与新课改的理念不谋而合。作为传统教学方式的补充和优化,校园历史剧是可以长期作为校本课开设下去的。

三、校园历史剧教学的应用

(一)编写历史剧本,培养学生创新能力,渗透历史核心素养

要想演好校园历史剧,编写好剧本是前提。编写剧本的原则是尊重史实,剧情要根据历史史实改编,同时注重创新性,即历史可以戏说但不能胡说,可以改编但不能胡编。当前热播的一些影视作品,脱离了当时的历史场景和历史面貌,内容和真实的史实相差甚远,这些都会对学生产生误导。面对此种状况,教会学生在收集历史资料、编写剧本时如何甄别史料,就显得极为重要。学生借

鉴影视作品时,教师应提醒学生注意史料选取的科学性,密切贴合核心素养中的史料实证。

如在学习完先秦历史后,学生在首堂校园历史剧课上表演了周幽王"烽火戏诸侯"的故事。我以此为契机,首先列举出如《诗经·小雅》《列女传》《史记》《国语》等有关历史文献对于此故事的记载,同时呈现出一代史学大家钱穆在《史学大纲》中对于此事的真实性的质疑和分析。单凭史学家理论上的分析就推倒这件流传了几千年的故事略显单薄,我紧接着再给学生呈现物证——"清华简",2012年清华大学在一组战国竹简"清华简"中发现了关于周幽王和西周灭亡的古文字记载:周幽王主动进攻申侯的外家申国,于是申侯联络戎族和周幽王开战,周幽王战败,西周因此灭亡。针对不同史料支撑的论点,我紧接着引导学生认识史料的分类,区分对比史料的真实性,从而引导学生得出史学界普遍得出的观点:"烽火戏诸侯"并非西周灭亡的原因。最后我教给学生论证历史观点的常规方法:"孤证不立"和王国维的"二重证据法"("纸上材料"与"地下材料"相互印证的研究方法)。

通过第一节课生动的表演,我指导学生了解了史料分类以及在收集素材时如何甄别史料,不仅在情境化的表演中建构了时空观,而且也有助于史料实证等核心素养的渗透,鼓励学生主动积极进行探究性学习,翻阅查找史料,允许学生在尊重历史知识的基础上适当创作改编。每组学生充分发挥自身的能力,集思广益,编写出一个生动的、真实的历史剧。

(二)排练、表演、演讲、评价,根据学生特点发掘个性潜能

编写好剧本、教师把关修改之后,接下来就是排练和表演了。为了能够在最终的表演中表现得更加出色,少不了排练这一重要环节。第一节课尽可能按班级分好组,根据人数把大家分成5~6组,每组不少于7人,每周以一组为单位、以一组为主体进行表演。分组时注意尽量把同班级的或相邻班级的学生分到一组,便于学生私下协调分工、组织排演。教师帮助学生对剧本中的人物性格

特点以及历史背景进行了解和分析,并根据学生的自身表演能力、特点、意愿选择合适的角色进行表演。

正式表演前要准备好道具和课前演讲,学生利用课间和放学后的时间组织排练。过程中教师要注意观察每位学生的特点,发掘其个性潜能,让适合的人做适合的事,保证演出组的每个学生都参与其中。如果角色分配人数不够,表演组可以和别的组协调,借调学生客串角色,帮助其完成表演;也可以由本组学生一人分饰多角,为具有表演特长的学生创造更多的锻炼的机会;如有必要,教师可以辅助客串其中角色。至于服装、化妆和道具方面,平时日常演出不要求学生采买专业表演服装,也不用化妆,道具根据每组演出内容的不同,演出组的学生和教师集思广益,汇总所需道具,学生可以自己动手制作道具,或从家中带来一些道具。经实践证明,学生都很乐意制作或从家中带来一些有趣的道具,每组都力求与区分于别组,或是在上一组学生的基础上做得更好,展现更多亮点和新意。

每一节历史剧课程分为三部分:

第一个部分,演讲(3~5分钟)。演讲前负责拍照、摄影的学生就位,同时,组内选出一位具有语言表达特长的学生,用3~5分钟介绍接下来本组成员所扮演的主要人物和故事梗概,这一环节的目的是提高学生的语言表达能力,培养学生的语商素养。

第二部分:表演环节(25~30分钟)。演讲后、表演前负责操作电脑、播放背景音乐的学生就位。细化幕次和场次,每一幕次和场次前由指定学生上前打板报幕,其余学生做表演准备,保证表演有序进行。幕次、场次名称的创作教给文学功底较好的学生,自愿完成此任务的学生都力求名称简洁、字数整齐、押韵、语法对称等。

以《文成公主入蕃》为例,表演的环节分为两幕四场。第一幕:赞普再遣使求亲,公主挥泪永别故乡。第一场:赞普再遣使求亲;第二场:公主挥泪永别故乡。第二幕：公主历千险入蕃,赞普迎亲柏海前。第一场：公主历千险入蕃；第二场：赞普迎亲柏海前。表演的学生根据场次提前准备,用轻松诙谐的语言,将平时排练的内容演绎出来,表演时力求全程脱稿,即使学生记不起准确台词,也可以根据自己的理解将内容表达出来,锻炼学生临场发挥的能力。其实,当天的表演很大程度还是取决于平时排练的情况,熟练的程度影响学生表演时的状态,平时排练越熟练,正式表演就会越放松。每一次表演都是每组学生创新思维能力、个人表达表演能力和团队协作能力的总体呈现。

第三部分：评价升华(5~10分钟),即演出之后师生共同评价,由老师小结升华。评价环节分为演员自评和观众评价两个部分。学生表演完成后,首先,主持人引导本次表演组的演员自评,每位参与者可以谈表演前后的心路历程,期间遇到的困难、收获和对剧中人物、事件的看法、心得、感受等；其次,引导观众(其他组没有参加本次历史剧活动的学生)评价,每位观众根据个人感受和体验,从演讲内容、技能,演员的演技、道具,剧情走向等方面做出适当点评,可以肯定该组学生的努力付出,借鉴经验,也可以提出建议或者从各方面提出疑问,与本次参与活动的学生互动探讨。

如《长恨歌》组的学生自评时,提醒后面表演的学生注意场次不要分得过细,容易因演员上下台次数频繁而产生混乱等。评价环节的最后,教师一方面和学生一起讨论,分析本次表演的得与失,分析细化到每位参与的学生,肯定每位学生所完成的工作,并针对不足提出改善的方案,以供学生借鉴。另一方面,升华主题,树立家国情怀。如在《荆轲刺秦》表演、评价后,教师引导学生体会：从局部讲(站在当时燕国的立场来讲),荆轲刺秦,体现了荆轲壮士断腕、不畏生死、舍生取义、保卫燕国国土,维护自身统治的正义性；但从历史发展的大趋势上讲,秦国完成统一有其必然性,因为统一是人心所向,是发展的必然要求,所以无论最后谁来做这件事,统一是无可避免的。

再如《文成公主入吐蕃》的最后,教师引导学生认识到从古至今,华夏认同、民族交融一脉相承。我国是统一的多民族国家,中华民族和各民族的关系,就是一个大家庭和家庭成员的关系。今天,56个民族共同构成了你中有我、我中有你、谁也离不开谁的中华民族命运共同体。各民族交往、交流、交融,"像石榴籽一样紧紧抱在一起"。在全球化背景下,使学生能够初步体会到文化的民族性和世界性的辩证统一。

（三）问耕耘、亦问收获——提升学生成就感与价值感

校本课在学期结束时,进行全体师生的总结性评选。首先,以图片和视频节选的形式,一起回顾本学期每一组呈现的所有演出作品。其次,请所有学生以不记名投票的方式,从所有作品中选出一位本学期校园历史剧"小白楼最佳女主"、一位"小白楼最佳男主"、两位"小白楼最佳配角",一位"小白楼最佳摄影",以及"小白楼校园历史剧最佳团体",教师颁发奖品作为纪念和奖励。最后,将票选出最佳校园历史剧剧目的剧本、道具、演员进一步整合优化,将作品进一步打磨成一个成熟的节目推荐给学校,由学校统一租借专业服装,协调合适的时间向全校的老师学生表演。

四、实际效果——校园历史剧区、市级推广

校园历史剧课程自开设以来,我们已经演绎了众多历史经典,从《烽火戏诸侯》《荆轲刺秦王》《长恨歌》《赤壁之战》到《文成公主入蕃》。校园历史剧立足核心素养,以自编、自演、自导的形式演绎经典,传承文明,让历史"活起来"。这也密切贴合2019年9月首先在八个省市开始使用的国家统编教材的站位和功能运用。

其中,历史剧《文成公主入蕃》,先以区级课的形式呈现给校、区的同行,获得校领导、教研员和同行的一致好评。后应天津电视台"梦剧场"的邀请,我们将《文成公主入蕃》历史剧翻译成英文版,参与第四季"梦剧场——寻找英语剧达人"的比赛,经过全市范围内的层层选拔,我们的作品从海选的200多部作品中脱颖而出,顺利进入复选阶段,再通过网络投票、电视台推介、导师团评议等

环节层层选拔,最终获得团体戏剧第三名的成绩。

　　完整熟练的表演,从激发学生自信愉悦的情感、增强学生自信愉悦的体验、促成学生自信愉悦的成长三个方面展现了学校的"语商教育"的办学特色。学校着力培养学生的核心素养,落实立德树人根本任务,使学生能够从历史的角度关心国家的命运,关注世界的发展,有助于促进学生全面发展,成为德智体美劳五育并举的社会主义建设者和接班人。

初中地理教学中"人地观念"素养培养的实践与探索

■ 陈丽娜

人地关系是地理学研究的永恒主题,而人地观念是对人地关系的认识、理解和判断,是地理学和地理教育的核心观点,它包含着正确的自然观、资源观、环境观、人口观与发展观等,是地理核心素养的重要组成。从地理核心素养的建构模型来看,人地观念居于内圆心,综合思维、区域认知、地理实践力在人地观念的外围。由此可知,人地观念居于地理核心素养的上位层面,是地理核心素养的灵魂,也是地理教育的出发点和归宿。在初中地理教学中,教师需要以人地关系为主线组织教学,在注重传授地理知识、提高学生地理技能的同时,引导学生树立正确的人口观、资源观与环境观,帮助学生建立人与自然和谐相处的意识。

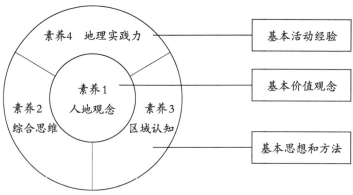

图3-1 地理核心素养的建构模型

一、"人地观念"基本内涵的解读

人地观念是指对人地关系的认识、理解和判断,具体反映在看待"人对地的影响""地对人的影响""人与地协调发展"等问题所持的见解和观点上。人地观念具体表现为:一是能够理解自然环境是人类生存、发展的基础,并能够辩证看待自然环境对人类活动的各种影响。二是能够理解人类活动是如何影响自然环境的,懂得人类在利用自然、改造自然中必须尊重自然规律。三是能够理解人类对人地关系认识逐渐深化的过程,能够辩证看待科学技术的作用,懂得人地协调发展的重要性,具有一定的可持续发展的观念。

在分析解决各种地理问题时,正确的人地观念是我们必须遵照的基本观点,同时它也为分析和解决地理问题提供了有效的途径。因此培养学生正确的人地观念是地理教学的出发点,也是落脚点,应贯彻于整个教学过程的始终。

二、"人地观念"素养的培养策略

在地理教学中,教师应注重将"人地观念"的内涵植根于教学活动之中,通过多种途径、多种形式引导学生认识"人对地的影响""地对人的影响"以及"人与地协调发展",进而促进学生形成正确的、全面的人地观念。笔者将从以下三方面阐述自己在地理教学中培养学生"人地观念"素养的实践与探索。

(一)充分挖掘教材中的人地观念素材

地理学科对于人地观念的培养有其得天独厚的优势,初中地理课程内容的设计很多都是以人地关系为主线的,精读教材后我们会发现在初中地理教材中显性的人地观念素材典型、丰富,且阐释到位。仅以七年级下册地理教材为例,显性的人地观念素材就有21条(见表3-1),重点阐释了人地关系发展中出现的环境与生态问题、解决措施与重要意义,很好地渗透了人地协调发展的观念。

表3-1 七年级下册地理教材中渗透人地观念的素材

所属章节	阐释主题
第七章第一节 "日本"	分析日本工业地带的分布及主要形成原因
第七章第二节 "东南亚"	活动：探讨日常消费行为与东南亚热带雨林的保护；以中南半岛为例，认识河流对城市分布的影响
第七章第三节 "印度"	运用材料分析印度粮食生产与自然环境的关系
第七章第四节 "俄罗斯"	联系俄罗斯自然条件特点，用实例说明俄罗斯因地制宜发展工业；分析西伯利亚大铁路线路选择的主要原因
第八章第一节 "中东"	分析中东水资源匮乏的原因及对策；阅读材料及图，讨论各段材料描述的现象与自然环境的关系
第八章第二节 "欧洲西部"	阅读相关材料和地图，归纳欧洲西部自然条件对发展畜牧业的影响
第八章第三节 "撒哈拉以南非洲"	正文：人口、粮食与环境；分析撒哈拉以南非洲传统民居与地理环境的关系；思考撒哈拉以南非洲面临的人地关系问题
第八章第四节 "澳大利亚"	分析澳大利亚牧羊带分布与自然条件的关系；阅读材料：不给地球留"疤痕"
第九章第一节 "美国"	读图分析美国农业发展的自然条件
第九章第二节 "巴西"	分析巴西工业分布与原材料（农、矿产品）的关系；正文：热带雨林的开发与保护；活动：讨论雨林应该开发还是保护
第十章 "极地地区"	正文：极地地区的环境保护；阅读材料：爱护地球最后一片净土；活动：演讲——保护极地，人人有责

此外,初中地理教材中的显性人地观念素材还包括主题鲜明、寓意深刻的地理漫画,它们通常是教材内容的补充和延伸,以夸张和拟人的手法、幽默和讽刺的笔触揭示了人地关系,直观形象,富有启发性。因此,教师可以充分挖掘教材中地理漫画的丰富内涵,将之与教学内容巧妙结合起来,对学生进行情感态度与价值观教育,促进学生人地协调观的树立和培养。

(二)创设学生活动,促进"人地观念"的有效达成

地理观念的形成需要学习主体自我建构。当前教育倡导"以学生为本",学生是学习活动的主体。因此教师必须更新观念,转变角色,成为学生学习活动的组织者、引导者和参与者。在进行教学设计时,应以学生活动为主线,科学设计,巧妙安排,构建以学生活动为主的地理课堂,通过活动充分调动学生的多种感官,引导学生自主探究,构建新知,提升地理核心素养。笔者在初中地理教学中,从学生生活实际、兴趣话题等方面,创设了以下几种活动来引导学生思考、领悟人地观。

1.演讲活动。学生演讲内容与教学内容相关,不局限于教材,鼓励学生延伸、拓展,目的是通过这样的课前演讲,拓展学生的知识面,提升学生的表达力、学习力,引导学生思考、领悟正确的人地观。如在学习七年级下册世界地理时,教师可以结合每节课的教学内容,开展五分钟的"旅行的美好时光"主题系列演讲活动。演讲者以幻灯片、视频等形式与大家分享他们的澳大利亚之行、欧洲之行、美国之行、东南亚之行、日本之行……带大家领略不同地区的地形地貌、风土人情,一起去感受"地对人""人对地"的影响。这样的主题演讲活动激发了学生热爱自然、热爱生活的情感,提升了人地协调发展的意识。

2.角色扮演活动。初中生思想活跃,对角色扮演活动有极大的兴趣和热情。角色扮演活动能够向学生提供比其他教学模式更大的思考空间和更多的表现机会,不仅能够充分调动学生学习的主动性,还有利于丰富学生的学习体验,从不同层面促进学生的发展。如在七年级"日本"一节课的教学中,教师可以借助

学生熟悉的动画片《熊出没》，由学生扮演以砍树为生的光头强，老师扮演光头强的老板。角色分工完成后创造故事情境：由于熊大、熊二的阻挠，光头强奋斗了好几年还是砍不倒一棵树，于是他决定另寻一块宝地。他找到了一个森林覆盖率居世界前列的国家，开始搜集有关这个地方的信息：它在哪里（地理位置）？它的森林覆盖率怎么样（地形特点）？砍伐的木材如何运回国内？在那边的工作环境如何（气候、自然灾害等）。围绕这些信息，光头强（学生）通过自主学习与探究，制定了详细的调查报告并提交给老板（老师），说服对方让自己到日本砍树。可老板无情地否决了他的提议，因为日本的森林覆盖率虽然很高，却不准对国内森林进行商业性采伐，而且还制定《森林法》《森林林业基本法》等多部法律来保护本国森林资源。通过此次活动，学生真正经历了在交流中进行不断碰撞和在思考中相互交纳的生命历程，充分感受到了"地对人"以及"人对地"的影响，促进了学生"人地观念"的有效达成。

3.辩论活动。教师可以在地理课堂教学中开展辩论活动，把全班学生分为正反两方，每方四个小组讨论，全班共八个小组，每组五至六人。活动前，围绕辩题，学生从互联网和相关书籍中提取信息，去粗存精，去伪存真。活动中，正反两方针对某个地理问题进行辩论、探讨，从不同侧面、角度深入思考，各抒己见，探新求异，从而达到加深理解、提高认知，提升各方面素养的目的。如在学习七年级下册地理教材中"巴西"一课中"热带雨林的开发与保护"时，可以以辩论的形式展开讨论。辩论赛正方：巴西热带雨林应该保护；反方：巴西热带雨林应该开发。学生在辩论中，认识到巴西热带雨林既需要开发，满足人类发展，也需要保护，所以要全面地看待巴西雨林问题。同时，也让学生认识到巴西热带雨林的保护关系到整个地球的环境问题。学生通过此次辩论活动感知自然、亲近自然，学会和大自然和谐相处，保护我们赖以生存的环境。

（三）设计多样化作业，落实"人地观念"素养的培养

作业是课堂教学的延伸。在作业设计中，教师应探索多样化、生活化、趣味

化的地理特色作业,使教学与学生的生活、体验融为一体,践行"学习即生活,生活即学习"的教学理念,带动地理思维能力的发展以及地理情感的培养。结合地理学科优势,初中地理特色作业大致可以分为以下几类:视听类作业、实践类作业、游记类作业等。这些开放性作业,贴近学生平时生活,强调学生的主体作用,能够充分发挥学生的自主性,有利于充分调动学生对人地关系的关注与思考,增强学生的忧患意识和社会责任感,树立科学的资源观、环境观和发展观。因此教师可通过布置多样化的地理作业来全面落实学生"人地观念"素养的培养。

1.视听类作业。学生可以通过收看网络和电视节目等,从中提取地理信息,表述地理现象,学习地理知识,培养地理情感。如在学习八年级中国地理之前,笔者给学生布置了试听类地理暑假作业——观看纪录片《航拍中国》。《航拍中国》以空中视角俯瞰中国,立体化展示我国历史人文景观、自然地理风貌及经济社会发展,全景式展示了大家既熟悉又新鲜的美丽中国、生态中国、文明中国,十分有利于培养学生的"人地观念"素养。

2.实践类作业。学生通过社会调查、走访、组织活动等形式,用地理的眼光来观察社会,分析调查资料,从而更深刻地了解周围的地理事物和地理现象,提出解决实际问题的建设性方案,并在此过程中感受"地对人"以及"人对地"的影响。如在学习水资源一节时,教师可布置如下实践类作业:从生产、生活两方面,从水资源污染、浪费两个角度分组调查、记录、汇总完成家乡水资源利用调查表和家庭用水调查表,并提出节水的建议和措施。

3.游记类作业。学生利用假期外出时可拍摄照片、记录文字,记录外出途中的交通运输方式和路线和沿途的地理景观,可解释一个地理现象,可提出有关地理的问题,可附上自己的观察或者感想……如笔者在暑假期间给学生布置了主题为"行走四方"的游记类作业,拓宽了学生的视野,提升了学生的"人地观念"素养。

　　为了在初中地理教学中有效培养学生的人地协调观,落实立德树人的育人目标,需要地理教师自觉更新教育教学观念,着力提高自身学科专业素养,充分发挥地理学科的特色,重视以核心素养引领课堂教学,根据核心素养的要求开展多样化的教学形式,力求使学生在地理学习过程中提升地理学习能力、落实地理核心素养、树立人地协调的观念。

第四章

实践体验

理论性和实践性的统一

在思政课建设过程中，实践体验是十分重要的教学环节，也是学校提高课堂实效性的有效途径。在新形势下，天津市第二十中学坚持遵循理论性和实践性相统一的原则，把思政小课堂同社会大课堂结合起来，教育引导学生树立鸿鹄志，做新时代的奋斗者。为此，天津市第二十中学教师在传授理论知识与实践联系的结合上狠下功夫，推出了一系列有特色的思政教育课程，让思政教育接地气、带热气，增加打动人的温度。面对思维活跃的学生，他们尤其注意贴近学生的学习、生活和思想实际，聚焦学生普遍关心的理论和实际问题，满足学生成长需求与期待，切实增强学生的获得感。学校推动学生将课堂理论内化于心，并通过社会实践活动外化于行。

高中思想政治议题式活动型课程的实践探索

■ 王晓珏

高中新课程改革方案强调关注学生公民道德素养、学习态度与能力、实践与创新、交流与合作等方面。《普通高中思想政治课程标准（2017年版）》将思想政治学科定位为以培育思想政治学科核心素养为主导的活动型学科课程，强调学生的活动体验是思想政治学科核心素养发展的主要途径。建构主义理论的教学观强调教学要结合社会交往、知识传授与能力发展。因此，笔者认为，学生应该在教师创设的特定情境中多以合作方式对某一议题开展探究活动。

为落实以上理念，论文以"我们的中华文化"一课为例，围绕总议题"我们眷恋的中华文化"展开"是什么""为什么""怎么做"三个分议题活动。学生分别通过的活动多感官、多学科、多方面体验：议题一"我们眷恋着中华文化"，中华文化是源远流长、博大精深的；议题二"我们眷恋的中华文化能源远流长、博大精深"的原因之一是中华文化的包容性；议题三结合生活实际，在调研中加深中华文化是中华民族的血脉的认知，更明确"我助力中华文化再创新辉煌"的中华文化复兴历史使命。

一、教材内容分析

从结构看，"文化生活"第三单元是第一、二单元的逻辑延伸和第四单元的逻辑起点，是全书的核心所在。

从内容看，第六课"我们的中华文化"包含"源远流长的中华文化"和"博大精深的中华文化"两部分，是对第二单元第四课"文化的继承性与文化发展"的衔接,从文化的个性角度介绍中华文化。本课落脚在中华文化的力量,引出第七课"我们的民族精神"。本课也是第九课第一部分"走中国特色社会主义文化发展道路"的引导。

从学科看,本课第二部分第一目"独树一帜,独领风骚"与学生已学的历史必修三第三单元"古代中国的科学技术和文学艺术"内容相通;本课第二部分第二目"一方水土,一方文化"内容对高二下学期地理必修三第一章"地理环境对区域发展的影响"奠定基础,实现历史、地理、政治学科间融通。

二、学情分析

学习心理:高二学生有一定文化积累和自主学习能力,本课内容相对难度较低,因此从课程内容活动化着手,提高学生参与度和研究兴致。

学习基础:学生学习前两个单元后,已具有学习本课的文化理论基础;结合历史、地理、语文学习,学生具有一定文化认知基础;学校的文化氛围较浓,开展相关文化活动较多,学生具备丰富的文化体验。

学习障碍:学生对中华文化的了解多碎片化,分析中华文化的深度和广度的不足;学生知识水平参差不齐,因此需要先从感性知识出发,再深入挖掘理性思维;学生具体分析中华文化包容性对中华文化发展的难度较高,需要教师酌情示例。

三、教学目标

达成政治认同核心素养:知识竞答活动中感受中华文化的魅力,体会中华文化的力量,增强学生对中华文化的认同感和自豪感,坚定文化自信,自觉肩负创造中华文化新辉煌的历史使命。

培育理性精神核心素养:小组研究学习中华文化的包容性,感受中华文化力量来源,对中华文化未来发展做出理性解释。

培养公共参与核心素养:调查研究展示活动,分享参与文化生活的实例,帮助学生树立在团队协作中善于对话协商、沟通合作、解决问题的意识,提高学生观察和参与社会的能力。

四、教学重难点

重点:中华文化源远流长,博大精深的基本特征。

难点:中华文化的包容性。

五、教学手段与方法

教学方法:以议题为中心,师生合作开展序列化活动。

教学手段:抢答器,多媒体课件。

六、教学过程

(一)课前准备,感知主题

学生实践性预习作业:有目的地搜集"促进中华文化发展"的相关资料。

设计意图:学生选材成为教师一手备课资料。

达成目标:培养学生参与文化生活的意识,提高教学针对性。

(二)情感导入,引入议题

学生有感情地朗诵中华儿女眷恋中华文化的诗句,导入总议题和议题一。

设计意图:配乐渲染文化氛围,朗诵增强学生文化体验。

达成目标:学生的认知向中华文化方面发展,诗句中"眷恋"成为议题关键词。

(三)知识竞答,体会文化

议题一"我们眷恋着中华文化"为知识竞答活动,涉及汉字篇、史书典籍篇、文艺科技篇、地域文化篇、民族文化篇。教师讲解竞答规则,示范操作抢答软件。

设计意图:五个篇章选自教材,学生在知识竞答活动中,多感官、多学科、多方面感受中华文化的基本特征是源远流长、博大精深。讲解竞答规则有助于各组成员明确分工。

达成目标:培养学生团队合作意识。

1.汉字篇。三个题目依托图片和动画帮助学生体会统一的汉字是中华文化绵延不绝的文明标志。

设计意图:学生在听、看、说的过程中了解汉字、热爱汉字。

达成目标:学生对中华文化强大的生命力感到自豪。

2.史书典籍篇。三个题目围绕中国古代二十五史,展示史书典籍是中华文化一脉相传的重要见证。

设计意图:学生在数字震撼中感受史书典籍规模庞大,存留丰富,为世界所仅有,积累文学常识。

达成目标:激发学生了解历史资料的兴趣。教师阶段总结,学生明确中华文化源远流长的见证是汉字和史书典籍。

3.文艺科技篇。三个题目通过音乐、图片、史料分别展示中国古代文学作品美、冶炼技术早、科技水平高。

设计意图:现代曲调吟唱经典文学作品,学生体会中华优秀传统文化的创新性发展,且对比《岳阳楼记》和《登岳阳楼》,感受文学艺术在展示人们精神生活和精神世界的独特的作用。学生记录数字、年代等关键信息感受科学技术是民族文明程度的重要标志之一。

达成目标:学生感受到中华文化的"独树一帜,独领风骚",坚定文化自信。

4.地域文化篇。通过图片和音乐展示2019年国庆盛典各省份彩车、海南美食、鼓曲河南坠子。

设计意图:学生综合政治、历史、地理知识,通过建筑、气候、饮食、方言识别各区域文化,提高学生综合运用学科知识的能力。鼓曲选自学生课余生活,贴近学生实际。

达成目标:学生在欣赏"一方水土,一方文化"的过程中产生爱中国各地域文化的情感。

5.民族文化篇。五个题目分别从服饰、文字、艺术、文学作品、建筑等方面展现各民族特性。教师追问:"中华各民族文化显示出中华文化共性的原因?"学生与各少数民族学子共唱《我和我的祖国》。

设计意图:学生感受各民族文化对中华文化的贡献,深化"各民族大团结"意识。从地理角度对比少数民族建筑的异同,体会各民族文化个性与中华文化共性的关系。

达成目标：歌唱的文化体验帮助学生形成文化认同，也由此达成政治认同，中华文化通过"中华之瑰宝，民族之骄傲"展示了博大精深的特征。课堂情感氛围达到高潮。

（四）议题过渡，贴近生活

颁奖，奖品为校园文化产品书签。

设计意图：书签上的校训源自中华优秀传统思想。学生明确"爱中华文化，首先要爱身边的优秀校园文化"。

达成目标：学生爱中华文化情感落地。

（五）小组研讨，理性思考

议题二"我们眷恋的中华文化为什么能源远流长，博大精深？"是小组研讨活动。学生从文化自身特点出发，以优秀文化思想为例，理性思考古代文化繁荣、近代文化衰微、现代文化重振三个时期下，中华文化的包容性。

设计意图：文化思想符合学生知识储备，通过组内讨论、组间补充、学生合作突破难点，使得学生研究学习有获得感。文化思想涉及时政，帮助学生培养关注时政的生活习惯。

达成目标：培养合作意识，学生对中华文化未来发展树立信心。

（六）议题过渡，情感落地

播放视频"最美中国色"，提问学生："在新时代，可以为中华文化的继承和发展做什么？"

设计意图：学生反思自己的时代责任。

达成目标：学生意识到自己是中华文化发展的创造者、传承者、发展者。

（七）深入研讨，展示成果

议题三是"我助力创造中华文化新辉煌"研讨展示活动。学生以预习作业为依据，组内深入研讨后展示研究成果。

设计意图：关联学生生活逻辑与知识逻辑。提高学生团队协作能力。

达成目标：学生结合所闻、所见、所做、所学，明确作为中学生在思想和行动上继承和发展中华文化的正确做法。

（八）研究作业，热爱家乡

小组围绕"我助力天津文化创辉煌"做调查研究小报告。

设计意图：爱中华文化的情感与爱家乡文化的情感凝结一体。

达成目标：提高学生社会参与能力，达成公共参与核心素养。

七、教学反思

本课作为活动型课程，活动形式选择主要考虑激发学生兴趣、提高团队协作、鼓励社会参与；活动内容筛选主要考虑学生生活经验、教材知识内容、学科融会贯通；活动情感重点主要考虑课前预习情感感知、课上情感体验转向认知、课后实践研究情感深化。

本课围绕议题开展，以总议题为中心，展开三个分议题，活动逻辑明线紧密结合知识逻辑暗线。议题一的"知识竞答"比赛帮助学生学习中华文化源远流长的基本特征和知识重点，体会中华文化之美，坚定文化自信；议题二的"小组研讨"思想辨析帮助学生突破中华文化特有的包容性知识难点，对中华文化未来发展做出理性解释；议题三"调查展示"实践成果展示帮助学生在生活中产生文化认同，树立承担中华文化复兴的历史使命的文化自觉。

对初中思想品德课育人功能的思考

■ 王 川

初中思想品德课的历史由来已久，但至今思想品德课的地位和功能仍没有达到应有的水平，在建设社会主义精神文明，大力弘扬社会主义荣辱观的今天，思想品德课的地位应该被加以重视，发挥其在思想教育领域上的重要功能。

一、学生道德水平现状、课程育人功能现状及原因分析

在心理学上，良好的情绪体验标准之一就是有符合年龄特征的反应，但从现阶段来看，大多数中学生所表现出的思想意识、语言特征、行为方式有很多已远远超出其年龄所应表现出的方式。"现在很多孩子失去了这年龄应有的纯真、烂漫和天真。"这一原因是复杂的，孩子从小就被动灌输了很多成人世界的规则和习惯。社会问题特别是一些反面问题和现象，有时甚至会令成年人感到困惑和迷茫，更何况未成年人。这是不容忽视的现实。

在课下有学生这样评价："政治课讲的大都是假的、不符合实际的、太过理想的情况。"而当笔者让他们用例证说明的时候，他们举出的也都是一些反面教材。可见，在学生身边或他们亲身经历的事情中符合正确的价值观和道德观的例子显然不如那些所谓的"反例"对他们冲击大、影响深。虽然社会上的道德、诚信问题事件一再进入人们的视野，但却很少有人思考，当成人世界中产生这些问题，我们的孩子们受到的影响会是什么，他们是否也会在若干年后出现这些问题？

现阶段思想品德课在学生人格和道德水平的形成过程中所起到的作用还不明显，或者说，同是学科教学，思想品德课的教学目标达成效果远不如其他学科目标达成的效果，原因之一是其他学科的教学目标把知识目标放在首位，教师的课堂教学侧重于对某个知识或理论的传授，学生学习的即时效果较显著，用一般的评价方式（如考试、测验）也比较容易有针对性地检查学生的学习效果和教师的教学效果。而思想品德课的教学目标中居于首位的是情感、态度、价值观目标以及能力目标，特别是新课改以来，课程更加强调知识内容在生活中的应用。

这就为课程评价带来一定的困难，即评价方式和教学目标难以对应，评价标准难以统一量化。学生学习效果的评价更是很难用一张试卷来说明问题。把一张高分试卷作为学思想品德课的目标，常常会造成学生的学和老师的教背离思想品德课设置的初衷。由此恶性循环，学生、家长，甚至一些教师不再重视思想品德课的教与学，思想品德课的育人功能从而大打折扣。这显然是不太合理的评价方式，至少不应是唯一的评价方式。一些学生、家长在感叹思想品德课设置的必要性的同时，又认为它没有其他科目重要，特别是思想品德学科成为会考考察科目以来就成为很多学生学习的"鸡肋"，甚至有的学生会说："我想在家里看一看思想品德书，家长会说是在浪费时间，让自己去做些主科的练习题。"

虽然这是个个例，但却反映一部分人对思想品德教育漠视的态度。有的学生认为这种学科不听就懂，或者一听就会，说的讲的就是生活中的道理，为什么要认真仔细地学习呢？而最终的结果是家长、老师一方面在抱怨现在的孩子们素质不高、责任感不强；另一方面自身又不重视平时在思想品德方面对孩子、对学生的影响和教育。

众所周知，现代学生中出现种种不良行为，"不尊重他人、攀比高消费、不诚信、不遵守规则"等现象屡屡曝光，在一定程度上反映了学生社会责任感缺乏、是非观和道德感的偏差。司马光曾说："才者,德之资也;德者,才之帅也。"(《资治通鉴》)《论语》中也说:"君子挟才以为善,小人挟才以为恶。"这都说明了"德"与"才"的关系以及人的"德行"在社会生活中的重要作用。特别是社会快速发展的今天,和谐社会的建设需要人们正确的道德观和价值观来保证。

二、针对各种现阶段面临的情况的解决策略

(一)全方位、各阶段实施思想品德教育

教育本不是学校一方面的事情,需要全社会齐动员加强学生的思想道德建设,特别是教师和家长的影响,对学生的行为习惯养成和正确的思想意识形成具有直接的影响。孩子成长的过程是一个系统工程,不是一朝一夕,一两个人可以完成的任务。而对学生的思想品德教育也不应是进入学校之后才开始的课程。实践证明,一个人很多的行为习惯是在学龄前甚至是在三岁前养成的,虽然进入学校之后的思想品德课程能更系统、全面和深入的开展,但不能忽视的是来自学生日常生活中形成的思想观念和行为习惯。正所谓"润物细无声",孩子所处的环境对其行为习惯和思想观念的形成具有至关重要的作用。老师、家长一个不经意的举动或言论,对孩子的影响有可能是无穷的。我们总能从学生所表现出的行为方式和思维方式中找到家长或是老师的影子。

我们常说,家长是孩子的第一任老师,这个角色之所以重要,不仅是因为他们对于孩子的启蒙教育具有重要作用,还因为家长的作为对孩子的教育具有长期性和深刻的影响力,这种影响可能会伴随孩子的一生。家长的言行是孩子品德学习的第一手资料,家长提高自身素质对孩子具有重要影响。学校和社会也应大力帮助家长提供有效的教育方法和培训课程,为家长提供更专业的指导,解决他们有关教育问题的困惑。

作为学生学习的主要阵地,学校带给学生的不仅有知识,更有责任把学生培养成为合格的人民,这应是所有的教育工作者具有的共识。在实际教学工作中,特别是在应试教育模式下,多数教育者还是把怎样应试放在首位的,对学生的思想教育几乎是被动的,即没有出现某些具体思想行为问题时,思想品德教育就会被搁置,一旦出现具体问题时又拿出思想品德教育去应急,这显然违反了思想品德教育的规律。同时,有些教师在对学生的日常教育教学中所采用的一些不恰当的方式和自身的一些行为习惯也会对学生的身心发展造成影响,甚至影响学生价值观的判断。教师是表率,跟学生接触越多,对学生影响就越大,老师的一言一行都会潜移默化地成为学生模仿和评判的对象。所以,教师对自身的要求,除了专业素养以外,品德行为素养也不容小觑。

除此以外,社会行为和社会意识的影响也是重要因素,同时也是最难控制的影响因素。现代社会发展变化迅速,信息爆炸,人们的价值观呈现多元化,人与人之间的联系途径更加广泛,学生也不可避免地接触多元的文化和各种各样的思想观念,身处其中,面对各种文化价值的矛盾与碰撞,未成年的学生如果不加以正确引导,很容易受到不良思想的影响和诱惑。对于此,国家正在逐步建立一系列法律法规来维护和净化社会环境。如公民道德建设活动、网络管理办法的推行等都起到了一定的作用。

(二)评价方式应多角度、多层次

由教学目标决定评价方式不应是单一的,特别是不应仅仅以试卷分数为目的,可按比例进行多角度评价。试卷可作为基本知识方面的评价方式,而思想观念和行为方式的评价可根据学生和学校的具体情况开展多元化的评价,如学生在校的日常行为、学生人际状况以及在家庭和社会中的活动情况都可根据具体内容列入学生的操行评定,但注意这种评价方式容易流于形式,应把各方面内容细化,并且成为在校学生和老师的常态评价体系。其评价体系管理也应有专人负责,并且日常应做到人人参与、人人监督、公平、公正的原则。

(三)提供可锻炼的环境和机会

我们现在的学生缺少的不是"才",小科学家、小演讲家、小艺术家比比皆是,也并不缺少获得"才"的条件与机会。相反,他们缺少的正是许多获得"德行"教育的环境与机会。如有个学生曾向我提出她的困惑,她渴望有一些锻炼自己的机会,但是妈妈却不给她这样的机会,哪怕提书包这样的事情,妈妈都会包办,更别提其他事情了,她既插不上手,也插不上话。类似这样的问题在我们生活中并不罕见,在我们认识到学生能力差、素质差的同时,是否反思过自己是否给孩子们提供过提高能力的环境和机会? 所以,适当地放手,给孩子们一定的空间,创造一定的条件让他们去经历、去实践,这也是思想品德学习的一个重要部分,虽然不是在课堂上,但却有课堂学习替代不了的作用。在实践中提高与人交往的能力,学会遵守规则和承担责任,这是学生成长过程中的重要一课。

由现代化建设的现状和社会发展的趋势来看,重视学生的思想道德建设已经是刻不容缓的任务,全社会应形成合力,把注意力更多地放在学生身上,特别是未成年人的思想品德教育中,以思想品德课为阵地,推进学生思想品德素质的全面提升,进而为全面提升国民素质奠定良好的基础。

推进实践教学课程化、体系化、信息化建设的实践

■ 张 鑫

　　地理实践力是最具地理学科特色的核心素养,培养学生科学探究、终身学习、不畏困难等品质。在地理实践教学中可帮助学生掌握重要的技能和生存手段,树立科学的资源观、人口观、环境观,更加深刻地了解地球和我们的国家,进而萌发保护环境、热爱祖国、建设家乡的强烈愿望,同时可以陶冶情操、磨炼意志,培养学生善于交流与合作、为他人着想的集体主义精神。地理实践教学中渗透着思政教育,教育方式贴近未成年人,能够于无形中被学生接受。鉴于地理实践教学在地理学科中的重要地位,本文初步探索地理实践教学的课程化、体系化、信息化建设。

　　一、地理实践的提出意义

　　在《国家中长期教育改革和发展规划纲要(2010—2020年)》中提出学生的全面发展与终身发展,并提出教育的定位不是为分数服务,而是以人为本,为全体学生的终身发展服务。对教师来说要努力平衡教学与教育的关系,将"知识"的传授转化为"能力"的养成,学生在学习知识的同时,也要学会做事、学会共处、学会发展和学会改变等,将教师的外化行为转化为学生的内化需要。

　　二、地理实践教学的内涵

　　通过查阅文献,笔者认为,地理实践教学应该是培养学生在实践中形成的能运用地理学科的知识、技能与品质(区域认知、综合思维、人地协调观)来解决问题的综合能力的教学。地理实践教学的外在表现:组织学生通过观察与观测、调查、模拟实验、研学,运用自己所学的地理知识,通过思考、通过正确的行动处理问题,进而形成一种相对固定的素养的课堂过程;内在表现:培养科学探究、环境保护、防灾减灾等素养与善于思考、勤于动手、调查研究等习惯。结合学生发展水平,地理实践教学可以从"观察—使用工具—制作工具—实验操作—实践调查—设计实验—野外调研"等几个层面推进,培养学生能用地理的视角观察发现世界,用地理的思维模式思考问题,用地理的研究方法去尝试解决新问题。同时在实践过程中帮助学生树立正确的人地协调观及善于合作、克服困难、热爱家乡等美好品质。

三、地理实践教学课程化、体系化、信息化的构建策略

地理实践教学需要实践过程既能与知识自然结合,又能生动形象,使学生有更丰富的收获。所以如何构建实践教学考验着广大地理教师的智慧,即如何安排实践教学对教与学最有效、最好能使教与学发生转化。为此,实践教学可以分三个环节:准备环节、实践环节、延伸环节。

准备环节:教师可以设计导学手册,在每一章的开篇安排实践活动专栏,通过活动让学生接触本章的相关知识,提前积累问题,并通过动手促进动脑,用问题来激发学生的学习积极性,同时对后面要学的知识进行预习,让学生感觉学习知识不枯燥。体验环节:通过一些简单的演示实验或情境创设,进行角色扮演,吸引学生积极思考,活跃的课堂氛围可以集中学生的注意力,帮助学生理解抽象的原理,提高学习效率。延伸环节:这类活动作为知识的应用环节,一般需要学生花费大量的时间去观察搜集资料、记录数据、调查走访、分析结果等,所以这类活动可以一学期布置,在假期通过网络进行师生交流展示活动。

实践教学体系构建如下:

(一)制作类

鼓励新生几人一组绘制校园平面图,学生在绘制中会发现许多问题,如要按比例缩小占地尺寸、要标出不同大门的方向、表示不同建筑物的用途。在绘图过程中,重要知识通过实践得到加深理解。通过学习绘制地图熟悉自己的校园环境,进而了解学校的发展历史、人文底蕴、校园文化,增强学生对母校的感情。

（二）实验类

包括真实性实验与虚拟仿真实验。真实性实验：学生可以自主设计多种实验,从不同角度验证原理,但要规范学生的科学探究过程,围绕明确的实验目的,设想好实验器材,理清实验步骤,得出实验结果。如让学生通过栽培花草,比较有植物和无植物的花盆浇水后渗水的速度和数量,得出植被对水土保持的作用,探索黄土高原水土流失的原因及解决措施。如通过进行绿地和水泥地面在同一时间的温度对比试验,体会城市热岛效应的形成原因,鼓励学生动手设计学校的绿化方案。真实性实验通过学生的动手操作增强了学生的主观能动性,优势是通过操作再现小尺度区域的地理现象。

虚拟仿真实验：在2017年版的地理课程标准中,加强地理实践部分特别提到的设计模拟实验活动。相较于可以观察的地理景观,真实的地理过程在户外很难观察,往往需要特定的地理条件或长时间的演化。在地理实验室中,像水循环、大气环流这种大尺度的运动现象,传统实验无法模拟,需要借助信息技术的力,而融合地理实践与信息技术的"虚拟实验室"成为地理信息化实践教学的重要措施。

虚拟仿真实验过程需要具备一定的计算机硬件条件,借助相关软件,学生通过设置实验参数来模拟地理现象在自然环境中的发生、发展过程,在信息技术交互环境中去学习、验证相关原理。虽然虚拟仿真实验无法替代真实的地理现象和过程,但能帮助学生理解抽象的原理,培养其逻辑思维能力,是实验类实践教学的重要组成部分。

通过实验过程培养学生热爱科学、勇于探索的品德,树立科学的资源观、人口观、环境观,使其更加深刻地了解我们的生存环境,进而萌发保护环境的强烈愿望。

（三）调查类

如可以对家族成员的籍贯进行调查,对比籍贯和常住地,记录下几代人迁移的原因和距离,为学习人口迁移积累素材。又如可以调查社区内家庭自来水使用情况,做出节约用水的改进措施,设计社区节水宣传画。

（四）研学类

作为实践力培养的重要方式,研学类活动最大限度地将课本知识与实践有机结合起来。可以在积累了一定的地理基础知识后开发地理户外课程,在实施前设立明确的课题、旅途中有详细的记录、结束后有深入的总结。如通过纸质与电子类的各种地图,根据需要选择合适的地图,查找相关的地理信息,养成在生活中使用地图的好习惯；了解目的地所在的城市或乡村的选址特点；描述当地的自然环境特点,尝试分析原因；了解当地特色的产业类型,从区位角度理解特色产业的形成原因；欣赏当地的特色民俗文化,结合建筑、文化、美食,说说当地文化与自然环境之间的关系,理解人地协调发展的理念。

学生可以围绕一项感兴趣的主题,进行观察、记录和调查,撰写研学的收获体会。通过自身体会激发学生对祖国大好河山的热爱之情,并树立建设祖国的个人志愿。同时能够陶冶学生情操、磨炼意志,培养学生善于交流与合作、为他人着想的集体主义精神。

（五）角色扮演类

通过创设情境,引导学生提出问题,找出切入点,再针对问题让学生分角色进行探讨。如在学习自然灾害时,让学生分组扮演农业部门、气象部门、医疗卫生部门、市政部门、媒体、普通群众等,提出灾害发生前后本组制定的防御措施,可以先讨论交流,然后推选一名代表进行汇报。这样既引导学生站在不同角度思考问题,又增加了讨论的趣味性,提高了讨论的效率。同时学生能够从人地

协调观的角度认识自然灾害的产生原因、危害及治理措施。

（六）项目类

以学习小组为单位开展教学活动，围绕着某个教学内容进行合作探究，并对探究成果进行展示、交流、评价，使学生在掌握知识的同时培养发现问题、通过合作解决问题的实践能力。项目设计时要确定研究目标、研究步骤、时间节点，让学生了解自己的每一步任务。"城镇化"一节以天津城市百年变迁照片引入，让学生感性了解城市化过程。教师给出天津某地区土地利用变化资料，引导学生发现该阶段人口、土地利用和经济结构方面出现的变化，得出城镇化的内涵。

在此基础上，教师给出莱比锡自10世纪至21世纪城市的变迁历史，让学生分组探究莱比锡城市化的进程阶段，绘制各阶段人口的流向图，得出各阶段城市化特点，培养学生理论联系实际的思想观念。各组在交流、展示阶段互相争论、补充后达成共识。"工业区位"一节中教师确定"滨海新区的区位选择"这个探究项目后，提出要完成项目学生应准备的必要知识与相关材料，提出研究建议——"学习区位理论—查阅滨海新区的地理位置、企业构成、历史沿革、区位特点及相关新闻—实地考察—总结分析—交流讨论"，学生构建项目合作小组，明确组长、组员分工，小组讨论设计安排、制定实施方案，初步加强对项目实施目标的理解，提高探究的兴趣，在教师的帮助下逐步设计本组的活动，增强解决问题的信心。

当某一组遇到困难时，教师可引导鼓励全班学生思考如何解决。项目实施过程中，成员根据自己的任务搜集各种资料，对资料进行汇总整理分析，依据数据绘制简单的统计图表，撰写研究报告或小论文。通过查阅资料，学生能够更深入了解自己的家乡，进而激发热爱家乡、建设家乡的感情。交流展示中，各组介绍研究结果的同时，鼓励学生积极表达项目实施过程中遇到的困难和解决方案等，让学生在实践中得到成长、获得自信。

　　实践教学需要理论铺垫,理论需要实践教学的引导,让知识来源于生活又服务于生活。同时实践教学中蕴含着丰富的德育内容,地理教师除了安排好实践活动还要明确其中所蕴含的思政教育要点,有重点、有针对性地对学生进行思政教育渗透。

关于中学历史教学爱国主义教育的实践课例反思

■ 李 煜

　　党的十九大报告指出：建设教育强国是中华民族伟大复兴的基础工程，要全面贯彻党的教育方针，落实立德树人根本任务，发展素质教育，推进教育公平，培养德、智、体、美全面发展的社会主义建设者和接班人。作为政治性、人文性较强的历史学科，如何生动、客观地做好课堂的思想引领与立德树人，成为历史课堂德育功能的一个重要课题。本文基于初、高中的历史课堂教学，结合中国近代史课程中"洋务运动""20世纪以来中国重大思想理论成果"中毛泽东思想和邓小平理论等课例实践，浅析中学历史教学中宣扬爱国主义教育的几点反思：

　　一、坚持唯物史观，立足史料分析，在历史情境之下浸润爱国主义教育

　　《普通高中历史课程标准（2017年版）》中关于历史学科核心素养的表述指出："唯物史观"是学习和探究历史的核心理论和指导思想；"史料实证"和"历史解释"是历史学习的基础性方法。历史是多元鲜活的，回归历史情境、结合多方面史料、全面辩证地分析历史问题才能引导学生树立唯物史观。以中国近代史教学为例，如果最大限度地接近半殖民地半封建社会时期中国的复杂历史情境，立足"当时当地"，分析多元史料，使学生在潜移默化中浸润爱国主义教育，会比单方面"口号式"的宣教更适合当代历史课堂的需求。

　　以人教版高中历史必修三"20世纪以来中国重大思想理论成果"中毛泽东

思想和邓小平理论为例：本课设计的初衷是在十九大精神进校园的引领下，结合近代中国革命及中华人民共和国的建设的具体历史背景，全面辩证地认识党的重大理论成果的形成历程和思想内容，在较为空泛的政治宣传之外，以理论内容为载体，以史实背景资料为线索，通过研读史料，提取关键内容，分析理论内容的时代背景和历史意义，从而更加深入地了解和领悟重大理论成果对于近代中国革命及中华人民共和国的建设与改革发展的重大历史意义。思想史是人的思维的呈现，本身带有一定的主观性，但它又是深刻折射着那一时代的政治、经济和社会发展的方方面面的。因此，在阅读原文、原著的基础上进行思想史的分析认知，利于学生形成历史思维，提升对文化典籍的阅读兴趣。"对于思想文化无论是歌颂它还是批判它，你首先要去阅读它、了解它。"

以人教版八年级历史"洋务运动"一课为例："洋务运动"这一晚清政府的自强运动是中国近代工业化的第一步，在中国工业进程中有着不可替代的"开先河"之作用。由于近代中国被列强侵略等客观原因，人们对于和洋务运动相关联的历史人物如奕訢、曾国藩、李鸿章等人的看法，容易被一些长期占据大众观念的片面的、标签式的历史认知所影响，虽然近些年学界对此已有了较为翔实和客观的论证，但对于初中的学生来说，对于李鸿章等人仍有诸如"卖国贼"的看法。所以本课的设计以"百年前的强国梦之洋务运动"为题，以李鸿章的生平和第二次鸦片战争前后的奏折等一手资料引入，逐步分析面对李鸿章提出的"三千年未有之变局"以及他是如何一步步履维艰地开展洋务的史实为线索，逐步引导学生认知在近代中国的历史背景下，开明官员为救亡图存、国家振兴是做出过巨大贡献的，但由于时代和自身的局限性他们最终未能成功这一历史客观现实，从而唤起学生对近代国家危亡的叹惋和肩负民族振兴的使命感，达到学科德育的目的。

同时，本课还以天津地方史为辅助资料。如1887年10月27日《捷报》的"天津通讯"载："天津机器局由约士涉及并新建的制造栗色火药工程，已归局中总工程师司图诺负责陆续安装……据说这个工厂完成后将成为世界上最大最好的火药厂，能以最新式机器制造最新式火药。"到1881年，天津机器局的火药产量在100万磅以上，子弹近400万颗。这样，天津机器局便足以"补南局所未备"，与上海的江南制造总局、南京的金陵制造局，配成一套完整的军火生产体系。

通过这些学身边的历史遗存，引领学生了解洋务运动形成的军事工业、民用工业的面貌，更加生动全面地体会洋务运动对于工业化"开先河"之作用。

二、结合学情筛选、运用史料，通过多角度的阅读探究启发学生的爱国主义思考

培养中学生客观、辩证的认知能力和阅读挖掘史料的能力是历史教学的重点和难点。由于学生对一些历史、人文知识已经有一些感性认知，但又缺乏由表及里的分析、辨别能力，所以如何根据不同学段学生的学情筛选史料显得尤为重要。如引导八年级学生分析洋务运动时在选取史料上要做到简短、精当、准确，同时注意把握课堂时间，详略得当，更好地引导学生的思维和独立表达。

在高一年级"近代中国经济结构变动"这一课中分析洋务运动时则要适当加入如对盛宣怀、唐廷枢这些"亦官亦商"的最早的"国企"管理者的介绍，有利于学生对"官督商办"这类较为复杂的历史现象的理解。教师可以在高中课程中加入罗澍伟先生在《近代天津城市史》中关于1878年开平矿"募股筹建"及"开平矿的管理，一切均照'买卖章规'，投资一万两的股东便可派一人到矿局司事……增强投资者的安全感和积极性。产品运到天津，一律按照市场价格，供给机器局使用"等史料的补充，从而引领学生更加全面地感悟历史，了解在中国日渐落后于西方的晚清时期，不同社会阶层的人是如何尽其所能避免危亡的。

"20世纪以来中国重大思想理论成果"的教学面向高二文科班学生，以史料探究学习为主要教学形式。课前组织部分学生进行了简短的专题讨论，核心内容是对中国共产党重要理论成果包括习近平新时代中国特色社会主义思想的了解程度。交流中发现，大部分学生对20世纪以来中国重大思想理论成果的认知停留在政治口号式的宣传,部分学生对于毛泽东思想和邓小平理论能够联系学习过的历史史实进行简单分析表述,但对思想内容了解比较空泛。因此,课程中以《毛泽东选集》中的"红色政权为什么能够存在""论十大关系",邓小平"南巡讲话",杨继绳的《邓小平时代》等思想理论的相关原文表述作为资料,引导学生分析某一时期思想理论形成的历史背景、具体实践经验以及对中国革命、建设起到了怎样的指导意义。通过每组学生对本组理论原著内容的讲解解读,引导大家共同思考,了解毛泽东思想及邓小平理论的共同特点都是立足于国情、基于实践,这是理论得以成功的重要原因。最后,联系新时代中国社会发展的新特点、新形势,了解习近平新时代中国特色社会主义思想的理论内容和时代意义。

立足历史发生的背景,在读原著、悟原理中逐渐对思想理论进行分析认知,利于学生形成历史思维、科学地分析理论成果的历史与现实意义,同时提升阅读原典的兴趣。

三、强化历史阅读,全面辩证的史料探究式学习在中学历史教学中仍需不断发展和改进

阅读书籍、史料探究式的学习对于客观辩证地认识历史问题是十分行之有效的方法。但由于诸多现实原因,学生的阅读时间十分有限,因此在教学过程中如何引领学生阅读就成为关键环节。如"红军长征"一课是培养学生家国情怀和进行爱国主义教育的非常具有代表性的课程资源,但如果单纯地去讲伟大的长征精神,学生难免会觉得不深入、不透彻,因此笔者在本课的课程设计中以"发现长征"为题,使用问题导学法,通过"红军长征为什么会从最初的八万多人急转直下变为三万人?""毛泽东灵活机动的斗争策略在四渡赤水、巧渡金沙江之中是如何体现的?""中国共产党是如何探索出适合自己的道路的?"……引导学生阅读,从卷帙浩繁的长征相关书籍中选取章节阅读、寻找答案,从而在课上的讲述、讨论中得出更为全面、客观的认识。

历史作为一门社会科学，后辈研读者也许无法得知所有的历史真实，但我们的目标是最大限度地接近历史真实，这也是历史学习和研究的意义所在。历史阅读、史料探究式学习在中学开展需要经过一个较为长期的训练过程，因此教师在教学中应在分析、精选、比对、运用史料方面努力，做到精准到位，更好地引导学生形成辩证地分析问题的能力，扎实提升学生的历史学科核心素养。

阅读教育

——中学德育的探索

■ 梁小海

十五年前，我怀揣着梦想投入到这个与一个个鲜活的生命紧密相关的教育事业，并成为一名班主任。与班主任工作不可分割的是一个个丰富、广袤、独特且具有灵性的心灵世界。我深知，选择了教育，就是选择了一份沉甸甸的责任——德育。

德育因关乎生命，关乎今天，关乎未来而美好。但工作一段时间后我发现，就德育状况来讲，我们所缺的不是目标，也不是理论，而是有效的方法和扎实的行动。于是，我尝试多方面地进行德育，寻找能够有效深入学生心灵、提高学生思想道德觉悟并且为学生喜闻乐见的新途径，从而抓好德育、落实素质教育。我在德育工作中探索出一种新方法——阅读教育。经过一段时间活动的开展，阅读深深地吸引了我，同时也倍受学生欢迎，展现出一定的教育效果，不失为新形势下中学德育工作的一种好方法。

阅读作为一种学习手段，可以丰富学生知识，开阔学生视野，提高学生的认知能力、审美能力，提升学生思想，陶冶学生心灵。中学生阅读能力较强，具备自我教育的能力，对说教式教育有时会产生逆反心理，而阅读则是他们喜欢的活动，我们的阅读教育正是结合中学生的特点，借鉴了阅读活动的独特功效，把阅读应用于德育工作之中。当然，我们所谈的阅读教育不同于一般性的阅读活动,不是随意地把报刊等阅读资料交给学生,让学生阅读大量的文章,借以丰富头脑,而是教育者根据一定教育目的,从浩如烟海的文章中精选出既符合教育目标,又具有极强感染力、可读性强、能深深吸引学生的最优秀的作品来,印发给学生,让学生阅读。在阅读中学生感情上受到震动,思想上得到启发教育,觉悟就会有提高。德育内容通过这种方式在学生心中得到内化,渐渐地学生的行为就会有所改变,这种改变虽然不是立竿见影的,但这种教育影响深远、恒久、可靠,这种教育方式实质是一种自我教育,它是从根本上实施德育的有效途径。德育工作有"多开端"的规律,知情意行都可作为先锋,阅读教育是借助优秀的作品,以"情"为开端,以"情"感动人,并随之启发,带动"知"的提高,学生思想道德的认知水平有了提高,从而影响其"行"的转变,完成由内心变化到外显行为变化的完整心理过程。

阅读教育最关键的一环是选材,古今中外的好文章浩如烟海,但符合我们用作阅读教育素材的文章却不多。选材工作需要教育者广泛阅读报刊,时刻铭记"找宝"的目的,充分利用诸如《读者》《青年文摘》《意林》等品位较高的文摘杂志,从中探"宝",这些杂志中的文章篇篇堪为精品,但有些是适合中学生读的,有些不一定适合,有些教育主题突出,有些则主题不甚明朗,有些适合用作教育素材,但大多数还不够作为阅读教育的典范读物,这就需要教育者从大量文章中寻找最适合的读物。当然,非常重要的一点是选材者要有较高的文学修养和审美能力,有敏锐的洞察力和丰富的情感,同时要充分了解中学生的思想心理状态,了解中学生的认知水平和阅读情趣,这样才能找到最合适的教育素材。

选材工作除了教育活动安排者自行完成外,也可以广泛发动群众,如科任教师、家长和学生,群众的眼光是亮的,集体的智慧是无穷的,"众人找宝"总比"个人探宝"收获更大些。

要较好地落实德育内容,教育素材的安排应体现出系列化。我们在阅读教育实施过程中,形成了自己的一套高中三年每周一篇、比较系统的基础篇目,如《天下兴亡,我的责任》《向中国人脱帽》体现爱国主义教育主题,《纪律与职责》体现集体主义教育主题,《你能当总统》《成功的梦想》体现理想前途教育主题,《请原谅我们》体现尊师主题,《得益于失败》体现挫折教育主题,《整洁就是纪律》体现行为规范教育主题,《暗示的力量》体现心理健康教育主题,《做得好,做得对》《不负》体现自律意识教育主题,《救救我们地球》体现环保主题⋯⋯学生从系列教育素材中得到多方面的教育,德育的多方面内容在这些素材中得到了有效的落实。

有了堪称经典之作的教育素材,还不能简单地交给学生,我们在实践过程中,坚持利用班会时间,坚持每周一次开展阅读教育活动,每篇教育素材都加上编者按或编后话,对学生阅读予以点拨,启发学生联系实际思考,这样能够使阅读教育班会课教育目标鲜明,正确的指导也能够帮助学生加深对教材的理解,进而形成鲜明的思想观点。

组织开展阅读教育还需要对班团干部进行一定的培训,目的在于使阅读教育课有规范的组织行为,班会课上既要组织学生学习阅读教育材料,又要组织大家联系实际展开讨论,因为只有联系实际才能使阅读教育素材充分发挥其教育功效,如《天下兴亡,我的责任》这则素材将爱国与具体的学生生活联系起来,强调人人以班里事、学校事、国家事为己任,从小事做起,学生读后心灵都很受触动,对爱国与生活中小事关系的认识也都有了提高,这时如果通过讨论联系班里每个人、每个宿舍、每个值日小组的表现,就能对班级建设起到直接的促进作用,班干部在组织讨论过程中,应当勇于发表意见,勇于批评和自我批评,这样就能促进优良班风的形成,班主任在班会课过程中应当站得更高,对材料有更深的理解,且能自如地将材料主旨与班级实际、学生思想行为实际联系起来,这样才能以班会材料为触发点,以其中包含的教育主题为指向,以提高学生的思想道德水平和人文素质为落脚点,搞好集体教育。

　　阅读教育的好处在于，它可以使本来抽象的教育理念转化为形象生动的教育素材，它可以使德育内容有所依托，使班级教育活动建立在一个学生喜闻乐见的阅读活动之中，使学生更加乐于接受这些德育理念，更自主地把众多的德育理念内化为个人的思想意识，从而自觉地改变行为。同时阅读教育把精品文章送到学生面前，能够增加学生的阅读量，丰富学生知识，提高学生审美情趣和人文素养，这既是思想品德教育，又是美育，可以提高学生多方面的素质。长期实践表明，阅读教育便于操作，可接受性强，学生能够多方面获益，是中学德育工作一种很好的新途径。

提炼"语商"艺术基因，赋能英语教学实践

——创设"语商"教育新情境

■ 刘　茜

近年来，国内外教育的飞速发展对人才培养提出了新要求，而核心素养的提出，对未来人才的培养达成了共识。基础教育作为国家基石性教育，从注重双基到发展三维目标，再到培养核心素养，逐步深化，强调课程的育人功能。因此，每一门学科课程都承担着完成基础教育使命的任务，都应该把立德树人放在学科教育的首位。英语作为基础教育阶段的一门学科，不仅提供了让学生接触其他文化的机会，而且承担着促进学生形成跨文化交际意识的任务。

在英语教学活动中，可以通过挖掘教材中的育人元素，补充必要的视听文字资源，并进行深刻解读，启发学生感悟思考以形成正确的情感态度；也可以通过体验式的英语活动，如英语戏剧表演，使学生沉浸在语言环境中，加深他们的理解，从而树立正确的价值观。

戏剧表演作为一种体验式英语教学活动，具有德育、智育、美育、体育等全方位的育人功能，集品德培养、文化熏陶和舞台表演于一体。巧妙运用英语演绎戏剧，不仅能够丰富教师的教学形式，也会提高学生对戏剧的理解欣赏能力，提升学生的艺术素养，从而达到综合育人的教育目标。

一、英语戏剧表演的探索与实践

为了让学生在戏剧艺术的熏陶中体悟学习的乐趣，同时也为学生提供一个

充分施展才华、展示创新与创造能力的绚丽舞台,天津市第二十中学积极组织学生参加天津卫视科教频道举办的"梦剧场——寻找英语戏剧达人"活动。笔者作为指导教师,参与了英语剧《皇帝的新装》制作全过程,使其在"梦剧场"舞台完美亮相。

台上一分钟,台下十年功。每一次的成功都是用无数汗水换来的。英语剧《皇帝的新装》从挑选剧本、改写剧本、选角、服装选择到台词训练、演出排练等,每一个环节都需要教师精心指导、严格审核。同时,英语剧还需要强调地道的英语表达,规范的语音语调,以实现学生在参演过程中得到锻炼与提高。英语剧准备阶段主要是剧本改写和演员挑选。原版的英语剧本内容多,难度大,对表演的要求高,不适合直接使用。

因此,在剧本选择上采用改编的形式进行,而适合改编的题材主要有寓言、童话、小说选段和英文经典戏剧片段等。完整的剧本要包含开端、发展、高潮和结局等部分,同时以对话的形式串联故事情节,表达出人物特点。针对以上情况,前期教师需要组织学生进行原版刊物的泛读,以戏剧表演为契机,激发学生的阅读兴趣。

经过几轮筛选,本次戏剧表演选择了丹麦童话作家安徒生的作品《皇帝的新装》,其台词改编难度系数小,可参演人员多,故事内容受众广,适合刚入高一的学生参演。不同年龄阶段的人读《皇帝的新装》会有不同的感悟,在剧本改写过程中学生们根据自己的理解划分剧幕,编写对话,同时加入了丰富的表演形式,如自编结尾的合唱来总结提炼中心。

剧本确定后,指导教师鼓励学生们根据自己对角色的理解自发报名。在演员挑选过程,采用小组面试,选出一名导演和几名评委,对参演学生在语音语调,情绪情感表达上进行考察,再由指导教师进行最终考核和决定参演人员。

英语戏剧执行阶段主要包括排练、演员训练和演出。指导教师负责统筹全局,包括确定排练时间,排练地点,核对表演流程,组织演员围读剧本,引导学生通过分析故事情境来理解人物性格,启发学生思考以此渗透情感态度的教育。在此基础上,启发学生根据自己的理解设计动作以此来塑造人物,并在排练中不断摸索练习,确定最终适合人物的形体动作,在实践中实现了学生对人物特点理解的目标。在演员训练环节,要纠正学生的英语发音以强化表演中语言表达的规范性与精准性。排练阶段针对学生出现的"背台"问题,指导教师通过镜头感引导学生把握舞台,找准位置,把最自然的状态呈献给观众。

二、表演成效

作为一种教学形式,英语戏剧表演不仅丰富了课堂教学手段,并以寓教于乐的方式提高了学生听、说、读、写四项基本能力。通过表演的形式进行风采展示,提高了学生的自信心,还激发了他们学英语、讲英语的热情,更好地丰富了校园文化生活,活跃了校园英语学习的氛围。

在排练过程中,学生们不仅要熟记台词,还要做到语音准确无误、语调符合人物特征、表演气质符合人物性格、台词衔接精准恰当,正是这些方面锻炼了学生的综合能力。一出好的戏剧表演,不仅需要个人优异的表现,更需要全组人员协同配合、不断沟通、反复磨合,进而提升团队间的协作能力、增强集体的凝聚力。同时,组织本次活动有助于加强学生干部队伍建设。从活动筹备到活动执行,组织者们积累了宝贵的活动经验,锻炼了组织管理、沟通协调以及开拓创新能力。

三、"语商"育人新情境

天津市第二十中学秉承"创设适合学生发展的教育,让每一个学生自信而愉悦地走向成功"的办学理念,致力于培养"德智体美劳"全面发展的学生。此次英语戏剧表演借助"梦剧场"的活动契机,注重学生在体验当中的学习,将英语实践活动与课堂教学进行了有机结合,为学生提供了一个沉浸式英语学习以及运用的平台,提升了学生学习英语的兴趣并借助才艺输出,让学生享受英语学习的真正乐趣,寓教于乐,巧妙地实现了由"治学"到"智学"、由"勤学"到"乐

学"的转化。教师应以"成人"为目标和引领,以"立言"为途径和依托,充分发挥语言的力量,培育"品质优、品位高、品相佳"的"三品"学子。

第五章
因材施法
统一性和多样性的统一

　　新时代，面对思维多元、个性独立的学生，思政课建设如果局限在传统的政治课中是不够的。一直以来，天津市第二十中学坚持遵循统一性和多样性相统一的原则，努力把握学生个性，创新课堂教学，推出了一系列学生喜闻乐见的授课形式，赋予了课堂新的生命力。各科教师充分挖掘和利用教育资源，在统一的目标、内容和标准的基础上，丰富教学手段，做到因时而进、因事而新，不断回应与解决现实生活中的新问题、学生成长中的新困惑，推动学生深入社会大课堂，提升社会责任感，增强担当意识，成为社会主义事业的建设者和接班人。

高中政治微课的开发与应用探索研究

■ 冯维锴

随着中学校园信息化的发展,学生信息技术应用能力的提高和移动终端设备的普及,学生的信息获取方式更加多样化、自主化。"微课"是微型视频课程的简称,课程时间在10分钟以内,有明确的教学目标,内容短小,能集中说明一个问题。微课不仅为学生提供了学习资源,而且为教学模式改革奠定了基础。将微课与思想政治课结合起来,不仅为思想政治课程资源的开发和课程理念的突破提供指引,也为思想政治实践教学提供了可操作的新思路。

高中政治微课是以微视频为核心,支持学生在线学习、移动学习的课程。高中政治微课是高中政治课程的延伸,不仅能够满足学生多样化的学习需求,还能够激发学生对政治学科的热情。

一、高中政治微课的特点

集中性。高中政治微课的开发基于某个知识点或者主题,目标明确,主题突出,内容精炼,能够让学习者在较短的时间内掌握一个知识点或者解决一个问题。高中政治微课能满足不同学生的需求,补充课堂统一教学的不足,基于微视频对个别学生的薄弱方面进行针对性的指导,从而帮助学生完成相关知识的学习巩固。

共享性。学生可以利用电脑和手持设备观看微视频,查阅课件,共享学习资源,还可以在网络交往平台上共同学习、分享学习经验。这种共享不仅是微课资源的共享，也可以是微课资源制作过程的共享，学生可以参与微课资源的设计和制作。学生对生活的敏锐观察为微课资源的开发提供了独特视角和动力，开发过程的共享可以加深学生对课程的理解和把握，激发学生参与的热情。

二、高中政治微课的设计与开发

编写资料卡。高中政治课程体系包括经济、政治、文化、哲学、国际关系这五个领域，各个领域知识点多，相应的微课资源种类也多。为每个微课资源在开发之初制作资料卡，有利于学习者在短时间内找到资源。

选择主题。一般会选择课程中的重难点和易错易混点作为微课资源的主题，有时为了拓展和补充课程内容也会选取具有教育意义和现实意义的主题。在选取时政热点作为主题时，要注意微课最终的落脚点是课程而并非热点本身。

结构设计。根据主题确定内容，力争以最佳的内容结构，获得良好的视觉效果。如对哲学生活的讲述可以采用讲故事的方式，以增强趣味性；对政治制度等理论的讲述可以采用链接时政要闻的方式，以增强时效性；对劳动生产率、价值规律等涉及计算的问题的讲述可以采用手写板的方式，注重推理的过程。总之微课的设计可以根据教学内容和主题选择灵活多样的结构和呈现方式。

录制微课。录制微课主要有教学录像型和屏幕录制型。教学录像型即利用摄像机记录教师的教学活动，制成教学微视频，通过后期视频编辑将学生活动插入进来，展示师生之间的互动。这种形式对教师的形象、口才、教学水平的要求较高。屏幕录制型利用屏幕录制软件记录计算机屏幕上展示的内容或者软件操作过程，同时将教师的点评和讲解的声音录制下来。这种形式操作简单、易于实现，目前可以免费使用的软件有屏幕录制专家等。

三、微课在高中政治课堂中应用的情况分析

（一）高中政治课堂开展微课的积极因素

微课有利于扩展学生学习的空间。通过网络提供微视频学习资源，可以在课堂外帮助学生完成教师安排的预习任务,学生也可以在课下对知识点进行复习,对重难点和易混淆点通过微视频点播巩固所学知识。在课程之初通过对学生的调查发现,85%的学生愿意尝试这种新型的教学方式。

微课对学生学习有促进作用。在课程结束后通过调查问卷的方式研究其效果,通过数据分析发现,34%的学生认为微课资源在课前预习和课后巩固方面作用明显,67%的学生认为微课资源对提高学习积极性有帮助。从调查中可知,大部分学生认为微课对学习有帮助。

(二)高中政治课堂开展微课面临的困难

需要专业的网络平台。在高中开展微课迫切需要专业的网络平台,目前主要是利用QQ、微信等社交平台在群共享中下载微课学习资源,这种方式提供的资源只能是临时性的、少量的。此外,在日常教学中实施微课教学还需要多媒体、校园无线网络、手机或平板电脑、电子白板等设施和设备的支持。

需要组建专业的团队。由于一线教师教学任务重、计算机技术较弱,通过一线教师个人的努力很难形成系统的微课程。这就需要组建微课程开发团队,发挥不同教师在教学、计算机技术等方面的优势,分工合作,共同建设。

高中思想政治课学生资源开发利用中存在的问题及对策

■ 孙佳莹

随着新课程改革的不断发展,关于课程资源的开发与利用逐渐受到人们的广泛关注,但对于学生资源这项重要的人力课程资源的,尽管部分高中思想政治课教师结合新课程改革的要求,对学生资源的开发利用进行了探索和尝试,但仍旧主要停留在实践层面,在理论上的系统的总结较少。研究高中思想政治课中学生资源的开发与利用,能够为一线教师的教育教学工作提供参考,树立他们的学生资源意识,提高对学生资源开发利用的技能水平,提高思想政治课堂的实效性,促进学生全面发展。本文针对高中思想政治课学生资源的开发与利用相关问题展开论述。

一、高中思想政治课学生资源概述

(一)课程资源与学生资源

学生资源作为一种重要的人力课程资源,是课程资源的下位概念,因此在研究学生资源的开发利用时,需要对课程资源的概念进行了解。国内学者对课程资源的研究开始于20世纪80年代,对课程资源内涵研究有代表性的主要有施良方、顾明远、徐继存、吴刚平、范蔚等人。施良方和徐继存把课程设计、实施和评价过程中所利用的一切人力、物力和自然资源定义为课程资源。顾明远认为,课程资源通常指为保证教育正常进行而使用的人力、物力和财力的总和,以及教育的历史经验或相关教育信息资料。 吴刚平对课程资源的界定和分类运用得最为广泛,其将课程资源分为广义和狭义两种,广义的课程资源是指有利于实现课程目标的各种因素,而狭义的课程资源则是指形成课程的直接因素来源。

《普通高中思想政治课程标准》综合信息资源学和教育技术学研究的观点,把课程资源归纳为课程设计、编制、评价和实施等整个课程发展过程中,可以利用的一切人力、物力以及自然资源的总和。其将思想政治课程资源划分为以下几种:文字和音像资源、人力资源、实践活动资源、信息化资源等。学生作为课程资源中人力资源的重要组成部分,没有对学生资源的有效开发利用,其他课程资源的开发实施效果也会大打折扣。

学生资源的界定。随着教育改革逐步推行发展,学生作为教学过程中的主体的观念引发人们的关注与认同,在对课程资源进行研究的基础上,一些学者对学生资源开始了更进一步的研究。其中具有代表性的如陈惠英在其主编的《课堂中的学生资源》一书中认为,学生资源可以有广义和狭义两种分类,广义的学生资源是指在课堂内外表现出的,有利于教学的、可以被教师利用的、学生已有的知识结构和经验等;狭义的学生资源是指在课堂教学中来源于学生,通过师生、生生互动生成的资源,它包括来自学生的、出乎教师设计的问题或回答,课堂中的突发事件或学生的特殊表现等。表现形式包括学生的语言、行为、情绪以及有一定课程意义的环境、氛围、信息和机会。

陶月仙在其《学生课程资源的开发和利用》一文中提出学生资源的基本含义来源于学生的课程资源,包括学生的知识、经验、感受、困惑、问题、创意、情感态度、价值观等,主要属于校内课程中的素材性资源。但这并不是绝对的,学生也可以提供一些校外资源或条件性资源,如学生个人拥有的个人电脑、电子词典、图书资料等财物及学习用品。钱蓉提出学生资源就是指凡能够引发师生对生活、知识加以思考和探究,以及来自学生方面提供的信息,都可以理解为学生资源。主要包括:学生已有的知识和原有的生活实践经验;师生在教学互动过程中形成的质疑、心智的撞击；学生方面传递的信息，如思维方法、评价方式等。结合高中思想政治课的学科特点，笔者认为，高中思想政治课学生资源即指有利于实现思想政治课程目标，来源于学生，通过师生之间以及生生之间的互动形成的资源。既包括学生的知识经验、兴趣情感和思想认识等基础性资源，也包括在课堂中动态生成的资源，通常以学生的语言、行为和情绪为表现形式。

（二）高中思想政治课学生资源的分类及特点

学生是作为鲜活的有生命的个体参与到教育教学过程中来的，因此，同其他课程资源相比，学生资源更加复杂多样。根据划分标准不同，高中思想政治课学生资源的分类也多种多样。对此，本文主要从学生资源的表现形式及在教学中表现的不同状态这两方面进行分类，力求能够对学生资源进行更进一步的了解分析。

1.从表现形式角度划分。学生资源包括认知类资源、情绪类资源、行为类资源。认知是主体认识世界、对外界信息进行加工的活动。学生资源中的认知类资源，指的是学生在认知上的状态，包括学生的知识结构、价值观念以及分析问题、解决问题的能力。如在教学过程中，学生的讨论交流、发表的观点见解、对某一问题的质疑或争议，甚至是学生的错误，这些都可以折射出学生不同的认知状态。

情绪类资源，是指学生在课堂教学过程中，由一定的情境触发而表现出来的各种情绪状态。如在课堂上，学生的喜怒、兴奋激动、平静麻木等都反映出学生的情绪情感。情绪不仅影响着学生的学习状态和学习效果，对于形成学生完整人格、促进学生全面发展具有重要价值。因此教师要及时对学生进行积极关注、认真观察、仔细倾听，了解学生的内心感受，充分利用学生资源，为更好地实现教学目标服务。

行为类资源，即学生在课堂内外表现出来的各种行为状态。当课堂中出现不同的情境，有时学生会出现一定的行为反应，如课堂中的一些突发事件，此时教师需要把它们当作资源进行转化,会收到意想不到的效果。

2.从形成方式角度划分。学生资源包括基础性资源和生成性资源两个部分。基础性资源是指学生通过阅读以及生活、知识经验的积累,形成的思想认识、情感、态度和人生价值观等,同时它也属于潜在性的资源,需要教师在教学中引导和发掘。基础性资源是教学顺利进行的一个重要的基础,与其他资源相互配合,在教学过程中充分发挥作用。

生成性资源是指教学中师生之间或生生之间通过互动交流而形成的资源。包括学生在课堂中的提问、对教师提问的回答、对教师设计产生的疑问等。生成性资源处于动态变化的过程中,贯穿于整个教学过程。生成性资源是教师可以利用的丰富的学生资源。

为了更加充分了解高中思想政治课学生资源,以为其开发利用打下良好基础,笔者对思想政治课学生资源的特点进行如下概括总结:

多样性。学生资源的表现形式是丰富多样的,包括学生既有的生活经验、知识结构、兴趣爱好、情绪情感,也包括学生在课堂中对于教师讲授的内容给予的不同理解、提出的问题、产生的疑惑甚至是出现的错误等,这些都是可以被教师所用,有利于教学的丰富的学生资源。

差异性。学生资源的差异性来源于学生个体的差异。由于遗传因素、家庭环境、教育生活经历不同,学生个体之间在个性特征、知识经验、学习能力、意志品质、兴趣爱好等方面存在显著差异,因此,在开发利用学生资源的时,要充分考虑到这些差异,以学生的教学反馈为依据,通过优化选择和有效利用等手段,使这些鲜活的学生资源转化生成有价值的教学资源。

潜在内生性。学生的潜力和智慧是无穷的,但同时也具有无形的特点,需要教师的启发、引导和点播。由于学生资源具有潜隐性特点,需要教师在课前教学设计和具体的课堂教学实施过程中,营造良好的教学氛围,调动学生学习的积极性,采用灵活的教学方法,将潜在的学生资源变成现实可利用的资源,使

教学活动更加丰富精彩。

动态发展。一方面,学生作为生命个体处于不断的变化发展中,受到教育的作用、环境的影响和经验的增加,学生的知识能力、兴趣、价值观也会呈现动态变化发展的特点;另一方面,动态发展也体现在学生资源上,它是课堂教学中通过师生交流互动、学生间合作探究生成的,因此呈现出动态的不确定性。

二、高中思想政治课学生资源开发利用的价值

在应试教育的背景下,受传统教学观念影响,学生处于被动地位,广大教师更多地把课本教材作为主要的课程资源,忽略了大量生动的、有价值的学生资源,容易轻视学生资源的开发利用在思想政治课中的重要意义。随着课程改革的深入推进,现代教学观注重教师主导和学生主体地位,因此也开始重视学生资源的开发利用。充分开发利用学生资源,无论是对促进学生的全面发展,还是对促进教师的专业化发展,或对思想政治课教学的优化都具有重要作用。

(一)有利于丰富高中思想政治课课程资源内容

新课程改革对于课程资源提出了新的理念,指出教材不是唯一的课程资源,除此之外,还包括人力资源、实物资源、实践活动资源和信息资源,课程改革要求教师确立正确的课程资源观,不只是单一地利用教材资源,更要开发利用丰富多样的课程资源。在这种教学观念的指导下,学生资源作为一项重要的人力资源,其开发和利用也受到了广泛的关注。这就要求教师不能只局限于把教材备好和把设计好的知识传输给学生,而是需要积极开发利用学生的课程资源,加强师生间的沟通以及生生之间的合作探究,增强思想政治课与现实生活的联系。学生资源的提出丰富了思想政治教育课程资源的内容,为思想政治课三维教学目标的实现提供了保证,有力地推动了教育教学改革与发展。

(二)有利于全面实现思想政治课程三维教学目标

《普通高中思想政治课程标准》明确了思想政治课三维教学目标,努力开发利用学生资源,与三维教学目标相互对应,为课程服务。开发利用学生的基础性资源有利于实现第一维教学目标即知识目标,夯实学生的知识水平,提高学生的学习能力。教师在课堂中及时捕捉到学生的变化并加以利用,有利于实现培养学生能力的教学目标,包括学生的语言、合作、分析解决问题的能力等。对学生的情感类资源的开发利用有利于达成第三维教学目标,通过思想政治课对学生实现德育的效果,引导学生树立正确的人生价值观,培养稳定情绪和合理行为,顺利度过高中阶段。

（三）有利于提高教师的专业素养与能力

教师专业素质与能力的高低影响着学生资源开发与利用的实际效果,而学生资源的开发与利用对教师提出了更高的要求,有利于促进教师专业素养与能力的提高。教师的专业能力指的是教师的教育教学能力,是教师在教育教学活动中形成的顺利完成某项任务的能力和本领。教师的专业素养与能力是在具体的教学实践活动中培养和锻炼出来的,而开发利用学生资源需要教师摒弃传统教学观中以教师为中心的观念和灌输知识的教学方法,转变教学思路和方法,将学生作为重要的资源融入教学设计和课堂教学,树立促进每位学生发展的理念。在这一过程中,教师的知识结构得到优化,教学设计能力、了解学生能力、分析教材能力得到了发展,对学生资源的认识水平也得到了提升,较大程度地促进了教师专业化发展与成长。

（四）有利于发挥学生的主体性,促进学生全面发展

为了充分开发利用学生资源,提高学生在教育教学中的主体地位,教师可以采用谈话法、讨论法等多种教学方法,使学生真正参与到教学过程中,在合作探究中展示自己,激发积极性、主动性和热情。开发利用学生资源的其中一项就是需要教师在教育教学中关注学生的兴趣、情感和需要,将学生的知识经验、兴趣需要和生活情境等融入思想政治课堂,以帮助学生将基本知识理论的理解掌握作为基础,将学生的动态发展及情感、态度、价值观的变化放在突出的地位,引起积极关注,在学习科学文化知识的同时培养健全的人格,提高思想政治

素质,促进学生更好、更全面地发展。

三、高中思想政治课学生资源开发利用存在的问题及成因分析

新一轮课程教学改革使得广大教育者对传统教学观念和方法进行反思,摒弃传统教学中的弊端,对教育教学进行与时俱进的变革。其中关于课程资源理念的不断推广、通过对课程资源的多方面开发为教学服务得到广泛认可,而课程资源中重要的人力资源——学生资源,其开发和利用也逐渐被重视起来,一些一线思想政治课教师的学生资源意识得以树立起来并且逐渐加强,对学生多方面资源的开发利用开始了一些新的尝试,对于利用教学方法策略和多媒体教学辅助设备帮助开发利用学生资源进行了探索。因此,在不断实践的过程中,高中思想政治课学生资源的开发利用取得了一定的效果,但是这些成效多是局部的,更多地体现在实践层面,整体上来讲,对于开发利用学生资源还存在较大的问题,值得我们进行反思。

(一)高中思想政治课学生资源开发利用中存在的问题

高中思想政治课学生资源开发利用有一定成效但并不显著,在对于开发利用学生资源这个问题上更多的体现出问题和不足,具体表现为:

1.学生资源在开发过程中存在片面性,内容单一。学生资源所包含的内容是极为丰富的,既有基础性性资源,如知识经验、兴趣爱好、思维能力等,又包括课堂中的生成性资源;既有认知类资源,同时也有情绪类资源和行为资源,这些资源并不是孤立存在的,不是有明确界限的,而是相互联系、相互促进的一个有机的整体,因此应该从整体着眼,全面系统地加以开发和利用。但受传统观念的影响,高中思想政治课教师对学生资源的开发更多地表现出对学生认知类资源的开发,即以知识为本位,忽略了对其他类型资源的开发利用。

如教师针对教材中某一问题,设计了小组讨论交流的环节,但在具体实施中出现了意料之外的情况,很多教师就会坚持自己的预设而对学生发表的意见、提出的疑问采取回避的态度,这样这些丰富并且充满活力的教学资源就会被浪费掉,学生学习的积极性也会因此减弱,学生成为教师主宰下的被动的教学对象。

2.对学生资源开发利用方法不当,形式简单,流于表面。一方面,教师对学生资源开发利用的方法不恰当。许多政治课教师虽然已经意识到开发利用学生资源的重要性,但是对于如何有效开发利用并没有一个具体的指导原则和方法,这就让许多老师对学生资源的开发感到力不从心,教师并没有受到过专业的培训和指导,仅仅通过自己的探索和总结,影响了学生资源开发利用的效果。另一方面,随着新课改对学生主体地位及学生资源的重视,思想政治课教师也在课堂中采用了情景教学法、合作探究法等一些新的教学方法。

但同时,一些教师也陷入了一个误区,即把调动学生的积极性单纯等同于过度追求活跃的课堂气氛,在这种花哨的教学形式下学生可能只是凑热闹,而并没有进行真正的思考。这种做法就只是流于形式,偏离了开发利用学生资源的实质,即为实现课程目标服务。对于学生资源不是为了开发而开发,而是需要提升实际学习效果,实现数量、形式与质量、内容和效益的统一。

3.对学生资源开发利用缺乏持续性。对学生资源的开发利用存在着偶然和短期的特点,有的思想政治课教师往往是在公开课、教学检查或是评优课中,才会使用一些新的教学方法活跃课堂气氛,调动学生兴趣,设计一些学生自主探究的环节使课堂显得开放,而回到日常教学中,依然是固守教材,采用教师讲、学生听或是教师念答案、学生机械记忆的方式。这样的情况,就会使学生资源的开发和利用缺少实质性的内容,没有时间上的连贯性,对思想政治课学生资源的开发利用就失去了长期的积淀和不断总结发展的过程,因此这种偶然的、短期的实践难以对政治课堂教学、对学生全面发展产生真正的有实质性的影响。

4.对学生资源开发利用程度不足。教师作为学生资源开发利用的主要实施者,从意识观念的角度上看,有相当一部分教师对于为何开发利用学生资源、开发利用学生资源对教学产生的实际效果仍然感到困惑和不解。在这种情况下,对学生资源的开发利用并没有普及和深化。因此一些教师对学生资源开发利用没有更深层次的挖掘,点到即止,不会深入渗透到教学过程中去;更甚者则把开发利用学生资源视作一种负担,在日常教学中根本不会去开发利用学生资源,仍然坚持传统的教学方式,把提高学生成绩视作实际上的唯一的教学目标。

(二)高中思想政治课学生资源开发利用存在问题的原因

1.教师对于开发利用学生资源的观念不强,意识薄弱。随着新课改的推进,教师对学生的主体地位有了一定程度的重视,但对学生资源的开发利用意识还比较薄弱。大部分教师还是在课堂中以自己为掌控者,不会给予学生更多的自由发挥的空间,课堂中比较偏向于单向灌输的教学方式,特别是政治课上以教师讲、学生听和机械记录为主,教师的学生资源意识薄弱,更无法提及对学生资源的开发利用了。据相关数据显示,很多教师对学生资源的内涵界定及其包含内容并不是很清楚,调查中发现,有三分之一的教师表示对学生资源了解程度一般,另外三分之一的教师对学生资源了解比较清楚,六分之一的教师十分了解学生资源,但仍有相当的教师对学生资源不了解。这也是为什么学生资源开发利用不充分的原因之一。

2.教师开发利用学生资源的能力欠缺。教师在教育教学过程中发挥主导作用,传授知识,启迪思维,是课堂教学的组织者、引导者。然而思想政治课学生资源开发不充分,利用效果不佳的另一个重要原因就是思想政治课教师思维能力欠缺,教师对于教育方法策略掌握得不充分,对于教学技能运用得不熟练,导致教师在分析学情、应对课堂突发事件等不自如,因此教师在具体教学实践中容易以自我为中心,以课前预设为课堂主线,对学生的自主发展采取回避的态度,这样使得大量价值丰富的学生资源被埋没或者浪费。

3.教师精力有限。思想政治学科的特点之一就是时政性强,学科与时政新闻密切关联,这就需要教师不断掌握大量的时政新闻,并将其补充到课本和教学中,同时,思想政治学科教材相比于其他学科而言,更新次数较多,在这样的学科特点和现实背景下,就需要思想政治课教师花费比其他学科教师更多的时间精力来了解时事新闻,熟悉教材变动。而且在高中,政治学科被认定为"小学科",一名教师需要教多个班级,教师精力有限,无法对学生进行深入了解、分析,照顾不到每位学生的差异,因此对于学生资源的开发利用感到力不从心。

4.学校教学设施条件不完善。学校的教学设施条件也会对学生资源的开发利用产生影响。当前学校的硬件条件都得以逐步提升,教师会利用多媒体和其他教学辅助工具,通过文字、图像、视频等调动学生的学习兴趣,激发学生的想象力,培养学生的创造力,但是学校软件还处于不完善的状态,如整个师资队伍的数量不充足,一线教师人数较少,使得每位教师的教学任务过重,教师教学素质和能力参差不齐,从而在整体上对学生资源开发利用不充分。

5.学生评价标准和体系存在问题。学生评价是对学生学习进展与行为变化的评价,它包括对学生在知识与技能、过程与方法以及情感、态度、价值观等方面发展状况的评价。目前,我国对于学生的评价方式存在较多问题,主要是以形成性评价为主,忽视过程性评价;以课本知识的识记和答题能力的强弱为主,忽视了学生综合素质的全面提高;以传统的纸笔测试为主,忽视了对多数学生情感态度和价值观的考量,在这种普遍的、易于操作的评价体系的制约下,广大思想政治课教师重点对学生认知资源进行开发,片面开发,追求统一,忽视个体差异。如为了方便对学生进行统一的测评,同一年级同一学科的教师会在教学目标、教学方法、教学内容和教学进度上进行统一安排,这样就使得教师忽略了对本班学生的特殊分析和因材施教,教师要求学生尽可能达到统一的标准。以上这些问题都对开发利用学生资源带来了阻碍。

6.学生自身主体意识匮乏。学生对思想政治课兴趣不高,因为是思想政治课是考试科目,不得不学习,因此学生在课堂中表现出不积极参与师生互动、对于教师的提问保持沉默、只关注死记硬背的知识而不主动思考,这就影响到了课堂中学生资源的开发利用。此外,学生的知识储备有限,生活经验较少,多门课程的学习使其精力有限,还有不良的学习习惯、不当的学习方法和不合理的时间分配等,这些因素都容易造成思想政治课中学生资源开发利用不充分、效果不佳。

四、高中思想政治课学生资源开发利用的对策

奋斗在一线的高中政治课教师无疑是高中思想政治课学生资源开发利用的主体,因此教师必须转变观念,树立学生资源意识,提升开发利用学生资源的能力。但同时,单单依靠教师开发利用学生资源,效果是不显著的,甚至是无法完成的,还需要学校完善教学条件、改进教学模式,教育部门积极构建科学合理的评价体系,共同为高中思想政治课学生资源的开发利用提供支持。

（一）增强思想政治课教师的学生资源观意识

思想是行动的指南,只有树立了正确的思想意识,才能在实践中保证正确的方向。教师是学生资源开发利用的主力,在教育教学过程中发挥着主导作用,教师树立并强化学生资源的理念,培养提高开发利用学生资源的能力,具有重要意义。

首先,教师需要对学生资源进行系统学习了解,通过查阅相关资料,参加专业培训等途径,对学生资源的内容有全面的认识,只有有了充分的知识储备,教师才能在遇到具体问题时科学地处理和应对,因此对于思想政治课学生资源相关内容的不断学习思考,是树立正确学生资源观念的前提和基础。

其次,教师还需要转变观念,重视学生在教学中的主体地位,践行"一切为了每一位学生的发展"的要求。在教学中,教师要关注学生学习的兴趣需要,尊重学生的个性差异,倡导学生进行有意义的学习,调动学生参与课堂的积极性,在师生互动、教学相长的良好氛围中构建充满活力的思想政治课堂。树立起这种正确的学生资源的意识,教师就会将学生作为一种重要的资源纳入教学设计,并在课程实施阶段高度,教师的注意力由只关注教材知识和教学预设,转移到挖掘学生的潜在资源,唤起学生情感资源,关注学生个体差异上来,教师成为学生学习的合作者、引导者和促进者。

（二）提高思想政治课教师对于学生资源开发利用的能力

对于开发利用好学习资源,仅仅树立学生资源意识是不够的,还要求政治课教师增强本领、提升能力,把开发利用学生资源贯穿于教学设计、课程实施以及课后反思的全过程中。

首先,在教学设计阶段,教师所需要进行的一项重要内容就是分析学情,提高观察能力,认真研究学生的基础性资源,如学生已经掌握的知识情况,学生分析解决问题的能力,学生对于哪个知识点或哪种教学方法能够产生兴趣等,在对学生一些基本状态了解的基础上,有针对性地设计教学目标,选择教学策略,合理安排教学进度,使学生尽可能处于积极的学习状态。学生的基础性资源相对于课堂中的生成性资源而言,教师更容易掌握,只有在课前对学生进行充分的了解,对课程进行充分的准备,教师才能更有效地利用学生资源。

其次,在课程实施阶段,需要教师进一步开发利用学生的生成性资源,与基础资源相互配合,共同服务于课程和学生学习。教师要正确处理好预设与生成的关系,不能刻板教条地依照预设,忽视或回避学生提出的不同见解,要具备随机应变的能力,灵活调整预设,恰当自如地运用生成性资源。教师需要提高捕捉信息的能力,提高对信息的敏感度,及时抓住学生的发展变化,引导其发展成为新知识的生长点。

最后,在课后的教学反思评价阶段,在课堂结束后,思想政治课教师的教学任务并没有结束,教师还需要对自己的课堂教学进行反思和评价,一方面总结自己的成功之处,如自己发掘到的学生资源、对一些突发状况的处理手段、学生感兴趣的教学方法和课外补充材料等;另一方面更要反省自己的不足之处,并针对课程中不满意的地方提出改进措施,提醒自己在下次教学中进行改正。只有通过不断地反思总结,才能积累更加丰富的开发利用学生资源的经验,不断

提升自身的教育智慧,促进专业化发展。

（三）营造民主教学氛围,调动学生学习的积极性

在素质教育的呼唤下,民主式教学成为有利于提高学生综合素质和自主学习能力的创新的教学方法。在实际的教育教学中,学生学习兴趣不高与课堂教学氛围密切相关。只有在民主的教学环境和氛围下,学生才能积极主动地与老师进行交流互动,自主生成有利于课程教学的资源。

教师可以通过创设教学情景,丰富教学内容。通过创设与现实生活密切相关的情景,能够培养学生认识分析和解决问题的能力,使其将理论与实践联系起来,主动学习。如"政治生活"每一框第一目都会设置情景分析的内容,联系现实,展示实例,这为教师在设计教学思路上提供了良好的范例。

教师可以开展思想政治课活动,拉近与学生的距离,更好地营造民主教学氛围,提高开发利用学生资源的效果。教师可以根据教学内容和进度,适当安排一些如辩论赛、社会调查、参观、角色模拟等活动,这些活动更有利于唤醒学生的主体意识,使学生发现学习的乐趣,通过亲自动手、亲身经历实现知识由外向内的转化,自主构建自己的知识体系,提高创新能力和探索精神。

（四）学校采取措施支持促进学生资源开发利用

学校定期组织教师开展业务培训。教师由于自身精力有限,可能对于学生资源的了解并不全面,这就需要学校组织教师进行相关培训,为教师在充分开发利用学生资源方面提供指导和帮助,介绍优秀做法供教师学习参考,同时也为教师交流提供平台,提升整体教师队伍的能力和水平。

学校针对实际情况,积极开发校本课程。新课程改革允许学校根据本地的情况和学生的需要以及学校的办学理念来开发可供学生自主选择的校本课程。校本课程的开发以满足学生的需要为前提,应从学生的兴趣与经验出发,精选对学生终身学习有益的基础知识和技能。

学校制定适合学校的校本课程,有利于发展学生的个性和兴趣爱好,扩展学生视野,培养学生的情感态度,帮助学生树立正确的人生价值观,缓解学生因应对考试而产生的压力,促进学生综合素养和健全人格的形成。如对于高中政治必修四"哲学生活"的教学,学校开设了关于西方哲学史、中国哲学史等校本课程,以选修课、兴趣课的方式扩宽学生视野,增加学生的知识储备,调动学生学习的积极性,提高学习成效。

（五）改进教学评价体系,建立多元化的师生评价制度

新一轮教学改革非常注重过程性评价,学校应该制定多元化的师生评价制度,建立促进教师与学生共同发展、共同成长的评价体系,保障学生资源的开发利用。学校应尽可能改变只关注成绩的评价方式,如对于教师,可以从日常表现、专业能力发展等方面评价,对于学生可以针对个体差异设置不同的评价标准,将学习态度、创新精神等纳入评价项目,将过程性评价和终结性评价相结合,将自评与互评相结合。评价方式可以多元化,如当前在学校推行的学生成长记录档案袋,就是对评价方式的创新,有利于收集学生资料,将课内外学生资源更好地结合起来,从而为学生资源的开发利用提供保障。

高中思想政治课学生资源开发利用途径是多样的,教师从自身角度加以改进是最能够取得显著效果的方式,教师将学生自身主观能动性作为为课程服务的重要甚至是关键部分,在自身经历有限的情况下,促进学生自主开发自身资源,提高学习效率。同时学校还要根据实际情况,为开发利用学生资源提供帮助支持,尤其是改变师生评价制度,这将对更好地开发利用学生资源起关键性作用。

浅谈如何在初中历史教学中深化德育

■ 董青青

　　长期以来,德育是教育从业者非常重视的问题之一。由于历史学科以真实发生的事件为依据,内容具有多样性,又蕴含着丰富的情感,与其他学科相比较而言,具有很强的德育性,优势明显。而中学生作为祖国的未来、民族的希望,对其进行思想教育的重要性显而易见。所以,在初中历史教学中,除了增强知识传授的趣味性之外,还应该利用历史课程中丰富的德育素材对学生进行潜移默化的德育,培养学生正确的世界观、人生观和价值观,使学生在掌握知识的同时,身心得到全面的发展。

一、德育的概念及其必要性

(一)德育的概念

　　德育,顾名思义,即为思想品德教育。"德育即育德,也就是有意识地实现社会思想道德的个体内化,或者说有目的地促进个体思想品德社会化。"也就是说,德育是思想品德内化的过程。中学德育即以道德教育为核心,是与思想政治教育、心理素质教育、法制教育、学科知识教育等相渗透的促使人社会化的教育。初中历史教学中的德育,可以理解为在初中历史教学过程中,利用初中历史教材中丰富的德育素材,对学生进行思想品德等方面的教育,塑造学生的世界观、人生观和价值观,培养爱国主义情怀和民族自豪感。

（二）德育的必要性

首先,处于中学阶段的学生,他们的身心发展处于关键时期,他们是未来国家建设的主要力量,因此对其进行德育属于非常重要的事情。其次,随着生产力的发展和社会环境的变化,中学生的思想和行为也会随成长发生改变。第三,现代教育提倡"五育并举",在发展学生智育的同时,其他方面也不容忽视,德育在现代社会中的作用日益突出。

二、初中历史教学中的德育特征及必要性

（一）初中历史教学的德育特征

初中历史教材具有教育性。初中阶段,特别是初一年级,既是中学阶段的起始年级,亦是学习历史学科的起始年级。在小学阶段,由于学生的身心发展程度的限制,学生主要学习的是语文、数学、外语等基础学科,对历史学科的学习尚未涉及。在学生进入中学阶段的学习之后,开始增加对历史学科的学习,学习过程一直持续到中学时期结束,所以学生对于历史学科的学习主要是在中学这六年。中学历史教材以历史上真实发生的事件为依据,所以本身具有很强的教育性。在初中历史教学过程中,教师结合历史教材中丰富的德育素材对学生进行潜移默化的教育,能够使学生在学习过程中真正在情感方面受到教育,从而进一步培养历史思维,正确的世界观、人生观和价值观以及爱国主义情感。

初中历史教材设置具有巧妙性。由于历史教材本身具有的特殊性,其按照时间空间顺序,或者经济、政治等以专题为线索,展现大量真实的历史事件。所以,学生在进行历史学科的学习时,不仅仅能够学习到丰富的历史知识,而且能够在学习过程中了解到中华文明的发展历程,了解到中华文明的源远流长、博大精深,了解到我国的发展变化,这更加能够激发起学生的爱国主义精神,使其努力学习古人的开拓进取、勇于探索的精神。

（二）初中历史教学德育的必要性

由于历史教材中具有大量丰富的真实素材,德育优势十分明显。在具体的

历史教学过程中,将爱国主义教育贯穿始终是完全可行的。进一步讲,对于学生来说,学习历史学科既能够提高其人文素养,也能够塑造其正确的世界观、人生观、价值观。

素质教育要求进行德育。历史学科在中学阶段开始设置,尤其是在义务教育阶段,对于学生来讲,历史学科的学习有非常重要的作用,其地位也是其他学科无法取代的。《旧唐书·魏徵传》有记载:"以铜为镜,可以正衣冠;以史为镜,可以知兴替;以人为镜,可以知得失。"历史的重要性,唐太宗已经阐释得十分明确,从之前的历史事件中所得到的宝贵经验和教训,可以为后人所用。

历史教材中蕴含了丰富的爱国主义情怀。中华文明源远流长,博大精深,因而,在具体的历史教学过程中,将爱国主义教育贯穿其中,对学生进行潜移默化的影响,能够对学生的世界观、人生观和价值观进行培养,激发学生的爱国主义精神,更有助于实现学生的全面发展,甚至可以说,更有利于实现"中国梦"。

学习历史对于了解当今世界和人类社会具有重要作用。放眼来看,整个世界的发展过程,就是一部不断延续的人类历史。对于学生而言,对于历史学科的学习,不仅仅有助于拓宽学生的知识面,而且有助于学生更宏观地了解世界的发展历程,这对于培养学生的唯物主义历史思维和历史的时间空间观念,都具有非常重要的作用。此外,通过对国外历史的学习,还能够深化学生对于文化多样性的认识。

三、在初中历史教学中进行德育的有效策略

(一)激发和培养学生的历史学习兴趣

为了确保学生能够集中注意力学习历史知识,作为历史教师,需要激发和培养学生对于历史学科的学习兴趣,只有这样,才能使学生更进一步地了解历史事件和历史人物,在深入理解历史知识的基础之上,才能更好地对学生进行德育。如在讲解"汉武帝巩固大一统王朝"时,就可以采取导入影视剧片段的方式,学生通过观看视频,对于汉武帝刘彻产生兴趣,对于汉武帝所面临的局势有

了更加直观的了解和认识,对于汉武帝这位历史人物有了进一步了解之后,学生就会进一步产生疑问:"汉武帝在政治、经济、思想、军事等方面采取了哪些措施,使国家得到了良好的发展? 这对于中国历史的发展产生了哪些影响?"在课程最后,教师可以带领学生对于汉武帝这位历史人物进行评价,正确认识他的功过得失,使学生对于汉武帝的评价更加立体、丰满、有血有肉,进一步激发学生的爱国主义情怀。

(二)善于利用历史人物形象进行教育

由于初中阶段学生身心发展具有特殊性,榜样对于他们的教育意义是非常重要的。所以,在具体的初中历史教学过程中,可以将具有代表性的历史人物,尤其是历史英雄作为历史学科的德育内容。在人教部编版八年级历史教材的中国近代史的相关内容中,我们可以将民族英雄抵御外国列强侵略的史实作为典型事例进行德育渗透。甲午中日战争中的邓世昌等人,为了保卫祖国牺牲了自己的生命,这对于学生而言,是一次非常重要的培养其爱国主义精神的过程。

(三)采用多种历史教学方法渗透德育

为了进一步提高学生对于历史学科的学习兴趣,更好地进行德育,教师可以利用多种教学手段和教学方法进行教学。首先,教师要善于运用多媒体手段进行历史教学。在制作的教学幻灯片中,教师可以将相关的历史纪录片或者历史影视剧片段插入,让学生对于所学习的内容及历史背景有更为深入的了解;教师可以将多张历史图片插入,图文并茂的手段更有利于保持学生的注意力集中;教师还可以插入历史小故事,这可以在历史教学中起到妙趣横生的效果。其次,教师可以通过组织课本剧、组织课前演讲的方式,让学生提前对本节课所讲解的内容有基本了解;或者组织知识竞赛,学生你追我赶的劲头更有利于激发学生对于历史科目的学习。

(四)通过开展多种活动进行德育

现代社会的教育要求"五育并举",实施素质教育,使得学生的身心等各方面得到全面发展。所以,在义务教育阶段的历史教学过程中,开展多种活动、进行研究性学习也是一种在历史教学中渗透德育的良好方法。在历史教师的指导之下,在历史教材内容的基础之上,学生可以自行拟定一个课题,通过多种多样的方式和手段,譬如在有条件的情况下进行实地走访调查、在网上查阅更为丰富的资料,结合自身在课堂上所学习到的历史知识,进行小组讨论和分工合作,最后得出报告。这样学生对于这一部分的历史知识就能够有非常深入和较为全面的认识,可以进一步激发学生的学习兴趣,在潜移默化中升华情感。

对于义务教育阶段的学生而言,在历史教学过程中进行德育,不仅仅是适应经济社会发展的需要,更是促进学生全面发展、更好地实施素质教育的非常重要的措施。学生是祖国的未来,民族的希望,在日常教学中进行德育,对于实现"中国梦"大有裨益。因而,中学历史教师应当在教学过程中注重德育渗透,促进学生的全面发展。

浅谈新课改下初中英语阅读课的德育渗透

■ 詹雅茜

党的十九大明确提出要"全面贯彻党的教育方针,落实立德树人根本任务",并强调要"培养德智体美劳全面发展的社会主义建设者和接班人"。《普通高中英语课程标准》指出"在未来的课程和教学改革中,培养和发展学生的核心素养将始终处于学校教育的中心地位",并指出培养和发展学生核心素养是"各个学科能否将立德树人根本任务真正落到实处的关键,其重要性再怎么强调都不过分"。

一、初中英语阅读课中德育渗透的必要性

在教育改革大背景下,学校德育不再只是班主任和政教部门的事,"课课有德育",人人都是"德育工作者",成为全新的德育理念。英语教师除了承担着"传授知识、培养能力、开发潜力"的智育任务,还担负着"塑造灵魂、陶冶情趣、促进学生全面发展"的德育重任。教师只有在实际教学中有效地进行德育渗透,才能全面提高学生的综合素质,帮助学生更加清晰地认识世界、了解世界,成为"全面发展的人"。众所周知,课堂是德育渗透的主要阵地。阅读课,作为英语技能教学的基本课型,在初中的英语教学中是非常重要。如果英语教师能够在教授阅读课时恰当地渗透德育,将会对培养德智体美劳全面发展的学生起到非常好的推动作用。基于对新课改的研究和实践,笔者结合平时工作中的教学课例和反思,浅谈在初中英语阅读课中如何渗透德育。

二、初中英语阅读课中德育渗透的具体策略

（一）深入挖掘教材，构建德育背景

目前天津市初中生所使用的外研版英语教材非常贴近学生的生活，教材中蕴涵着丰富的人生哲理。教师应深入挖掘教材，根据教材特点和学生认知，找到教材中知识结构与思想教育相结合的点，这样才能充分将德育渗透到英语阅读中。

七年级英语教材第四模块"未来生活"的第二单元为 Every family will have a small plane（每个家庭将会有一架小飞机）在准备这一节阅读课时，笔者就意识到，这一课除了给学生们描绘出一幅想象力丰富的未来生活画卷，还能激发他们努力学习科学知识，培养学生认真钻研的科研精神，进一步来说，还可以培养学生为祖国的美好生活做出贡献的爱国主义精神。

因此，在传统的阅读教学完成之后，笔者设计了一个活动：让学生充分发挥自己的想象力，想象一下50年之后大家的生活将会是怎样的。在分组讨论的环节，每个学生都畅所欲言，想象未来的学校、环境、交通等跟今天的变化。然后笔者优选了几位学生跟大家分享自己的想法。最后，笔者在总结环节，顺利地将学生对未来的想象，引入到对当下的认知。学生们在课堂的最后认识到，为了将来的美好生活，为了能为祖国做出贡献，现在就应该努力学习科学知识。

作为英语教师，对于教材的研读不应该只是停留在表面，而应该要努力挖掘其中的隐性素材。如果教师在教学中可以渗透德育，就能够使学生在潜移默化中接受熏陶，进而形成正确的人生观、世界观、价值观。只有教师在备课时做好充分的准备，才会在授课环节对学生进行德育渗透。

（二）精心组织课堂，创设德育情境

作为一名英语教师，在平时的阅读教学中，笔者除了教授基本知识，也会精心组织好课堂，设计出贴近学生生活的德育情境，按照计划组织各种活动。这样就可以引导学生们深入理解课文，在点滴的日常学习中渗透教育，在体验中加强对学生的德育。分析初中英语教材中的阅读课，笔者认为可以从以下几个方面的内容对学生进行德育渗透：

1.中华优秀传统文化教育。七年级英语教材第十模块"春节"的第二单元为 My mother is cleaning our house and sweeping away bad luck（我的妈妈正在打扫房间，扫除坏运气）。在教授这一节课时，笔者提前让学生做了一个小小的准备——带来一件自己认为最能象征春节的小物品。在课堂上，笔者创设了一个"过春节"的情境，让学生们积极讨论自己知道的有关春节的习俗，以及过春节时自己都会做什么。在这样布满了春节小物品的教室中讨论，学生们仿佛置身于新年拜年的氛围里。在讨论的过程中，学生们不仅对于春节有了更多的了解，对于中华民族优秀的传统文化也有了进一步的认识。如贴春联、扫尘、拜年等，这些传统习俗都继承和弘扬了中华民族优秀的传统文化。学生在阅读和讨论中，也会对中国的文化更加自信，为自己是一个中国人而自豪。在类似的阅读课中渗透中华优秀传统文化的教育，对于学生培养文化自信是非常有积极意义的。

2.心理健康教育。七年级英语教材第三模块"做计划"的第二单元为 We are going to cheer the players（我们打算去为选手庆祝）。在学习这一课时，笔者创设了一个制定假期计划的情境，让学生们畅所欲言。很多学生都积极分享自己的假期计划，但是计划的内容相对比较单一，不是在家学习，就是去上各种培训班、兴趣班。这时，笔者积极引导学生去丰富自己的假期生活：可以培养一、两项兴趣爱好，陶冶情操；可以积极锻炼身体，增强体质；可以阅读书籍，开阔视野等。作为新时代的学生，大家不仅要学习好，更要有一个积极健康的心理状态。

3.安全教育。八年级英语教材上册第十二模块"帮助"的第二单元为 Stay away from windows and heavy furniture（远离窗户和大件家具）。在教授这节阅读课时，笔者先给学生播放了两则视频：一则是地震发生后人民没有及时避难而产生灾难的视频,一则是震发生后人民及时避难、没有造成人员伤亡的视频。这两则视频创设了一个地震发生的情景,在接下来的阅读教学中,学生迫切地想要了解在地震发生时,我们应该如何避难。在课后总结时,学生们认识到保护自身安全的重要性,并且了解了在紧急情况之下,应当如何恰当地自救和帮助他人。

4.生态文明教育。八年级英语教材上册第六模块"动物处于危险之中"的第二单元为The WWF is working hard to save them all(世界自然基金会正在努力拯救濒危动物)。这一课使学生了解到国家正致力于保护濒危动物大熊猫的事情。在学生学习完阅读文本之后,笔者给学生创设了一个情境——大家一起在动物园参观濒临灭绝的野生动物,然后小组讨论应该怎么做才能保护动物。通过对阅读课文本的学习以及小组讨论,学生们充分了解到了保护动物的重要性。此外,学生们也认识到如何从身边的小事做起,去保护环境、保护动物。在课堂的最后,学生们均表示会为创造一个生态文明的社会而奋斗。

(三)坚持读后思考,内化德育

学完一节阅读课之后,如果能让学生简单写一篇读后感、完成一张手抄报或者写一篇后续的调查报告等,不仅会让学生更加全面地进行思考,也会深度内化德育。如学完八年级英语教材下册第十模块第二单元It seemed that they were speaking to me in person(看起来他们在亲自对我说话)之后,笔者要求学生写了一篇关于如何实现自己梦想的小作文。通过阅读课文文本,以及自己作文当中的思考,学生们认识到了,如果想要实现自己的梦想,就必须要脚踏实地,努力朝着目标前进。再如学习八年级英语教材上册第六模块第二单元The WWF is working hard to save them all(世界自然基金会正在努力拯救濒危动物)之后,笔者给学生布置的课后作业是完成一张以保护动物为主题的手抄报。在制作手抄报的过程中,学生们对于保护动物的方法有了更加清楚的认识。

对中学生渗透德育,不仅是践行国家倡导的立德树人的育人要求,更是在新课改背景下,实现21世纪学生德智体美劳全面发展的重要手段。作为一名新时代的合格教师,要真正做到"教书育人",就要能够在教学中,潜移默化地对学生进行美的熏陶。我们不仅要能够激发学生对科学文化知识的求知欲,更要能够培养学生的道德思维。

在英语教学中渗透德育是必要的,也是可能的。一堂成功的阅读课,需要英语教师深入挖掘教材,构建德育背景;还需要精心组织课堂,创设德育情境;同时还要鼓励学生坚持读后思考,内化德育。当然这是一个长期的过程,不是一蹴而就的事情。广大教师需要充分利用学生的心理和生理特点,深入挖掘阅读文本中的德育因素,运用多种多样的策略,使课堂更加丰富多彩。

让德育在数学教学中绽放

■ 秦惠玲

教育之本,立德树人。"立德树人"是新时期我国教育事业发展的根本任务,教师要成为学生健康成长的指导者和引路人。初中数学是一门基础学科,在学生的德育中占有举足轻重的地位。作为数学教师,如何在日常的教学中抓住学科特点,捕捉进行德育的有利时机,运用恰当的方式在数学教学过程中渗透德育呢?

一、用教师的高尚品德影响学生

古人说:"师者,人之模范也。"在学生眼里,老师"吐辞为经、举足为法",一言一行都能够给学生带来极大的影响。教师高尚的品德和人格魅力是教育成功的重要条件。孔子曰:"其身正,毋令则行,其身不正,虽令毋从。"教师不仅是学生的楷模,而且还是学生道德的引导人。教师必须坚守高尚情操、知荣明耻、率先垂范、以身作则,自觉坚守精神家园、坚守人格底线,带头弘扬社会主义道德和中华传统美德,以自己的模范行为影响和带动学生。教师要求学生做到的,首先自己要做到,要知行合一。教师要求学生守时,自己上课就不能迟到早退;要求学生诚实守信,自己就不能撒谎……一位合格的教师必须讲"政治",坚持正确的政治方向,有较强的政治鉴别力和敏锐性;必须为人正直,有正确的世界观、人生观和价值观,能够用自己的浩然正气影响学生。

二、用数学的特点塑造学生

数学是一门具有高度抽象性、严密逻辑性、广泛应用性的学科。数学教师在教学中要结合学科特点发挥其育人功能。

一是培养学生实事求是、勇于探索的科学精神。在科学的道路上,只有不畏艰难险阻、努力攀登的人才能达到科学的巅峰。每个数学原理、定理的发现都是数学家实事求是、大胆探索、勇于创新的成果。拥有刻苦钻研、顽强拼搏的个人品质是成功的前提。二是培养学生严谨细致、一丝不苟的做事态度。数学定理、公式等是亘古不变的,一个字母或数字的错误会导致重大失误和损失,"千里之堤毁于蚁穴",培养学生认真审题、仔细运算、严密推理的思维习惯是每位数学教师的职责。三是培养学生初步的辩证唯物主义观点。数学蕴含着极其丰富的辩证思想,数学学科较其他学科更为具体和广泛。教师在教学中要让学生逐渐认识到数学理论来源于实践,服务于实践,并在实践中发展,数学理论反映了物质世界的数量关系与空间形式,由此培养学生实践第一、物质第一的辩证唯物论的思想。同时,在潜移默化中给学生渗透一些概念、定理之间是相互制约、依存和转化的,物质是运动的,量变引起质变等辩证的观点。

三、用教学的智慧启迪学生

教师必须对自己所任教的学科有着深入并且广泛的认识,具备挖掘其中德育内容的能力。数学作为一门科学性的学科,其蕴含的德育素材是比较"隐蔽"的,需要教师将其挖掘出来,并创设各种情境,用教师的教学智慧把德育贯穿整个教学。

中华民族几千年来形成了博大精深的优秀传统文化,其中不乏数学的历史故事和数学家的故事。如七年级学生学习正负数时,可以给学生介绍我国古代用算筹计算的故事,使学生明白算筹计数法和现代通行的十进位制计数法是完全一致的,算筹计数法在春秋战国时期的使用就已经非常普遍,是世界数学史上的伟大创造。再如九年级学生学习了相似三角形后,教师可以给他们介绍数

学家华罗庚及其优选法,让学生们从伟大数学家身上学习不言放弃,造福人类的科学态度和爱国主义精神。

任何学科都离不开现实生活,离不开实践。开展数学活动时,将学习知识与德育有机融合在一起,教学目标自然能够水到渠成。如学习"勾股定理"时,教师可以给学生布置手抄报的作业,让学生着重研究古代数学家赵爽对勾股定理证明的方法和相关应用,以此培养学生搜集信息的能力及民族自豪感、自尊心。再如学习轴对称时,教师可以带领学生剪窗花,使学生感受我国古老的民间剪纸艺术的魅力。数学有着广泛的应用,教师也可以设计以当今国家发展为背景的实际应用,激发学生为祖国建设事业而刻苦学习的责任感和自觉性。

学生时代是培养团队合作精神的重要阶段。数学教师可以将学生分组,在班级实施小组合作学习。如在学习数据的收集与整理时,教师可以安排每个小组确定不同的调查对象进行抽样调查,形成调查报告,各组进行汇报。再如学生可以积分制进行小组合作讲题,可以课上展示也可课下巡讲。学生的个人学习目标与小组目标相互依赖,学生在既对自己学习负责又要为别人学习负责的氛围下学习。学生在合作学习中"学会做人、学会做事、学会合作、学会学习"。

每位教师都应不负重托,在不断完善自我的基础上,与学生们一起践行人生的意义和追梦的价值,在教授学生知识同时,塑造他们高尚的道德情操和完美健全的人格。教师应常筑信仰之基、做学生理想信念的引路人,常润为师之德、做人生航程的启明星,常修善教之本、做授业解惑的大先生,常怀仁爱之心、做至善至美的好园丁,不忘立德树人初心,牢记为党育人、为国育才使命,更好地担负起培养优秀人才的重任。

用阅读点亮数学教育

■ 张洪艳

　　提到数学，人们想到的更多的恐怕是一道道难解的题；说到数学教育，大家脑海里浮现的可能是一黑板又一黑板的计算，一页纸又一页纸的练习；谈起阅读，大家会觉得阅读似乎离数学很远，偶尔数学与阅读会有那么一点点交集。幸运的是，笔者参加工作不久，学校便开展了读书活动，跃身书海的我重新感受到书籍的力量，重新认识数学与阅读的关系，在阅读的促进下重新感受到了数学教育的多彩：

一、教师与学生：因为关爱，所以和谐

　　初登讲台，维系我和学生之间关系的，便是一道道的数学题，我和学生之间的交流也是从这样的对话开始的："老师，这道题我不会做！""这道题都讲过很多遍了，你看，要这样分析。"……如此"兢兢业业"的结果，不是学生成绩名列前茅，而是学习状态每况愈下。

　　后来我读到了泰尔斯顿的《让学生都爱学习——激发学习动机的策略》，书中告诉我们："来自五官的各种信息在进入大脑之后，有98%的信息会在很短的时间内被淘汰掉，只有2%的信息有可能被大脑感知到。在其中发挥重要作用的是大脑中的'自我系统'，如果'自我系统'不认可某个信息，认知系统就永远不可能收到它。"而影响"自我系统"的判断的，是一系列"关系"。在传统课堂中，我们更注重知识的传授，而泰尔斯顿告诉我们：师生之间、学生之间、人与环境之间的关怀，相互信任和尊重的关系，理应发生在教学内容之前，即"关系

第一，教学内容次之……建立和谐的师生关系，可以进一步提升教育的品质和教学的质量"。

读完这本书，我忽然有一种茅塞顿开的感觉，如果学生对老师不喜欢，对老师讲授的方法不认同，或者对班级的氛围感到排斥，他又怎么会投入百分百的精力去学习呢？所谓"亲其师，信其道"，不就是这个道理吗？

从那以后，我的关注点不单单在学生是否掌握了某数学公式，是否了解了一道几何题，而更多地对学生本身进行关注。学生做对作业了，我在作业本上画上一个满分的笑脸；学生上课开小差了，下课来一次促膝长谈；学生学习有了进步，我会写一段由衷的赞许……

在关注全体学生的同时，我还注意观察班里的"个别生"，给他们"特别的关爱"。一个八年级的男孩，我接手时，他的数学成绩只有17分。从教他的第一天，我便关注着他的一言一行，每天用日记的形式记录他优秀的瞬间、进步的表现：从上课满教室乱跑，到规范写作业；从课堂上嬉笑玩闹，到我出差时能自觉完成复习任务……十天的观察，每天他都会呈现一个不一样的、向上的状态，我把写给他日记整理成一篇名为《你的明天会很美》的文章，发表在《新班主任》杂志上。极不善言辞的他写来一封长信，题目是《我的明天会很美》。他告诉我，这是感谢，也是承诺。

师生之间，因为关爱才更加和谐，因为和谐，数学课堂才有温暖，才有情感的色彩。

二、课堂与学生：因为懂得，所以参与

数学课程标准一直在强调"学生主体、教师主导"的地位和作用，叶澜教授说："课堂应是向未知方向挺进的旅程，随时都有可能发现意外的通道和美丽的风景，而不是一切都必须遵循固定线路而没有激情的行程。"

要寻找"意外的通道"、发现"美丽的风景"，必须有真实的学生的参与，怎样才能有真实的学生的参与呢？一批数学教学类的书籍，此时成为我的"良师"，更新着我的理念，改变着我的教学。

读郭思乐教授的《教育走向生本》时，里面的一个经典的例子让我记忆犹新："当鞋子合脚时，脚就被忘记了。"是呀，学生行走在学习数学的路上，老师能否成为学生"合脚的鞋子"？课堂能否成为学生"合脚的鞋子"？这样学生的关注点不再会放在脚上，而是可以尽情地以自己的方式思考、探索、发现、获取。

为此，我在教学中做的第一个改变就是从学生的角度备课、设计问题。这是一个说起来容易做起来难的课题，从学生的角度出发，就要了解学生的认知规律，了解学生的学习心理，了解学生的知识基础，了解学生接受程度……为此，我又阅读了孔凡哲教授的《数学学习心理学》、特级教师庞齐福主编的《初中数学有效教学》等书籍，从心理学、教学论、教学方法等多个层面提升认识、改变做法。

在课堂组织形式上，我也进行了有效尝试，如开展小组合作学习。如何分组才有效？几人一组能最大限度地调动每一个组员参与的积极性？男生女生怎样搭配？成绩领先的学生与成绩暂时落后的学生座位怎样安排，才会在保护自尊的基础上实现有效的帮助？……我在张素兰老师的《合学教育——打造教学动车组》一书中找到了这一系列问题的答案。当然，只有组织形式的变化，没有恰当、及时的评价，合作、参与都会流于形式。

在读完艾伦·韦伯的《怎样评价学生才有效——促进学习的多元化评价策略》一书后，我结合学校推进的自主评价模式，在数学课上，我给每个小组都设立了一名"观察员"，负责评价小组的学习状况、合作状况、回答问题的情况等。这样，评价不再是老师的一言堂，而是能够充分发挥学生的主动性；评价也不再只指向结果，更多的是指向学生的学习过程。

学生在数学课上感受到被信任、被尊重，就会更愿意参与到数学活动中来，不仅在参与中展示自己、获得自信，也在参与中感受探索知识的快乐、融入课堂的幸福。

三、数学与学生：因为热爱，所以多情

随着阅读面的拓展，数学教育之外的文学作品也成了我的挚爱：张丽钧的散文、曹文轩的儿童文学……每当在感人的故事中流连、在隽永的文字中往返，

我便想：数学，是否可以改变严谨刻板的一面，变得有故事、有才情、有趣味、有感动？

为此，我带着学生读名家童话、写数学童话。开始学生不会写也不敢写，不是弄错了数学知识就是失了童话的天真。随着不断地阅读，不断地练笔，一个个数学形象在学生的笔下鲜活起来：数轴成了一条没有尽头的街道，0成了数学城中的调皮鬼，π是进入有理数国的奸细……伴着这些生动的"数学人物"，数学课变得活泼起来，数学课本成了有"故事"的书，学生在童话的世界里亲近数学、认识数学别样的美。

我也尝试着带着学生用诗歌的语言描绘数学，为了使学生的表达不失数学的味道又兼具诗歌的优美，我们在课下一起研讨数学知识，一起读朱自清、席慕蓉、舒婷、余光中……兴致所致，数学课堂上也会有诗的应和：

如"轴对称"一课，我以一首《我和你》开始新课：

你在前，纤细妖娆

我相背，体态多娇

你在左，丰腴妩媚

我在右，圆润相陪

你是水中的倒影流光

我是水边的群山叠翠

你是镜前的明眸皓齿

我是镜中的眼波顾盼

我们只相隔

一条窄窄浅浅的线

而你

却是我今生相望的此岸

也是我永生无法抵达的彼岸

下课时,学生以一首《轴对称》结尾:

"完美"是你的代名词

"和谐"是你的介绍函

你是水中倒映的赵州桥

"初月出云,长虹饮涧"

你是雄伟壮丽的天安门

红旗飘飘,直上云霄

你是魅力无限的剪纸、脸谱

变幻莫测,异彩纷呈

每当想起你的名字

总是那么亲切

用对称点构图的魔术师——轴对称

因为有着对数学的爱,所以我在阅读中更愿意读那些温暖、柔美的文字,更愿意以一种多情的方式,将对数学的情感恰当地表达。

作为一名数学老师,我喜欢读书,喜欢在书中寻找心灵的归宿和职业的价值,喜欢在书中汲取力量、排除烦恼,喜欢用书籍点亮的生活,喜欢用阅读丰富的数学教育。

浅谈在生物课堂内外培养学生科学防疫的观念

■ 张恩卿

新型冠状病毒肺炎（以下简称新冠肺炎）疫情来势汹汹,经过全国人民的不懈努力,疫情已经被成功控制。得益于医药科研工作者的努力,很多药物已经用于新冠肺炎的治疗,新冠肺炎的疫苗也已经研制成功。作为一名高中生物教师,我为祖国的强大而骄傲,也为全国人民表现出来的团结精神而感动。同时,我在思考如何在课堂内外培养学生科学防疫观念,培育学生的家国情怀,力图利用教育的力量为祖国的繁荣昌盛做出一些新的尝试。

一、传播生物学知识,培养学生的家国情怀

疫情肆虐,相关单位的科研人员在工作岗位上致力于研究新冠肺炎病毒的形态、结构和致病机理,力求能够从根本上遏制病毒的增殖,进而彻底消灭病毒。这些研究的基础都是生物学知识。只有认识到病毒的本质,才能发现病毒,遏制病毒,预防病毒感染。

每当我站在讲台上,望着青春勃发的年青一代,我就深知,他们是中国的未来,是中国的希望,只有他们热爱科学,怀有一颗投身科学的报国心,中国科学技术才会发展得更快,我们才能在世界上更有发言权。而我,有责任和义务培养学生的科学精神,唤醒学生的社会责任感,培育学生的家国情怀。

二、结合生物学科的核心素养,渗透关爱生命的观念

在生物学的课程标准中,生物学科的核心素养包括生命观念、科学探究、科学思维和社会责任四个方面。在培养学生生物学科核心素养的同时,如何培养学生关爱生命的观念、科学认识疫情是近期我在教学中面临的新课题。

第一,"生命观念"。"生命观念"涉及如下几个关系。首先,病毒结构和功能的关系,即结构决定功能。病毒的结构决定病毒的功能,只有认识病毒的结构,才能抑制病毒的增殖。其次,进化与适应的关系,因为病毒的遗传物质容易发生变异,需要科学工作者随时关注病毒的变异,及时调整防治方案。再次,稳态与平衡的关系,病毒会影响人体体内环境的稳态,使内环境的理化性质发生变化,医务工作者需要及时采取措施,恢复和维持内环境的稳态。

第二,"科学思维"。"科学思维"包括归纳、模型、概括、推理、建模、演绎、批判性思维和创造性思维。利用这些思维方法,科研工作者可以对治疗期间的原始数据进行分析,得出准确的结论,用于指导进一步的防治方案。

第三,"科学探究"。"科学探究"包括确定课题、做出假说、准备材料、设计方案、实施方案和记录结果,以及根据结果得出结论,最终进行评价和交流。科学探究是对未知知识的探知过程,要求步骤严谨、逻辑合理和数据全面,这样得出的结论才有说服力。作为一种新型病毒,新冠肺炎病毒的结构、增值和传染方式都是未知知识,需要科学工作者利用科学探究的思想去探索,这样才能少走弯路,尽快战胜病毒。

第四,"社会责任"。提升社会责任感,需要学生参与社会事务的讨论,做出理性的解释和判断,主动宣传关爱生命的观念和知识,并崇尚健康文明,成为健康中国的践行者。在疫情期间,作为年轻一代,这些社会责任显得尤其重要。

生物学科核心素养在逻辑上有一脉相承的关系。"生命观念"强调的是生物学各个知识点之间的关联和辩证关系;"科学思维"是使用合适的思维方法对已有的科学知识进行理解和思考;"科学探究"是采用一定的方法,对未知的知识进行探索研究;"社会责任"是学以致用,将学到的知识服务于个人和社会,使知识的力量得以释放,使个人价值得以提升,使个人情操得以升华,这是教育的终极目的。

三、立足课堂教学,科学认识免疫和病毒

首先,学好免疫学知识,认识人体抵抗病毒的武器。人体的第一道防线是完整的皮肤和黏膜,它们可以在一定程度上阻挡病毒的入侵。和皮肤相比,黏膜的保护作用相对弱一些。当讲到这些知识的时候,我就请学生们分析人体哪些部位有黏膜,如何阻止病毒穿过黏膜入侵机体。学生分析认为,眼睛、鼻子、嘴巴等部位有黏膜,外出的时候要戴口罩和防护镜,不要用手摸黏膜部位,不能揉眼睛和鼻子,不要不洗手就吃东西,等等。他们惊奇地发现自己分析得出的结论和宣传栏的"新冠肺炎防护措施"是一致的。知道了这些道理之后,学生们对防护措施不再抵触,也不再感觉防护步骤烦琐,而是自发地执行防护措施,并监督家庭成员做好同样的防护措施。另外,在公共场所,学生们还劝诫思想认识上有松懈的市民认真戴上口罩,保持合适的间距。

其次,掌握病毒知识,知己知彼,百战不殆。在生物课堂上,学到病毒的相关知识时,很多学生对于艾滋病毒只能在体外存活几秒而新冠肺炎病毒却可以存活几天感到迷惑。为了解答学生的迷惑,我和学生分工合作,有的学生去图书馆查阅专业书籍,有的学生用电脑搜索,有的学生进行资料汇总。经过学生们的辛苦努力,最终圆满解答了疑惑。在整个过程中,学生既学习到了科学研究方法,又深深地感受到集体的能量,大家齐心合力,共同解决疑难问题。

四、参观国家重点实验室,感知社会责任

新冠肺炎的疫苗研究成功,使学生们为中国速度而惊叹,同时大家也非常想了解科学家们是如何看到微小的病毒,又如何研究得到疫苗的。虽然查阅了很多资料,相互之间共享了一些信息,对病毒和疫苗有了简单的认识,但大家非常想看看疫苗研制过程中所用到的各种高精尖的仪器和技术。对此,学校联系南开大学,师生获得了一次到南开大学药物化学生物学国家重点实验室学习的宝贵机会。整个学习过程可以分为四部分。

（一）结构生物学平台

首先，师生了解了学习透射电子显微镜和冷冻透射电子显微镜。电子显微镜能够对高度复杂的生物大分子的结构及其相互作用进行研究。工作人员为学生们展示了电镜下的蛋白质分子和病毒颗粒的基本形态。利用电子显微镜，有望观察到新型冠状病毒的外壳蛋白，探索病毒的侵染方式，从而找到遏制病毒侵染人体细胞的方法。

（二）高通量分子药物筛选平台

在小动物活体成像实验室，学生们认识到小鼠活体成像系统。工作人员首先对小鼠进行麻醉，然后往小鼠体内注射荧光物质，通过对荧光物质的检测来测试小鼠体内肿瘤的生长及转移情况。现在这个系统已被广泛应用于化学材料及药物的研发。这项技术之前在生物书上出现过，学生亲眼所见，纷纷感叹于高精尖技术的飞速发展。

（三）显微成像平台

在实验室显微成像平台前，专家讲解了活细胞工作站、激光共聚焦显微镜、超高分辨率显微镜、荧光显微镜等相关知识，并展示荧光显微镜下树根玻片的模样，让学生了解到如何将观察到的细菌与病毒从"静态"变为"动态"。

（四）生物活性材料研究平台

最后，学生们走近生物活性材料研究平台，近距离了解3D打印技术，观察3D打印的过程。3D打印技术在生活中应用广泛，现在已经可以进行细胞3D打印。首先设计好计算机模型及三维结构，然后，通过打印技术将细胞、生物材料在特定的空间位置得以呈现。目前，已经成功构建了人体软骨、皮肤、肌肉、神经等组织。另外，现在可以根据病毒的结构进行模型构建，然后进行3D打印，使人们更加直接地认识病毒的结构。

通过这次参观学习，学生们感慨万千，大家不但接触到了科学发展的前沿知识，开阔了眼界，也了解到当今技术的迅速发展，体会到了我国综合国力的增

强,增加了对科学探索的兴趣。大家期望有一天,自己也能成为在光荣的科学探索路上的一员。

科学是祖国强大的基础,学生是祖国的未来。生物学教学承担着将生物知识传输给学生一代的重大责任,因此无论是在课内还是课外,应该时刻渗透生物学科素养,使学生能够关爱生命,崇尚健康,成为健康中国的促进者和实践者。

第六章
双主合作
主导性和主体性的统一

教，不是简单的给予，学，也不是简单的接收。新时代的思想政治课程建构，必须要坚持主导性和主体性的统一，发挥学生主体和教师主导的协同，以此提升思政育人质量，切实担负起铸魂育人的历史使命。这一特点在班主任的班级管理工作中尤其明显。作为班级建设的主导者，班主任肩负着价值塑造、素质提升等思政育人功能，需要不断加强自身素养，拓展学科视野，以引导学生成长、夯实其思想信仰基石。与此同时，班主任不断探索学生的认知规律和接受特点，改革教学方法，提升学生学习思考的主体能力，让学生主动参与、融入班级，把所学所得转化为内心的动力，实现成人成才的统一。

核心素养理念下的班级管理策略创新思考

■ 康晓丹

当前,以学生核心素养推进教育改革与发展已成为国内外教育领域的共识。核心素养理念下,对学生价值观、思维、品格、健康、能力、公民与社会素养等方面的培养,已经成为中外教育关注的焦点。核心素养培养理念下,学校班级管理面临着新的挑战。

一、树立生本理念,引领学生"起航"

教育的根本功能是促进人的成长和发展,所以笔者的带班理念为"育人为本"的教育观,"人人成才""人才多样"的人才观,"平等信任"的师生观,"构建自主"的激励观。

二、培育核心素养,激发学生"竞航"

基于《中国学生发展核心素养》的要求,笔者的工作思路是:把核心素养做到了校本化理解和校本化表达,分别从铺开学会学习的"路"——善学、拨动人文底蕴的"弦"——尚美、敲响科学精神的钟——求真、搭建健康生活的"桥"——成我、开启实践创新的"窗"——力行、描绘责任担当的"画"——利他六个方面进行了提炼,切实解决了学生们认为核心素养距离自己太远的困惑。

(一)开展多元活动,助力学生"远航"

丰富多彩的活动,可以诱发学生的积极性和创造性。没有活动就没有教育。集体里每一个成员的全情投入都是一种体验,体验越深,集体归属感就越强,班

级凝聚力就越大,自主教育才能得以实现。

1.班级日记,凝聚温暖。记录"班级日记"的活动,让每个学生都有主人翁意识,拉近了学生之间的距离。孩子们用他们最真诚的语言记录着自己成长中的点点滴滴。日记内容活泼,形式多样,有漫画、有诗歌、有散文等。"班级日记"让大家感觉到了家的温暖。

2.角色激励,学会责任担当。班集体根据每个学生的特长,向所有的学生都提供了"角色岗位",全班有32名学生,就有32个角色岗位,如文明标兵、值日班长、小笑星、小记者、小书法家、百灵鸟、问问题少年等。让学生通过一个个角色的扮演来创建班集体的自我管理机制,极大地满足了学生参与的需求,使学生在实践中学会责任与担当。

3.主题班会和自主班会结合。班级在每个学期都会定期召开与班级目标、学校主题月相关的主题班会,围绕这些特定的主题对学生进行思想、行为、心理的教育,促进学生健康人格的形成。另外每隔一周的自主主题班会能够让学生们充分发挥自己的特长和爱好,进行自我展示,大家收获的不仅是能力的提升,还有自信的增长。

4.全面培养,适应未来。我们的教育不仅面对的是学生的一生,更是面向未来、面向社会的教育。我们开设安全知识讲座,从校园安全到公共安全,从紧急疏散到消防演练,学生们懂得了生命高于一切的原则。笔者还邀请往届毕业生,来学校给学弟学妹做青春期心理健康指导,同龄人的交流,效果远远好于老师的说教。

(二)注重语商教育,提升人文"导航"

学校语商教育系列主题活动深受学生喜爱。如经典诵读、熏陶书香,晨读时光、朝闻在手,读书交流、共享所得,角色演讲、拓宽视野等活动,提升了学生的审美情趣、人文情怀。

（三）小组合作，组织学生"群航"

班级合理创建学习小组，形成小组文化，增强小组合力。此外，班级成立积分俱乐部，在黑板上设立小组积分专栏，增强竞争合作能力。班级定期开展交流、评选优秀小组，组际、组内之间形成竞争与合作的关系，学生们为自己而努力，更为集体而努力。

（四）班级自主管理，为学生成长"护航"

对于班级管理，笔者一直信奉"自主原则"，始终信赖学生，相信他们有能力把自己管理好。

1.建立科学的班级目标。全班集体商讨出班训、班风、班徽及班级目标。在达到目标的过程中完善自我、健全人格。在建立班集体之初，我们全班学生认真学习了中学生行为守则和日常行为规范，集体商讨出班级总目标、月目标、周目标、小组目标等。这些目标会放在目标栏中进行公示，以此来激励大家达到目标。在目标的设计上，尽量细化到具体的事情上，让学生"跳一跳、做一做"都能达到，进而在达到目标的过程中完善自我，健全人格。

2.班委会建设。班级的班委会"专人专责"与"值日班长"双管齐下，实现学生自我管理。

3.让班级各项工作有法可依、有章可循。以前笔者总是采用向学生"约法三章"的办法，规定学生应当怎样做，不应当怎样做，要求学生严格执行。但是执行过程中，有些学生不买账，有些学生直接挑战规章制度，使教师很被动。现在，笔者尝试发动学生共同讨论制定班级规章制度，使学生体会到班级的规章制度不是对他们的"管、卡、压"，而是有利于班级各项工作顺利进行的保障，有利于满足自身的正当需要，这样学生才能由被动受管束变为自我约束。

4.设立日常惯例清单，学会利他。日常惯例会让学生有一种秩序感和稳定感。学生们一起设计班级日常惯例清单，每人都有负责的班级事务。班级设立轮流机制，每周轮换各项事务，学生们学会为自己的行为负责，在他人身上看到

真善美,学会利他。

5.创新解决方案,激发学生自主管理的创造力。班主任每天都要处理许多学生之间的问题,笔者会借助选择轮、和平桌、微型班会等方式让学生从被动受管束转变为学会自主解决问题。如笔者在主持微型班会时的常用方法是:说出问题——共分享;角色扮演——换位想;头脑风暴——提方案;选择方案——定期限;跟踪方案——求改进。这些方法赋予学生自己解决问题的力量,当班级管理建立在相互尊重的基础上,学生的自主管理才能实现。

(五)科学评价、鼓励成功的奖惩强化系统,为学生"助航"

学生个体目标的实现,是班集体目标实现的保障。因此,学生们实现分解的阶段目标的过程中,公平奖惩是促进班集体激励机制正常运作的重要环节。如笔者班级会定期开展总结评比,对进步较大的学生和各方面的标兵,对班集体取得的成绩和个人的进步都予以表彰和奖励,奖品有些是证书,有些是满足学生的兴趣要求。班里有一位学生特别喜欢相声,以至于耽误了学习。

于是学生们一起为他制定目标,如果他能够在连续两次单元检测中达到班级平均分,就允许他在自主班会时间为大家说相声。这位学生的学习积极性果然有了很大的提高。

再有,我们每个月评比出十位"明星"。评选标准范围很宽,争取让每个学生都参与竞争。如学习进步明星、好人好事明星、出勤明星、最佳表现明星、优秀作业明星、问问题明星等。再有笔者坚持奖罚分明,公正合理,该奖则奖,该罚则罚,以奖为主。奖惩的措施也由班委会组织学生商定,教师把关。

三、积极教育反思,自我充电"续航"

在班主任工作的过程中,需要一颗热情、灵敏的心,需要我们对习以为常的现象反复琢磨,进行实践、学习、反思。

在教育飞速发展的今天,面对不同层次的学生,教师应保持对工作的热情,对学生的观察更加用心,始终关注学生的学习状态、成长状态。学生是不是对学习充满热情,是不是对自己充满自信,他的人生态度是不是乐观,精神面貌是不是积极向上……观察是很重要的事情,我们不仅要观察学生,也要觉察自己,对学生进行温和而坚定的指引。温和是一种情感态度,对学生不威胁、不暴躁;坚定是一种行为态度,言传身教,身体力行,用心观察,拨开云雾,教师应看到学生行为背后真正的需要,用爱心、耐心浇灌,静待花开,做学生成长的领航人!

班级特色文化引领的学生自主型成长模式初探

■ 侯 霞

当前,国家积极稳妥地推进文化改革发展,反复强调对学生进行培育,践行社会主义核心价值观,提高文化软实力。班级文化是学生思想工作的重要载体,笔者在班主任工作中着重建设特色班级文化,营造特色积极的文化氛围,充分发挥文化的引领作用。

一、问题的提出

(一)班级文化建设

根据教育部制定的《中小学德育工作指南》,班级学生自主设计主题突出的黑板报、与时俱进的特色班刊,定期更换的"书香角",发挥物质文化的育人作用。班级通过学生一起制定班级公约,设计班徽,确定班训及班级目标,让每个学生都参与其中,探索确立班级特色管理模式,发挥制度文化的育人作用。班级通过形式多样的活动构建和谐友好的人际关系,培养学生助人为乐与协作精神,发挥精神文化的育人作用。

(二)自主型成长模式的重要性

近年来,我国基础教育界关于"培养什么人"和"如何培养人"有许多很好的学术讨论、政策研究和实践推进,无论"核心素养"还是"关键能力",其要义都是促进学生全面而有个性的发展。其中,重视并促进学生的自主发展是共识。从内涵上看,自主发展教育至少包含两层含义:其一,强调学生要具有终身学习的意识和能力,学会自主学习;其二,提倡教育要培养学生应对复杂环境的能力,教会学生健康生活。高中阶段学生处于15~18岁的年龄段,正是学生生理和心理方面快速变化和发展的阶段。但学生身心发展不平衡会导致成长不稳定现象的出现,学生在"成熟"与"幼稚"之间可能会有大范围的徘徊。作为教育工作者,学生既有渴望独立的心理,又有合作交流的期盼;既需要重新建构自我,又会有徘徊犹豫的矛盾心理,需要教师不断引导,构建并形成积极健康的自主管理能力。

(三)培养目标

1.培养学生敏捷的智慧、丰富的内涵、鲜明的个性、多样的爱好。

2.结合学校特色"语商"文化提升学生的表达能力、沟通能力、协作能力。

3.提升学生"人文底蕴""科学精神""自主发展""责任担当"等核心素养。

二、实施班级特色文化引领的方法和步骤

(一)创建文化展示平台,找准文化建班的"立足点"

班级文化是班级发展的动力,为此我们创办班刊《逐光》,并面向全校师生刊发。在《逐光》的创刊词中,学生们写道:"'逐光'取自梁启超的《少年中国说》,意为'旭日东升,前程光明'。《逐光》是由六班学生群策群力、回应学校语商文化的成果,我们相信,在全班学生的共同努力下,《逐光》一定会拥有巨大的读者群体。"

笔者在班刊《逐光》的创刊号中写下了班主任寄语:"十六岁是花季,十七岁是雨季,十八岁便是金色的收获季节。有幸陪你们度过人生最无忧无虑、多姿多彩的年华,有幸参与你们由青涩向成熟的蜕变,有幸在你们人生最重要的历练中与你们并肩作战。《逐光》是公众的平台和窗口,期待六班的学生们通过它展现自己敏捷的智慧、丰富的内涵、鲜明的个性、多样的爱好,通过它提升自己的表达能力、沟通能力、协作能力,展现理科生特有的浪漫情怀,通过它在自己的青春修炼手册上留下永不会磨灭的印记。"

由此,《逐光》便开始成为班级文化和学生自我教育成长的展示平台。学生以小组为单位承担编辑和撰稿工作,三年来共编写稿件110篇。除了展示各种班级活动,《逐光》还公示了班风、班训、班级公约,供大家监督执行。《逐光》中更有多彩的主题,涵盖了美国总统大选等时政热点问题,校园运动会、篮球赛、微电影拍摄等身边的事件,还有时尚电影评论、对各种科学前沿问题的探讨。当看到《逐光》放在楼道展示栏里被教师和其他班级的学生围观时,大家脸上流露出的是维护集体的自豪感和责任感。

为了增加班级归属感,学生酝酿半年,独立填词、谱曲、创作了班歌——《美丽的梦想》。班歌曲调欢快而坚定,歌词中融入了班风——"友爱 诚信 拼搏 超越",班训——"自律自强 博学笃志"。班歌唱出了学生们对自己的激励和对未来的追求。笔者还组织学生设计特色班徽,多彩旋转的雨滴完美地切合在正六边形内,显示了六班团结的力量,而中间金色的标志性的飞机楼建筑必将承载着学生的梦想,记录下大家高三走出学校时的辉煌。

(二)创建班级管理文化,确立民主管理的"风向标"

为了发挥制度育人功能,班级实行"人人岗位责任制",培养学生的自强自理能力。此外,在"岗位责任制"中表现突出的学生,能够通过民主选举进入值日班长行列,让他们成为有执行力的核心团队。每天都有一位值日班委统管班级事务,大到学校开会,小到卫生、午自习,每日责任到人,每人熟悉所有管理流程,既任务均衡,又增加了使命感和责任心。班级结合学校的各种行为规范评比,每周开一次民主总结会,全体学生树立了"每一分放纵换来更多束缚,每一分自律得到更多自由"的理念,全班有高度的自我管理和互助管理能力,能够形成积极向上的正能量。

(三)传承传统感恩文化,画好家校共育的"同心圆"

感恩是中国传统文化的内核,为了进行感恩教育,班级开展"给家长一封信"活动,给学生们创造一个向父母吐露心声的机会。学生小王是一个不太爱说话的大男孩,青春期的他免不了与家长产生小摩擦,但在给家长的信中,他细致地画上了山水画,并配上诚恳的文字:"亲爱的爸爸妈妈,曾经的孩子已经成长为少年，我不敢说会百分之百听话，只能说会尽量让你们省心。"小王妈妈读信后激动得泪流满面，反馈说自己没想到平时不太说话的儿子能这么理解自己，感到很欣慰。把心底的爱表述于纸面，能够使得亲子关系得到显著改善，使学生在家校共育的"同心圆"中得到自主成长。

新年伊始，笔者亲笔给每一位学生写寄语。学生小章的家长都在美国，他与外祖父母居住，笔者便给他写："你是一个自立又有责任心的孩子，相信你可以遇见更好的自己，记得你不是孤军奋战，老师一直在你身边。"学生小陈是外地务工人员的子女，家里有三个孩子，除了她之外，都因为成绩不好没有接受高中教育，于是笔者鼓励她："无青春，不奋斗，你的命运是掌握在自己手中的！"联欢会上，全班面对大蛋糕许下誓言："虽非同年同月同日生，但愿同年同月同日金榜题名！"学生们自觉地将蛋糕分给老师及物业师傅，感恩任课老师的谆谆教诲，感恩学生间的倾心互助，感恩物业师傅的辛勤付出。

（四）开展丰富的实践活动，投入自主成长的"大熔炉"

笔者组织学生参加学校党课学习，观看爱国影片，传承中华传统文化，排演课本剧，多名学生在经典阅读写作评比中获奖。在辩论赛上，学生舌战群雄，勇夺桂冠。

为帮助学生做好职业生涯规划，笔者邀请高校专家开设"教授大讲堂"，让学生们对不同专业的就业前景有深层次的了解；带领学生走进国投北疆发电厂和大神堂风力发电厂，感受家乡先进的生产技术，参观结束后，有位学生在微信朋友圈中写道："今天到家后，打开电灯时有了一种特殊的感觉。原来在课堂上学电学的时候只觉得这些都是理论上的内容，但是今天通过参观，真的觉得是知识与技术改变了世界，觉得自己好渺小……"学生在活动中得到了自我成长。

笔者结合新时代特点、热点定期召开主题鲜明的班会："学习经验交流"充分发挥了生生互动引领教育的作用，分享方法效果显著；"我的社会主义核心价值观"鼓励学生围绕理论难点、时事热点开展讨论，大家通过多种表演形式使社会主义核心价值观深入人心；"缅怀革命先烈"在周邓纪念馆召开，使大家重温爱国情怀；"强化安全意识"帮助大家增强自我保护能力；"十年之约"为大家勾画了未来的图景和奋斗的目标，引导学生把个人的青春梦、成才梦融入"中国梦"；"关爱学生，预防艾滋病"，班会带领大家观看宣传视频《断层的生命》，对学生进行性教育。由本班学生导演并拍摄的反映自闭症的微电影《青春昭昭》，参加天津市和平区心理微电影大赛并获得一等奖。丰富多彩的活动统一的是思想，提升的是素养。

班级利用传统节日、重大历史事件设计主题教育活动，促进青年学生思想道德水平提升。在祖国华诞之际"为祖国献礼"；开展学雷锋活动，维护校园设施、慰问孤寡老人、组织校园义卖，尽绵薄之力奉献爱心。班级宣传保护环境、节约能源，倡导"地球熄灯一小时"。在活动中强化了学生对国家和社会责任担当的核心素养，充分发挥了精神文化的育人作用，使学生得到全面的发展。

三、成效与反思

多彩的班级文化如春风化雨，育人无形，经过探索和实践，初步取得了一定的成效。笔者所带班级连续三年被评为区级优秀班集体，其中2017年度被评为市级三好班集体，获校运会第一名、最佳优秀队列奖、第八届辩论会第一名。班级的学生被评为天津市最美中学生，获天津市机器人大赛一等奖、无人机大赛三等奖、高校科学营优秀营员、全国英语演讲比赛一等奖、校级辩论会最佳辩手；通过日语三级、韩语一级考试，征文四人次获奖、英语竞赛四人次获奖、区运会四人次获奖等。

生本教育倡导教师成为生命的"牧者"，而笔者也希望自己为之努力的教育不是什么都管，也不是什么都不管，而是在管与不管之间的"唤醒"。因唤醒学生的自尊心和责任心而使其自律，因唤醒学生的信义仁孝而使其担当，因唤醒学生对前途的思考而使其自强。少年强则国强，在我们唤醒一个少年的同时，也将唤醒一个家庭、一所学校甚至是整个社会的未来！

以语商促情商，在班级活动中加强思政教育

■ 张　珵

党的十九大提出："要全面贯彻党的教育方针，落实立德树人根本任务，发展素质教育。"学校的办学理念"让每一个学生自信而愉悦地走向未来"恰好与之相呼应，为此学校开展了一系列独具特色的语商教育活动。语商教育离不开教学，更离不开育人，作为学生德育工作的中坚力量，班主任在建设并丰富班级文化的时候应该结合学校实际，充分发挥语商教育的优势。

一、工作理念

教育家杜威认为："教育的本质是经验的不断改造和改组。"杜威强调在"做中学"。因此，想要形成良好的班风、学风离不开文化活动和班级精神建设。班主任应通过班级文化活动创造性地塑造学生高尚健全的品质，促进学生全面发展。因此笔者的带班理念是：以语商促情商，在班级活动中加强思政教育。

二、方法策略

（一）利用主题班会进行思政教育

班主任应该利用好班会时间，系统、有规划地引导学生组织开展有意义的主题教育活动，让学生在活动中提高语商能力，树立正确的人生观、价值观。

作为初始年级的班主任，笔者组织班里学生策划了名为"为国之玉，成国之器——践行社会主义核心价值观"的主题班会。从个人层面的"爱国、敬业、诚信、友善"四个方面对学生进行了社会主义核心价值观的教育，学生也在这次班

会活动中有所触动。高二年级则可以以各种节日为契机，或培养学生的某种品格，或提高学生的某种意识。如国庆节可以树立学生的爱国精神，组织学生说一说当今中学生的爱国表现；植树节、世界地球日可以提高学生的环保意识，以"环境保护的主要问题是不是金钱的问题""环境保护是意识问题还是技术问题""文化遗产以开发为主还是以保护为主"等为主题展开辩论会，引导学生对环保问题进行思考。对于毕业年级则应帮助学生树立人生目标，引导学生树立人生梦想，思考未来的发展方向，为高考后选择专业做铺垫。

丰富多彩的主题班会活动可以让学生在轻松愉悦的氛围之中树立正确的人生观、价值观，同时班会课可以给广大学生提供表达自我、展示自我的机会，这样既提高了学生的语商水平，又达成了"乐学"的语商要旨。

（二）利用"在国旗下演讲"激发学生的爱国热情

每周一的全校升旗仪式一般只有15分钟，学生回班后，剩下的30分钟往往就成为了"默小条时间"。我们恰恰可以利用好这半小时，给更多的学生"在国旗下演讲"的机会。每个教室都有五星红旗，给每个学生在国旗下演讲的机会，可以激发学生们的爱国热情，营造班级文化氛围，这种文化氛围会潜移默化地熏陶、感染着每一个学生，让大家自觉地把自己塑造成"品质优、品位高、品相佳"的"三品学子"，实现语商教育中对学生"品端"的培养。

（三）创造发言机会，传播正能量

没有大型活动也可以给学生创造发言机会。如每次大考排名后，可以以此为契机组织学生交流学习经验。为鼓励学生积极交流学习经验，班主任可以制作奖状，颁发给综合成绩前三的学生、单科状元及进步突出的学生。

例行的学校安排可以放手交给学生去做，如每学期的安全教育及问卷调查。我们可以利用好这个机会，把安全教育的工作交给学生，让学生准备安全教育视频及其他事实材料，共同讨论问卷题目。这样既能有声有色地将安全教育落实到实处，又能锻炼学生的语商，使活动更有意义。

班里的常规工作也能为学生展示自我提供契机。在选举班委之前，班主任可以组织即将参选的学生进行竞选演说，从讲稿、语气、神态动作等方面进行雕琢。班委选举之后，班主任还可以组织当选班委发表就职宣言，郑重地向学生们承诺自己将会切实履行班委职责、以身作则。为提高学生参选的积极性，引起全班学生对选举班委的重视，督促学生认真准备竞选演说及就职宣言，班主任可以制作班委任职聘书，让选举工作正规化、正式化。

（四）创建班级特色活动

紧张的学习生活，让很多学生习惯于听课、做作业、参加考试，变得越来越不爱"玩"，越来越不会"玩"。我们开始琢磨怎么带着大家动起来，创建各种有意思的语商活动，寓教于乐，严肃又活泼，使得学生能够在语商活动中增长知识、立德树人。结合语文学科教学，我们组织了几项具有语商特色的活动：

1.国学常识小竞赛。平日的被动学习让学生对知识的渴求越来越少，自主学习的要求不断降低。针对这样的问题，笔者尝试在语文研究性学习课程上组织一些国学常识的小竞赛，调动学生自主学习的积极性，同时国学经典中蕴涵着丰富的人生哲理，我们可以通过活动，让学生在游戏中既能获得知识，充实自我，更好地应对越来越灵活的高考，又能树立起正确的人生观、价值观。

2.美文共享活动。年级每学期都会举办一次美文共享活动，并将其作为经典诵读的延伸。利用阅读课的时间，每个学生朗诵一段自己喜欢的美文片段，或是抒情散文，或是人物对白，或是经典的文言文。活动之前，学生需要精心地选择朗诵内容，在自己阅读的众多文字中选取最能打动自己、最能打动别人的片段，分享给其他学生；活动中，为了使自己选取的片段能够更好地感染学生，每个学生需要想办法使自己的朗诵声情并茂，更加富有感染力，很多学生为了表明自己是真心喜欢所选片段，干脆将朗诵内容背诵下来，还有的学生特意设计了一些肢体动作配上背景音乐，有的饱含深情，有的富有气势；活动后，全班学生评选出最具表现力奖、朗诵最佳奖、选文最佳奖，并由年级统一印刷各班选

出的"最佳选文"发放给每位学生共同阅读。每学期的美文共享活动让学生们在读书的时候更加用心,更加留意那些精美的片段,也更加有收获,不再走马观花、浮于表面。

3.假期作业大家提。平日的家庭作业都是老师布置给学生,学生再被动地去完成。对于假期作业,笔者不想再以落实课内知识为主,而是转向课外拓展。假期是学生增长课外知识的最好时机,因此假期作业的布置笔者采取了另外的形式,交给学生自己。让学生做自己喜欢的作业,他们不会再为写作业而怵头,作业的意义也就实现了。提作业的方式为"我布置的作业为……原因是……"。学生们的想法五花八门,远比《寒假作业》那本都是题的小册子要有意思、有意义得多,笔者从大家提供的假期作业中挑选了几个可行性强的,整理成作业单下发给每个学生。终于,写作业也成了有意思的一件事。

以上的班级活动不仅受到了学生的欢迎与喜爱,也切实提高了学生的语言表达能力。学生们在各种语商活动中都取得了不小的成绩,大家性格变开朗了,变得更加善于表达,可以更加乐观地面对学习生活中出现的各种问题。

巧用心理学，助力学生健康成长

■ 张红俊

2017年全国性高考改革陆续展开，并在实施过程中得到完善。天津作为第二批开始实行高考改革的城市，目前的政策是"六选三"，这种选择共有二十种组合模式，学校以"选课走班"的模式满足了所有学生的选择。在选课走班模式下，班主任工作遇到了巨大的挑战，作为"被选择"的六科之一的教师，担任班主任遇到的困难就更大。

作为一名化学教师，做班主任工作是要面对一些尴尬状况的：行政班中可能只有几个人在教学班。如何在没有教学支撑的前提下了解新组建班级的学生就成为一个需要研究的问题。

首先要与学生有效沟通，沟通坚持三项原则：一是真诚，发现每个学生的优点，真心喜欢每一个学生；二是尊重，尊重学生的个性发展，做到沟通有边界：分清楚自己的、学生的、班级的；三是理解，考虑学生的年龄特点、家庭背景，理解学生的行为，宽容他们的不妥当：他们是孩子，允许犯错误。理解之余要耐心沟通，引导学生认识到问题，尽力从根源上解决问题。

一、善于使用心理学的积极作用与学生沟通

（一）避免"首因效应"等印象相关的消极影响

高考"六选三"预选，笔者的班级只有四个学生选择了地理作为等级性考试科目，作为班主任我察觉到异常，迅速深入学生中了解情况，找到了根源。地理

老师曾经在初中部教过学生小刘,小刘一直不喜欢地理老师,在学生中发表过一些关于该老师的负面看法,受其影响再加上其他原因,本班学生大多不喜欢地理课,而实际上该老师在其他班级一直很受欢迎。

由此可见,印象形成过程中的首因效应和光环效应会对我们的教育教学工作带来极为不利的影响。为了排除这种不利影响,需要正确对待第一印象,师生均要学会以发展的眼光看待事物;多方面了解情况,全面客观地分析和评价他人,不能因一时一事给其他人贴标签。

(二)警惕"责任分散效应"

寒假研究性学习时有一位小组长给我发私信,说自己威严不够,小组成员都不配合。我详细问了小组内沟通的过程,给他设置了一个情景:"如果你在大街上看到一位摔倒的老人,需要实施救助,你希望有人帮你打电话叫救护车。此时,是说'谁帮忙打一下120'更好,还是说'请那位穿红色衣服的大哥帮我打急救电话'更好?"

这位小组长马上做出了选择,也明白了自己的问题:分配任务时没有分配到人,小组成员每个人的工作不明确,大家都在观望和退缩。他立刻调整了方式,把任务细化,分配到每位成员,该小组很好地完成了任务。这件事情很好地验证了责任分散效应。

(三)防止出现"破窗效应"

开学初,学校要求学生在7点20前必须进班,之后算作迟到。实际上,刚开学确实有部分学生迟到,德育部门没有把该有的措施落实到位,有个别学生抓住这一漏洞,经常迟到一两分钟,即"小错不断,大错不犯"。其他学生如果效仿,就再也无法解决迟到问题,这严重影响了班级管理工作。因此只要存在不良现象,教育者就一定要防微杜渐,问清楚原因,给出合理建议,尽量减少问题的出现。

（四）积极利用"罗森塔尔效应"

教师应该对学生都抱有期待，帮助他们制定"跳一跳"可以够得到的目标。班里有一位转校生，学习习惯差，学习态度不端正，喜欢电脑，热衷于玩游戏，经常迟到，在校期间不按照规定交手机。深入了解他的诉求后，笔者请他担任班级的电脑管理员，每次考试前他都积极主动地帮助值日组摆考场，对桌椅的整齐有着完美的要求。笔者代表班级对他的认真负责表示了感谢，又提出了在校上课期间主动交手机的要求，经过挣扎，这位学生同意并且认真地执行了该项要求。在改正这些坏毛病的同时也锻炼了学生的意志品质，使其建立起好的学习习惯。

笔者利用早自习、课间、午自习、放学等课余时间进班，以尊重为前提利用心理学的效应与学生进行有效沟通，了解学生的兴趣、选择、志向，在没有教学支撑的前提下建立良好的师生关系，为解决学生问题打下良好基础。

二、经常与其他任课教师们沟通

明确每位学生选择的科目，了解学生薄弱科目存在的问题，与科任老师们探讨解决方法。午自习、大课间随时进班，督促有薄弱科目的学生找老师沟通，做到每日一问、每日有所得。对不知道怎么跟老师沟通的学生，指导方法，引导其与老师有效沟通，搭建学生与科任老师沟通的桥梁。

三、测验后的沟通——学法指导

"平时测验的目的是发现问题"，考试后最重要的不是纠结成绩的高低，而是解决问题。考试后不批评，只有交流和建议。或由学生写总结，或跟学生面谈，师生沟通"分数不高"的原因。学生分数问题可以归结为这几类：

一是考试粗心。这时候教师就要问粗心的表现形式："是对知识点的理解有偏差？没有读懂题目要求？没有注意题目的关键词？计算错误？答案抄错？"引导学生细化问题，反思提高。

二是状态的问题。教师可以与学生沟通，确认其是否愿意花时间念书？课余时间是否花在其他兴趣爱好上了？是否是游戏等花费过多时间？是否是与家长关系紧张导致自己状态不好？

三是个人努力程度。学生花时间学习了，成绩上却没有体现。教师要跟学生探讨学生的学习方法是否得当？效率是否高？课堂吸收率有没有问题？预习、听课、作业、改错题整个流程是否形成了闭环？有疑惑的知识点是否得到了解决？有没有隐藏的误区？思考问题的方法是否合理？等等。

四是妄自菲薄。个别学生在"不会学"的掩盖下，认为是自己"学不会"，自暴自弃。教师应帮助学生分解问题——自己掌握了哪些知识点、哪些知识点有问题、有问题的根源是什么？让学生明确指出自己还没有掌握的某些知识点，帮助学生正确认识自己，不给自己贴标签。

四、教师的示范作用

高中学生由于年龄特点独立意识增强，关注自己的外貌，重视自己的社交能力和学习成绩，希望自己与众不同，高自尊。但是高中学生时间管理和自制能力较差，心理抵御能力弱。这种矛盾导致他们有很多困惑。正因为如此，学校和家庭必须注重学生心理健康，帮助其完善人格。此时，教师的示范作用就显得非常关键。

（一）时间观念的示范

教师早上比学生早到，如果有意外到不了，一定跟学生解释原因。教师应关注三件事：是否按时到校、是否交手机、状态是否有问题。教师准时到达执勤点，大课间全程在场，督促学生活动起来。教师与学生一起布置考场，做卫生。体育课、音乐课，学生容易不重视，预备铃前组织学生下楼，叮嘱学生别迟到。上课铃前教师站在门口，防止有学生打球迟到，影响下一节课。这样坚持一到两个月的时间就能够培养学生的时间观念，基本能保证学生在预备铃响前进班，走班课不迟到。

（二）自我管理的示范

一些高中学生自我管理能力差，不会合理规划时间。对于他们的薄弱科目，笔者希望他们每天能用10分钟做一篇阅读，分析一道错题。为了鼓励他们坚持，笔者每天下班用30分钟读书，带头打卡，一个学期我读完了几本比较厚的书。不断鼓励学生坚持，需要先保证自己不间断，做好示范。

学生打卡是否有效果？因人而异。打卡首先是个量的要求，应先从无到有，使学生养成学习的习惯，然后教师再提出质的要求。有质有量才能有效。如果能形成良性的打卡互动，那将是一个教学相长的过程。

良性沟通和示范营造了宽容、坦诚、和谐的班级氛围，让学生感受到学校生活的快乐。同伴教育成为学校教育、家庭教育的有力补充，能够促使学生学业进步、能力增长、心灵逐渐强大，自信愉悦地走向未来。

当代中学生正处于身心发展的重要时期，在教育教学中，教师应尊重学生的人格和个性发展，利用心理学知识帮助他们消除自卑心理，树立自信，提高面对现实的能力；帮助他们学会倾听和理解，与父母良性互动：学生尊重父母提供的经验，父母尊重孩子的个性。教师应将心理学灵活地运用到教育教学实践中，培养学生积极乐观的心理状态。只有把握好学生的心理特征，因材施教，坚持科学的态度，遵循心理发展规律，才能培养出高素质的人才，这既是新时期培养高素质中学生的需要，也符合社会和时代发展的要求。

新课程背景下班主任工作与课程思政的融合

■ 张　虹

　　要使学生的爱国之情转化为报国之行，我觉得必须做好班级文化建设。"要抓住学生价值观形成和确定的关键时期，引导学生扣好人生第一粒扣子。"担任班主任并工作多年，我一直认为教书者，教授给学生知识技能；育人者，培养学生道德情操与价值观，两者缺一不可。

　　新高考背景下的选课走班制使班主任工作迎来了新的挑战。我作为选考科目的老师担任行政班的班主任，全班只有30%的学生选学我所教的课程。大量问题影响了我的班主任工作：和学生接触时间短、交流不充分，很难了解全体学生的情况；班里学生"分分合合"，班级凝聚力差；外界因素多，跨班级矛盾多；班主任工作缺少切入点和"把手"。这些问题也出现在我同行的工作中。经过一年多的工作摸索、经验总结、学习交流，我找到了一些解决问题的方法。

　　一、主题活动多组织

　　军训、研学、校会、团课、班会、运动会等主题活动是以行政班来组织开展的。这些主题活动可以增进教师与学生、学生与学生之间的了解，增加班级凝聚力，同时也是班主任进行思政教育的好时机与主阵地。为了纪念五四运动一百周年，结合这一主题，我们以习近平总书记在北大考察时指出的"青年的价值取向决定了未来整个社会的价值取向"这一金句进行专题讨论，学生们纷纷表示要把个人理想和国家的发展、社会的需要相结合，发扬五四精神，不辜负党的期望、人民期待、民族重托。学生们据此还办了一期优秀板报,再一次凝聚了学生们的智慧,提升了思想,勾勒了蓝图。

主题教育活动使学生在潜移默化中受到教育。学校组织的"经纶杯"国学传承大赛,班级学生全员参与,从多角度查阅资料,精心准备。在赛事活动中大家积极抢答、展示,感受着中华民族传统文化的博大精深。利用每周班会时间,班级学生一起观看《大国工匠》,一个个平凡的劳动工作者用他们的双手创造的一个个奇迹使大家深受震撼,深刻认识到工匠精神是一种坚持,一种执着,更是多年的坚守。

我从不放弃任何一个可能与学生在意识形态领域进行交流的时机。我们利用课外时间观看视频、阅读文章,汲取丰富的精神食粮,不断增强社会责任感和历史使命感。

二、日常管理堵漏洞

选课走班制这种全新的教学组织形式给日常管理带来了严峻的挑战。我始终把"引导学生扣好人生第一粒扣子"这一意识作为日常管理、班级建设、学生成长的第一要义,从小事做起,从身边做起,从点滴细节做起。在高二下学期,学生忙于走班学习,忽略了班级卫生。

我没有一味地批评学生,而是提出了"既要读万卷书,又要行万里路,既要多读有字之书,也要多读无字之书"的观点,让学生们进行讨论,在平等和谐的思维碰撞中,学生意识到我们生活中的那些好人好事、时代楷模、学习榜样都是一本本质朴、高尚的"无字之书"。我们都应该用心读好这些书,像他们一样,用勤劳、智慧书写丰富的"无字之书"。通过反思、交流、再反思,学生们端正了思想,达成了共识,改变了行为。

爱国主义是一种情感,一种精神,一种思想,也是一种规范。要使学生的爱国之情转化为效国之行,我觉得必须抓好学生的日常行为规范、把常规贯彻落实。学生发型、穿着校服、见人问好等这些细节使学生从小事做起,从身边事做起,从自己做起。班级注意发挥黑板报的作用,黑板报的内容以时事新闻、祖国新貌、名人名言、个人抒怀为主。学生采取灵活多样的文字形式,书写着一句句饱含爱国之情的话语。

三、信息宣传保沟通

宣传工作是极端重要的工作,是中国共产党领导人民不断夺取革命、建设、改革胜利的优良传统和政治优势。鲁迅先生用手中的笔做武器,写出许多优秀的作品,唤醒了数以万计的中华儿女。

每一次接手高一年级的新班级,我总有一个习惯:让每一个孩子都给我写一封信。让他们在信里聊聊自己,聊聊自己对这即将到来的高中生活的设想,还有对未来的展望。由于没有面对面谈话时的拘谨,孩子们总是能在信里敞开心扉,畅所欲言。等到孩子们高三毕业的时候,我会给每个人回一封信,和他一起回顾三年的高中生活,对比高一时的设想,再为他提出未来新的希望。

2012届的一个男生在高中毕业时对我说:"老师,感谢您三年的悉心教导,让我很早就树立了目标,并为之努力。就像您说的那样,高考、大学并不是我们的终极目标,我一定会好好规划,把后面的道路走好。"之后每遇到关键抉择点时,他总会回到学校询问我的建议。看着他的一步步成长,看着他们的一步步成长,犹如看到一棵棵小树萌芽抽枝,拔地而起……

在这个信息爆炸的时代,学生只有学会独立思考,学会辨是非、辨真假,才能够在将来走上工作岗位时,凭借自己高度的社会责任感和对事物的深刻洞察力,引导社会舆论朝着更加积极健康的方向发展,推动社会的进步。互联网等新兴媒体的迅猛发展带来了传播方式的深刻变革。"明者因时而变,知者随事而制。"网络时代的宣传思想工作必须有所创新。

学校建立了微信公众号,其中一个栏目是"班级圈",可以发布文章、照片、视频等。这个栏目是我、学生、家长三方交流的重要平台,时常发布学生学习生活的点滴、校园活动、时政新闻、美文赏析。"班级圈"保持家校联系通畅,使家长了解自己孩子的日常表现,看到了老师们的付出,找到家庭教育的切入点,成为微型的家长学校。同时,"班级圈"为孩子们提供了一个平台,每个孩子都可以尽情地展示自己,身边的每一个学生都可以成为方方面面的榜样。最重要的是,微信公众号及相关栏目通过引导,帮助学生家长树立积极向上的世界观、人生观、价值观,努力做到德育向社会延展。

四、课程思政当先锋

在选课走班模式下,我的教学班中的学生来自各个行政班,而作为班主任的行政班只有30%的学生选我的课。这种新情况使我意识到不管是班主任还是科任教师,都应该发挥团队优势形成合力,才能达到"育人"的目标。日常教学活动的德育渗透、课程与思政的融合愈发重要。对于课程思政,我做了如下尝试:

作为化学教师的我,在课堂教学也同样注意渗透爱国主义教育。享誉世界的"侯氏制碱法"的创始人侯德榜先生的孙女在退休前就是学校的化学老师,每次讲到侯氏制碱法,我都会和学生们讲述侯老先生的爱国故事:留美获得博士后,毅然放弃美国优越的生活条件,以一颗赤子之心毅然回到祖国,经过潜心研究,终于发明了享誉世界的"侯氏制碱法"。和学生们分享我与侯老师工作中的点滴从而激发学生的爱国热情,以及以校为荣的情怀。

"铁及其化合物"一课的教学以播放"庆祝中华人民共和国成立70周年阅兵式"的视频开场,我对学生们说:"阅兵式也是中华人民共和国发展的缩影,习近平总书记的讲话唱响了新时代全国人民奋进的凯歌。军号嘹亮,步伐整齐,人民军队有铁的纪律、钢铁般的意志,威武雄壮的钢铁洪流展示了中国人民解放军无穷的战斗力。装甲千军列阵威,铁流滚滚向前方。人民军队筑铁壁,胜利续写新荣光。铁是人类较早使用的金属之一,在人类活动中起重要作用,也是大家在初中学习中比较熟悉金属。雄关漫道真如铁,而今迈步从头越。今天我们再次来到铁的世界,了解它的家族。"通过这样的导入,能够激发学生的爱

国热情,感受国家的伟大成就,为实现伟大的"中国梦"努力学习。

新课程背景下,班主任工作必须与课程思政充分融合,打破传统班主任与科任教师的育人观,将德育、思政教育渗透到学生在校学习的各个环节,用好新媒体,充分发挥宣传作用,才能将德育和思政工作推向新高度。

师道若水

——我的班主任工作感言

■ 张 磊

2020年是我工作的第十六年，是班主任生涯的第十四年，在这十几年中，我曾徜徉于理科班的灵动之中，也曾被文科班的细腻感动，更加难忘初中部孩子们的稚嫩与乖巧，是他们陪我一起谱写出我的班主任乐章——高音部的热烈激昂，低音部的犹豫彷徨。正是因为他们陪我一起演奏，这首曲子才不会显得那样枯燥无趣，也正是因为那些他们曾陪我走过的日子，才使得我有信心将这首班主任之歌继续演奏下去。

回想与学生们"斗智斗勇"的日子，我的心里可以说是五味杂陈。偶然的一次机会，我看到了一篇文章，其中对"上善若水"的阐释让我很有感触。

老子说："上善若水，水善利万物而不争，处众人之所恶，故几于道。"这是说做人应如水，滋润万物。上善的人，居住要像水那样安于卑下，存心要像水那样深沉，交友要像水那样相亲，言语要像水那样真诚，为政要像水那样有条有理，办事要像水那样无所不能，行为要像水那样待机而动。作为一名班主任，我们不更应该像水那样，将"善师之道，居下若水"落到实处吗？

班主任工作给我的感觉是：工作技巧性很强，同样的事情，不同的处理方法，最后的结果差异可能很大。

首先，处理好与学生的关系，要做到远近有度。与学生的距离过远或过近对教育教学都不利。若每天对学生都是一脸严肃，不苟言笑，那就一定无法与学生真正沟通，了解他们真实的想法；而整天与学生打成一片，那么当我们想要对他们进行教育的时候就会感到无从下手，而且学生们也会不以为然。我认为最佳状态就是课上教师起到引导的作用，课堂的进程需要教师的把控；课下教师与学生可以是无话不谈的好朋友。

开学伊始，如何与学生畅通地交流成为我要解决的第一个难题，这些暂时在课堂上找不到自信的孩子怎会轻易地与我畅所欲言？于是篮球场、微博、微信就成了联络师生感情的主阵地，离开了课堂，孩子们善于表达，敢于展现真实的自我，乐于接受老师朋友般的批评和建议。因此，一名合格的班主任一定要走进学生的心灵，清楚他们的需要，感受他们的成长，只有这样才能知己知彼，百战不殆，才能以润物细无声之势完成教育教学任务。当然如何掌握其中的"度"是关键，我也在不断地摸索。

其次，要得到学生的信任和尊重。除了对学生学习和生活的关心以外，我觉得更为关键的就是教师自己的业务能力，我们只有先从专业上得到学生们的认可，才能在对他们教育时更有底气，学生也才能更信服我们。所以，我在接新班之前首先要做到的就是精心备课，同时给全体学生提出了一个"挑战"——欢迎所有学生来问问题，并以"问倒教师"为最高荣誉。

再者，教育学生必须注意方式方法，而且一定要注意保护他们的自尊心。坦白说，男老师天生不如女老师细致、敏感，往往发现问题时希望能以短、平、快的方式解决，可渐渐会感觉到这种方式就像是用力把葫芦往水里按，用的力气越大，葫芦反弹的力度就越大。这一度让我灰心、气愤，总感觉自己已经付出了那么多的努力，怎么就没有任何收效。在一次次的"战役"中，在一次次的失败里，在一次次和老教师的沟通交流中，我收获了深刻的启示："良药未必非要苦口，忠言未必非要逆耳。"看到学生犯错误，教师要宽容，要问明原因、找出根源、提出对策、给予机会、留些时间，教育工作不是一朝半夕就能完成的事情，需要我们有些耐心。如我所带的上一届学生，他们在刚升入高一的时候，由于刚结束了初三毕业班紧张的学习生活，一些孩子认为高一可以让自己小憩一下，缓冲一下，于是对自己的要求有一些放松，班级考勤问题成了开学之初最让人头疼的难题。我每天站在教室门口等，每天都去追问迟到的原因，可是收效甚微。后来想想，只要是迟到，就肯定有原因，记录这些原因是不能从根本上解决问题的，所以我冒出了一个的想法——人在自我教育、自我监督的过程中成长的速度非常快。自己当学生的时候，有时老师、家长越是提醒什么、要求什么，自己就越是对这件事情提不起兴趣，后来上了大学之后，没有人天天跟着念叨，反倒对自己的事情上了心。于是我不仅每天早晨等在班级门口，同时在早上起床之后给某些容易迟到的学生打个电话或发个短信，提醒一下，渐渐地，逐步转化为让他们早晨给我打电话提醒我。一段时间下来，班级出勤不再成为问题。可是班级管理本身就是一件琐碎的事，总是按下了葫芦又浮起了瓢。考勤问题刚刚告一段落，卫生的问题又渐渐浮出水面。

开学之初的新鲜感慢慢消退，班级的卫生质量走上了下坡路，有时一些学生甚至会为了懒得捡起地上的一张废纸而拼命辩解这张纸不是自己扔的。面对这样的尴尬境地，言语的力量显得非常苍白，而且我觉得针对这些事情进行说教意义也不大，于是便开始以身作则。从那天开始，我尽量每天在学生自习的时候进班把地面扫干净。慢慢地我发现班里的卫生变好了，只要地上有废纸，就会有人主动捡起来，我也不用再去重点关注班里的卫生了。看来有舍才有得，作为班主任，"多做一些"其实是为了"少做一些"。

最后，班主任不可能事事包办，还应积极有效地借助科任老师的力量。不同的学生有不同的薄弱学科，相关科任老师可以帮助辅导；不同的科任老师对于不同的学生有不同的影响力，可以用它调动学生的积极性；不同的科任老师有不同的绝招，可以解决管理中的一些问题，为班主任分忧。所有这些老师的团结合作其实就是学生可以看到的最好的人格教育，身教胜于言教！

班主任的工作有苦有甜,有悲有喜,有付出也有收。每当看到学生那一张张真挚的笑脸,每当收到学生那一声声暖心的问候,每当回忆起和学生在一起的每一个片段,我都觉得当老师值得,当班主任更值得!对于我来说,虽然自工作以来担任班主任已经有十几年的时间,但是学生的情况每时每刻都在变化,每天他们都在或多或少地进步着,所以,我们一定不能抱着那些所谓的"经验",墨守成规,而应随着学情的不断变化,不断地调整工作方法。班主任工作没有具体的成功诀窍也没有尽头,让我们和学生一起成长吧!

第七章
启发思考
灌输性和启发性的统一

　　一直以来，天津市第二十中学的思政课教学改革，都努力遵循灌输性和启发性相统一的原则，不断增强思政课的思想性、理论性和亲和力、针对性，真正发挥其立德树人的育人作用。灌输是启发的基础，启发是灌输的延伸。教师不满足于传统的教学手段，针对不同的教学内容和主题，创造性地创设教学情境、调整教学路径，以此不断激发学生的心灵共鸣，实现醍醐灌顶、茅塞顿开的育人实效。因此，学生置身于学校课堂，不会因为知识的灌输而感到枯燥乏味，教师灵活的语言表达技巧，生动的生活实际案例以及精心设计的创新型教学结构，都给课堂学习带来了崭新的变化，引导学生参与课堂，将科学的理论知识内化于心，提升责任担当意识。

抓住语言这条线，加强全员育人

■ 邱立强

让每一位教师都承担育人职能是全员育人的重点，其既不应仅停留在理念和口号上，也不应陷入随意和琐碎，而必须有明确的教育资源、载体和途径，让全员育人更有针对性和普适性。那么，落实全员育人，有没有一个最具共性和可操作性的抓手呢？

天津市第二十中学是语商教育特色鲜明的学校，学校从语言的角度和层面对教育教学和管理做了非常深入的研究、开发和利用，突出"立言成人"的教育理念，特别是在全员育人方面，紧紧围绕语言这根主线，在课程、课堂、活动修习等方面做精、做细、做透，充分发挥语言的力量，学生的人文积淀、心理健康、思维、价值观、人际交往、行为习惯等方面都有很明显的提升，语商教育在思想政治理论课上，更是有突出的优势。

一、语言在全员育人中具有强大优势

（一）语言具备教育普适性、可操作性和共通性优势

语言是最普遍、最丰富的教育资源。如果仅从语言学的角度来说，语言是符号，是交流的工具，是听说读写的行为。但是语言的使用主体是人，从语言的主体分析，语言和人的心理、情绪、文化底蕴、知识背景、思维方式、价值取向等存在着全面而紧密的联系，两者是存在与表现的关系，同时也是相互影响的关系，语言是教育者与受教育者之间沟通的桥梁，所以必然会在教育上产生深广的影响。

让每一位教师都承担育人职能,有利于实现不同角度、不同时空、不同层面的教育切入,抓住宝贵的教育契机。如果能从语言主体(教师与学生)的角度深入挖掘语言这个最具教育普适性和共通性优势的教育载体和途径,将更有利于激发和指导每一位教师开展具体的语言实践,探索全员育人的方向、方法和切入点、落脚点,从而使全员育人——让每一个教师都承担育人的职责,因为有了富于个性化和可操作性的语言,育人更易落到实处。

(二)语言具备教育的"诊断"和"治愈"功能优势

语言的丰富内涵和突出的共通性,使其在教育上具有突出的"诊断"和"治愈"两个功能优势。

教育最忌盲目和无视。对学生的教育,关键在于及时觉察和深入理解学生的情绪、心理和思想动态等。语言是人的内在精神的主要外在表现,具有丰富的内涵,同时语言具有个性化和即时性,教师承担育人职责,如果能够做到深入研究和随时关注学生的语言,就可以在第一时间准确把握学生的性格特点、心理变化和思想动态,从而实现"诊断"功能,使教育更及时,更具有个性和针对性。学生在不同课堂、不同课程、不同时间段和不同情境下,语言会存在差异,呈现动态的变化,每一位教师都应该关注学生在语言上的动态变化,研究语言动态变化背后的深层原因,从而成功捕捉教育契机。

有这样一个案例:一名女生因为家庭原因,情绪不稳,在卫生间和窗边逗留多时,自言自语。一位保洁阿姨注意到这个细节,根据这名女生自言自语的内容和语气,判断该学生有异常情况,立即反馈给教师。教师立即与该生深入交谈,从而发现了更多的细节,在摸准了学生的心理和背后的原因后,积极进行了有针对性的心理疏导,从而成功避免了一场悲剧。这个案例,突出了语言在全员育人中的"诊断"和"治愈"两个功能优势。

及时"诊断"的意义,在于及时准确的"治愈"。全员育人,重点在于及时对学生情绪心理的疏导调适、思维方式的启发优化和思想观念的纠偏引领。因为语言和情绪心理、思维方式和思想动态等因素存在互相影响的紧密关系,学生作为语言的使用者,会在有针对性的语言行为中产生多方面、多层次的变化,实现教育的"治愈"意义。

二、让每一位承担育人职能的教师牢牢抓住语言主线

(一)通过对语言的深入认识,明确育人的方向和着力点

全员育人,一般都强调"全员",在"育人"的方向和着力点上,往往存在着育人方向不明、育人的着力点不清的问题。如果对语言进行深入研究,理清语言与人的成长的关系,我们就会对"育人"有更清晰的认识。天津市第二十中学的语商教育,在实践研究的基础上,提出"立言成人"的指导思想,其核心理念就是"重视语言的力量,优化生命的成长"。

在深入分析语言的力量的基础上,学校确定了与语言紧密相关的"成人"八个着眼点:身心健康和自我管理能力,正确的价值观、人生观和世界观,正确的思维方式,良好的思维能力,可持续的学习意识和学习能力,较强的实践能力,较好的人际交往能力,良好的行为习惯和人格修养。

立言是途径,成人是目标。目标明确了,才会有正确的探索途径。由此可见,全员育人应该有一个明确的目标体系,在目标体系的指引下,有必要对语言这个最丰富的教育资源进行深入研究,探索出更科学、更实用的语言教育途径,为每一位教师承担教育职责提供有理念、有目标、有策略、有方法的教育新途径,让全员育人真正落到实处。

(二)努力探索语言功能和语言行为实践,提升教师专业化水平

教师专业化水平的提升,是教育事业的工作重点。我们所说的专业化,不应该仅仅局限在课程、课堂教学、活动修习等领域,全员育人也应该关注并加强教师专业化。让每一位教师承担教育职责,一是要强调"承担"使其更加专业化,二是要激发每一位教师提升"承担教育职责"专业化的积极性。语言的普适性和共通性,为提升全员育人专业化提供了更多优势,不论是"诊断"功能还是"治

愈"功能,每一位教师在承担教育职责的过程中,可以在深研语言的同时,达到育人的目的。

1.教师要掌握和利用语言的"诊断"功能。全员育人的优势,就在于争取实现全时、全息、全方面的育人。语言是人的精神内在最普遍、最直接的外在表现形式。学生的习惯性表达和偶然性表达,都会在表达的内容和形式等方面,或明或暗地传达和反映学生的心理状态、思维方式、思想倾向等多方面问题,这就需要每一位教师在承担教师职责的时候,进行专业化关注和判断。

学生的语言表达,尤其是习惯性和无意识的语言表达,在笔迹、语气、用词及肢体语言等方面,具有"诊断"的参考价值。教师在这些方面应该予以细致而系统的研究,这样才能做出科学而及时的"诊断",进而加强全员育人的针对性和有效性。学校鼓励教师多学些心理学,鼓励突出学生的主体性地位,目的正在于此。思政课要真正落到实处,离不开育人的针对性和有效性,更应该为学生提供语言表达的机会,并借此捕捉有针对性的教育契机。

2.教师要掌握和利用语言的"治愈"功能。语言不仅是交流的工具,也是教育的有效途径。天津市第二十中学语商教育的"立言成人",重点在于围绕如何通过"立言"使学生"成人",也就是如何才能更好地在教育中发挥语言的力量。教师承担教育职责,一方面要提升自己的语商,掌握语言的奥妙;另一方面,要注意帮助学生提升语商水平,让学生在语言行为中实现自我教育。

教师指导和帮助学生提高对语言的认识和运用,并给予学生更多的语言表达机会。学生在语言的体验实践中,一是可以充分发挥语言的认知功能,正确认知自己,正确认知他人,正确认知这个世界,进而形成正确的人生观、世界观和价值观;二是可以充分发挥语言的塑造功能,塑造价值观、塑造人格、塑造思维、塑造人文底蕴、塑造审美、塑造心理……

(三)个体探索与集体教研相结合,推动语言在全员育人中的深入落实

语言是富有个性的,但也是有共性的。在实践过程中,每一位教师都承担

教育职责,其语言行为都是个体行为。全员育人中,个体语言行为有个性,有创意,但是,个体语言行为容易产生片面、随意和表面化的结果,所以,应重视集体的教研,充分发挥集体的力量,围绕全员育人中个体的语言行为进行交流,通过对个体不同案例的分析,发掘其中带有共性的问题和相应的对策,集思广益,相互启发,这样既能对个体的语言行为有新的启迪,又能不断确立和优化学校全员育人的工作框架和思路,并在此基础上对每一位教师承担教育职责产生更全面、更明确和更长久的理论与实践指导,形成带有鲜明语商特色并卓有成效的全员育人新思路。

现实教育教学工作中,关于全员育人的专项教研活动并不常见,这不利于工作的整体推进和深入,也不利于教师的个体发展。语言突出具备的普适性和共通性,使个体和集体的共同教研拥有更普遍的基础。如果能抓住语言这根主线,使全员育人有明确的工作重点和依托,全员育人的思路和方法就会更加明晰,更贴近工作实际。

语言作为人的主观表达,很难进行量化评价,而每一位教师承担教育职责,也不可能予以量化评价,所以,学校应从教师和学生两个维度,结合案例分析和调查分析,建立和推行教师承担教育职责的专业化和业绩的定性评价体系,促进全员育人的良性发展。

在教学设计中探索语文课的思政教育功能

■ 韩 晶

　　全面贯彻党的教育方针,培养社会主义接班人,弘扬爱国主义精神,实现中华民族的伟大复兴,是每一位教师的职责所在。作为语文学科的教师,更要利用自身优势,适时地对学生加强思政教育,引导学生坚持正确的人生方向。

　　《别了,"不列颠尼亚"》是纳入语文教材中的一篇新闻稿,其记录了香港回归祖国当天的场景,获得了第八届中国新闻奖一等奖。此文不仅在当时有着重要的现实意义,二十多年后的今天,当我们重新阅读它时,仍可以感受到那非同寻常的历史意义。在设计本课的教学内容时,我们要充分发挥它思政教育的作用,激发学生的民族自豪感。

　　教学目标的制定,要贯彻"五育并举"的方针,实现智育——了解新闻的基本特征,探究本文作为新闻特写的特点;德育——激发民族自豪感,培养学生热爱祖国、热爱和平的精神,树立正确的国家观等多重目标。

　　首先将播放《我和我的祖国》电影片段作为本课的导入,营造氛围,同时对香港特别行政区的历史进行讲述,让学生对香港特别行政区有正确的认知,在此基础上让学生熟悉文本,开始本课书的学习。具体教学设计如下:

　　一、新闻的基本知识

　　新闻的概念、新闻的特点、新闻的六要素、新闻的结构。

二、整体感知

学生围绕《别了，"不列颠尼亚"》，完成下表。

标题	
导语	
主体	
背景	
结语	

新闻包括消息、通讯、特写、速写等。其中，新闻特写是采用文学手法，集中、突出地描述某一重大事件的发生现场或某些重要和精彩的场面，生动形象地将所报道的事实再现在读者面前。《别了，"不列颠尼亚"》一文就属于新闻特写，学生应能够找出文章中的特写场面。

第一个场面（第3段）：下午4时30分，末任港督告别港督府，降下港督旗帜。

第二个场面（第5段）：下午6时15分，告别仪式在添马舰军营东面举行，查尔斯王子宣读女王赠言。

第三个场面（第7段）：下午7点45分，威尔士亲王军营旁，举行第二次降旗仪式。

第四个场面（第8、9段）：6月30日的最后一分钟，米字旗在香港最后一次降下；新的一天来临的第一分钟，五星红旗伴着《义勇军进行曲》冉冉升起。

第五个场面（第10段）：7月1日零点40分，查尔斯王子和彭定康登上"不列颠尼亚"号离开香港。

三、问题探究

文章在报道香港回归这样宏大的历史事件的若干场面时，从细节入手，蕴含了深刻的意味，在平淡的笔调中洋溢着浓烈的感情，大家能否从文中找出意

味深长的细节之处？

"4点30分，面色凝重的彭定康注视着港督旗帜在'日落余音'的号角声中降下旗杆。"这是对末任港督彭定康面部表情的特写，生动地写出了彭定康离开港督府前黯然神伤的神态。通过这一神态，我们能揣摩出彭定康当时复杂的心情，但是不论他如何"面色凝重"，历史的脚步不会为任何人停止，香港终将回归祖国。

"根据传统，每一位港督离任时，都举行降旗仪式。但这一次不同：永远都不会有另一面港督旗帜从这里升起。"作者运用对比手法，强调这次降旗不再是以往港督换任的重复，而是具有标志性意义的最后一次。它既回答了彭定康面色凝重的原因，又写出了中国人民对香港回归的无比兴奋的心情。

"停泊在港湾中的皇家游轮'不列颠尼亚'号和邻近大厦上悬挂的巨幅紫荆花图案，恰好构成这个'日落仪式'的背景。"英国曾经占领了广大的殖民地，其被称为"日不落帝国"，是喻指在英国的领土上，永远都有阳光照耀。香港作为英国在东方的最后一块殖民地，于1997年脱离英国的统治，回归祖国，"日不落帝国"的殖民主义太阳在香港永远地落下了。把英国告别的仪式称为"日落仪式"，标志着英国对香港150多年来的殖民统治结束和香港新的历史阶段的开始。

"从1841年1月26日英国远征军第一次将米字旗插上海岛，至1997年7月1日五星红旗在香港升起，一共过去了一百五十六年五个月零四天。"本句通过精确的时间记录来表达作者丰富的情感，英国对香港进行殖民统治的屈辱历史对于中国人民来说是刻骨铭心的。

四、延伸思考

本文没有写交接仪式现场多么庄严，也没有写全国人民是多么激动，那么作者选择从哪个角度进行描写？作者选择了英方撤离这一角度，展示了英国人降旗、参加交接仪式、登上"不列颠尼亚"号回国等历史性场面。

作者在写英国人撤离的若干场面中还穿插着一些背景资料,第4、7、11自然段穿插了英国人登上香港、开始殖民统治的历史背景资料,增强了文章的历史厚重感。表面上只写了一天中发生的事件,实际有很大的历史跨度,能够使人感受到深厚的历史内涵。

这些背景资料真实反映了香港被占领的历史,香港自古以来就是我国领土不可分割的一部分,每位中华人民都要坚决捍卫国家主权和领土完整,树立正确的国家观,团结起来,共同维护国家的利益。

五、本课总结

1997年7月1日,是一个彪炳史册的日子,这一天,全世界都在聆听从东方响起的神圣的钟声,它响彻寰宇,向五湖四海庄严宣告,中华人民共和国恢复对香港行使主权! 这是雪百年耻辱、长民族志气、振国家声威的喜庆时刻,历史会铭记这一刻,我们每一位华夏儿女也会永远铭记这一刻。

香港回归祖国以来,中国实施了一系列的政策,促进了香港的发展。2018年10月,港珠澳大桥建成通车,进一步加强了香港与内地的联系,随着经济融合的加强和文化认同的加深,在祖国的坚强后盾支持之下,香港的未来会更加美好。

六、作业反思

请你写一首小诗或一副对联,庆祝香港回归祖国二十四周年。

在整个教学设计中,前半部分以"智育"目标为主,同时渗透了爱国主义教育(如导入部分),而后半部分重点对学生进行思政方面的引导(如"问题探究""延伸思考""小结""作业"等环节的设计),旨在让学生不仅局限于对课文知识的理解与掌握,更要提升其在思想认识上的高度,从而实现"德育"目标。特别是在"请你写一首小诗或一副对联,庆祝香港回归祖国二十四周年"作业的制定上,重在激发学生的爱国情,使其将爱国主义情怀根植于心底。

中学生正处于世界观、人生观、价值观的形成阶段,教育的"立德树人"作

用会对学生产生至关重要的影响,作为教育工作者,必须严把思想关,重视德育观,在日常教学工作中时刻渗透思政教育,托起民族的希望,祖国的未来。

社会主义核心价值观与初中语文教材相结合的研究

■ 李　曼

党的十八大首次以"富强、民主、文明、和谐、自由、平等、公正、法制、爱国、敬业、诚信、友善"这24个字来高度概括社会主义核心价值观的组成。这是与我国的发展紧紧相关的。践行社会主义核心价值观,无疑是继续迈大步子走中国特色社会主义发展道路的体现。在语文教材中也体现着社会主义核心价值观的精神。

一、社会主义核心价值观在语文教材选文中的体现

(一)对民主、富强、文明、和谐的思想追求

"民主富强、文明和谐"历来是中华民族不懈的追求,这在语文教材选文中也有所体现:《列夫·托尔斯泰》前半部分着重描写了列夫·托尔斯泰普通的外貌,后半部分极力描写了他犀利的眼光。文章运用了大量夸张、排比等修辞,用对比、反衬等写法,表现出列夫·托尔斯泰的平易近人以及一代文豪深邃的思想境界。《大雁归来》的作者对大雁是那样有感情,他喜欢观察它们,研究它们,知之愈多,爱之愈深。因此,大雁在作者心目中,像人类一样具有灵性,雁群就像人群似的。浓郁的抒情色彩是《大雁归来》的一大特色,文章字里行间注满爱鸟之情。他对大雁的迁徙飞翔由衷钦佩,他为大雁担惊受怕,为遍体鳞伤的孤雁而伤痛,为大雁归来而欣喜,即使不是直抒胸臆,笔墨中也饱含感情。这些文章的选取无不体现着中华民族富强、民主、文明、和谐的精神追求。

（二）体现公正、法制、自由、平等的理念

随着中国特色社会主义的深入发展，人民追求公正、法制、自由、平等的意愿越来越强烈，如《敬畏自然》一文中作者阐述人类智慧与大自然智慧的关系，从自然智慧进而论述宇宙生命。人类应该领悟大自然的智慧，人类谋求自己的生存和发展时，应该时时想到爱护自然，求得人与自然的和谐发展。《罗布泊，消失的仙湖》是一篇关于中国土地沙漠化的报告文学，作者引用相关史料，结合真实的数据，既回顾了罗布泊美丽富饶的历史，又描绘了它荒凉恐怖的现状。通过今昔对比，作者把人类破坏环境而引发的触目惊心的悲剧展现在读者面前，以强烈的呼声警示世人，呼唤人们形成环保意识，保护生态环境。《旅鼠之谜》的讲述，使学生们懂得，自然界的万事万物都是自然科学研究的对象。自然界本身具有调节机制，一旦打破生态平衡，就出现向新的平衡转化的新趋势。从自然界的调节中人类应该觉悟，人类要注意自我调节，以求和谐发展。《喂——出来》讲述的是关于黑洞的知识。黑洞深不可测，如果把垃圾扔进黑洞里，世界是不是就会从此清爽？不料，有一天，垃圾却从天上飞了下来……作者的想象是如此丰富，一个个情节联翩而至，每个片段都有鲜明生动的情景和形象，折射出现代生活的种种"奇观"。

（三）弘扬爱国主义精神

爱国精神表现在方方面面，关心百姓疾苦，为国为民，热爱大好河山……《酬乐天扬州初逢席上见赠》这首诗是作者罢官回乡，途经扬州，与相同遭遇的白居易相会时所作，诗歌表达了作者对祖国河山的热爱与对故人的怀念、对现状的感慨与受到好友安慰后欲重新振作的心情。《赤壁》：作者发现折断的战戟沉在泥沙中并未被销蚀，将它磨洗后认出是前朝遗物，联想到当年赤壁之战时，倘若东风不帮助周瑜的话，曹操成为胜利者，大乔和小乔就必然要被抢去，关在铜雀台上。作者把周瑜在赤壁战役中的胜利归之于偶然的东风，借史事以倾吐其胸中抑郁不平之气。《水调歌头》中，苏轼因为官场失意，和其弟苏辙分离，中秋对月,作者的诗词勾勒出皓月当空、亲人千里、孤高旷远的境界氛围,表达了对胞弟苏辙的无限思念。但是作者没有陷在消极悲观的情绪中,旋即以超然达观的思想排除忧患,终于表现出对生活的热爱。《山坡羊(潼关怀古)》表达了作者对广大人民的同情,以及忧国忧民的爱国精神。

(四)人间真情,至善至美

人间处处有真情。《我的母亲》记叙了作者小时候的生活,回忆了母亲对自己的教育和母亲与家人的和睦相处,字里行间洋溢着对母亲的感激之情。在文本中体现了母亲对自己的爱和母亲善良、宽容、有阳刚之气、教子有方,具有恩师、慈母、严父的性格特征。《我的第一本书》作者的第一本课本被作者裁成一半送给他的好友乔元贞(乔家买不起书,但学校规定要带书来上学),结果被父亲发现。巧手的父亲,用白纸将两本半本书装订成两本书,一本给我,一本给了已不上学的乔元贞。爱,不仅仅在一屋之下,也在同一片蓝天下。

(五)爱岗敬业,诚信待人

古今中外,爱岗敬业、诚信待人的优秀品质均值得我们学习。《藤野先生》记录了作者在日本留学时期,在仙台医专受日本学生歧视、侮辱,在藤野先生的帮助下,作者取得了优秀的成绩。《再塑生命》记叙了莎莉文老师教"我"认识具体事物,教"我"认识和理解大自然,教"我"理解"爱"的含义,这体现出莎莉文老师的教育对作者产生的巨大影响,表现了作者对莎莉文老师的崇敬和感激。

二、社会主义核心价值观在语文课文体裁上的体现

仅仅是现代作品并不足以完全展现社会主义核心价值观。所以语文教材中还提供了文言文供学生学习。

《与朱元思书》以作者写给好友朱元思的信的形式,描写了山林的优美和壮观的景色,表达了作者对祖国大好河山的热爱与对功名利禄的厌弃,同时劝说好友朱元思归隐山林,远离官场。《五柳先生传》通过叙述五柳先生好读书却不求甚解、性嗜酒却不能常得、安贫乐道与著文，表现了五柳先生不慕荣利、坦率认真的品格。《马说》通过借物喻人的方式，写大多养马人不识千里马，将千里马当作普通的马一般对待，使其无法充分发挥原本能力。作者将自己比作千里马，抨击了不是人才、摧毁人才的昏庸统治者和腐败的朝廷现状，表达了作者怀才不遇、壮志难酬之情。《送东阳马生序》叙述作者好读书却买不起书，只有找他人借书来抄写一事，又描写了作者的诚信，为按时归还，在天气极其寒冷时作者依旧奋笔抄写。此外，作者去百里外求师求学，即使老师言辞咄咄逼人，作者对老师依旧毕恭毕敬。作者外出从师艰辛劳苦，风餐露宿，衣着简陋，但却自得其乐。

《岳阳楼记》中的"先天下之忧而忧"，能够让人想到老一辈革命家，点燃星星之火，燃遍整个中华，给人民带来了光明和希望——无数的前辈南征北战，"青山处处埋忠骨""敢教日月换新天"！《醉翁亭记》中作者欧阳修以"醉翁"自称，旷达自放，摆脱宦海浮沉，人世纷扰，在远离都市的山水之间，把自己的心灵沉浸到闲适、恬淡的情境里，获得了一种平衡、和谐的感受。这种感受反映在《醉翁亭记》里，使文章如田园诗一般，淡雅而自然，婉转而流畅。《行路难》的作者虽然苦闷但不失去信心，给人以激励。

八年级学生已有一定文言文的基础，通过简单翻译便能够体会作者在文章中表达出的深层的精神追求。社会主义核心价值观在语文课文体裁上得以充分体现。

主题式教学对实现英语学科育人有效性的探究

——以"友谊"为主题的阅读教学为例

■ 唐　美

传统的英语教学多重视对语言知识的讲授，忽视语篇中的文化内涵，不利于培养学生的学科核心素养。本文针对这一问题，以英语阅读教学为例，以"友谊"为主题，尝试通过主题式教学，使学生在获取语言知识、掌握语言技能的同时，通过感知、分析和鉴赏进一步了解语篇中的精神内涵，并将其内化为个人意识和品行，实现在英语课堂中培养学生学科核心素养的育人目标。

一、研究背景

（一）问题提出

作为一门语言学科，英语是国际交流与合作的重要工具。正因如此，有人认为，并非每个人在日常生活中都需要用英语与他人沟通，因此不需要重视英语学科，甚至质疑英语作为高考科目的必要性。而在当前应试教育的环境下，在英语课堂中，教师通常会考虑到教学重难点，重视对英语语言知识的讲解与传授，注重学生对听、说、读、写、看等英语基本技能的掌握，相对零散的知识点的讲解，弱化了学生对于语言、语篇知识的理解和思维的发展，不利于学生形成正确的价值观。

目前，在新课程改革的背景下，基础教育阶段各门学科课程标准的修订已然成为全面深化课程改革、落实立德树人根本任务的重要环节。《普通高中英语课程标准（2017版）》明确提出普通高中英语课程是高中阶段全面贯彻党的教育方针的基础文化课程。英语作为思想与文化的重要载体，对于坚定学生的文化自信，培育学生的中国情怀，促使其形成正确的世界观、人生观、价值观等意义重大。

笔者认为，从党的十八大报告提出立德树人的教育根本任务到新一轮课程改革全面修订中学各门学科的课程标准，都强调了中学各学科独特的育人价值和作用，传统的英语课堂已经远远不能满足新课程标准的要求。因此，选定一个主题，进行主题式阅读教学，把学科内容之"教"与学生成长之"育"融合，是提高英语课堂生命力的一种有效方法，更是实现英语学科育人的有效途径。

（二）主题式教学对实现英语学科育人的优越性

《课程标准》指出，学科核心素养是学科育人价值的集中体现。普通高中英语课程应强化对学生学科核心素养的培养，重视学生语言能力、学习能力的发展，更不能忽视对学生文化意识、思维品质的培养。这就要求教师在英语教学过程当中，使英语的工具性属性和人文性属性融合统一。在培养学生语言意识，提高学生有效使用口语和书面语言表达交流的同时，教师更要关注学生文化意识的养成，使学生在获取语言知识的同时，能够读懂其文化内涵，比较文化差异，汲取文化精华，坚定文化自信，养成自尊、自信、自强的良好品格，树立正确的价值观念。

主题式教学是指将若干个需要呈现的学习内容通过某一主题情境联系起来，将分散的知识点有机融入某一固定的主题之中，进而组织课堂教学。在主题式教学中，主题式语境不仅规约着语言知识和文化知识的学习范围，还为语言学习提供意义语境，并有机渗透情感、态度、价值观。因此，在主题式教学中，教师以主题为引领，充分挖掘特定主题所承载的文化信息和发展学生思维品质等的关键点，将特定主题与学生的生活建立密切关联，在指导学生学习和运用语言的同时，推动对主题意义、文化内涵等的探究，帮助学生建构新概念，丰富人生阅历和思维方式,树立正确的人生观,有效实现学科育人。

二、主题式教学对实现英语学科育人有效性的探索

(一)利用主题式教学实现学科育人的原则

1.以主题为线,紧扣教学目标。主题式教学,课堂教学的设计必须坚持两条线并行。一是以主题为线,围绕教学单元的核心语言材料,创设具体情境,设计主题范围内的任务链教学活动。二是紧扣教学目标,在主题语境的规约下,凸显课堂教学的教学目标,把学科育人理念渗透到课堂教学的每一个环节当中,做到"增智"与"育人"的有机统一。

2.以主题为纲,深挖语言材料。英语教学的语言材料不应局限于教材所提供的语言材料,而应把语言知识语境化再整合,以主题为纲,不仅要从教材中提取重要语言知识与材料,也要利用多种媒体形式从网络、英语报刊等获取符合主题的语言材料,丰富或拓宽主题语境,特别是通过中外文化对比,不同观点的表达,培养学生的批判性思维,为学生价值观的进一步提升做准备,构建多元文化视角。

3.以主题为魂,丰富教学评价。以学生考试分数的高低来评判学生对英语知识的掌握程度与英语水平,这一方式与培养学生英语学科核心素养的要求是相背离的。在主题式英语教学当中,教师应在主题语境,甚至延展到更深层次的主题语境的活动中,关注学生在英语学习过程中所表现的情感、态度、价值观的变化与提升,实现教学评价的多样性。

(二)以"友谊"为主题的阅读教学课例分析

笔者所选取的以"友谊"为主题的阅读教学内容出自外语教学与研究出版社英语必修一第四单元"永远的朋友"。本单元的主题语境是"人与社会",涉及的主题内容是良好的人际关系与社会交往。本单元从多个方面诠释了与朋友相关的话题,通过在"友谊"这个主题语境下的语言材料的学习,引发学生对朋友的价值、友谊的真谛等方面的思考,引导学生掌握正确的交友原则,以正确的方式结交朋友,最终形成科学的交友观,并在一定程度上了解中外文化对友谊的探讨与歌颂。

笔者以"友谊"为主题,基于教材阅读内容,通过创设具体情境,引导学生探究正确的交友方式,评判网络、社交媒体环境下人们的交友观念,推动学生对于交友方式的进一步思考,进一步探寻这种美好情感的意义,从而实现智育与德育的有机融合。

一是主题的选取。首先,主题"友谊"与学生日常生活息息相关,对此主题,高中学生非常熟悉,而且已形成自己的基本的观念。其次,此主题探讨的"人与社会"关系,利于培养学生良好的品质,既符合学科核心素养的要求,也利于渗透德育。从课程资源的角度来说,围绕友谊的文本资源非常丰富,教材提供了各种形式的文本材料,网络上可供选用的材料形式与内容也非常丰富。因此,选取符合此主题的文本资源既有利于学生在研读文本资源的基础上理解语篇所表达的意义,实现语言能力学习目标,更有利于学生在丰富的情境下辨析语言中的具体现象以及其所包涵的文化内涵,正确评判不同的思想观念,培养多元思维和创新意识,有效实现学科育人。

二是语言材料的选取。新课程标准倡导现代信息技术在教学中的充分应用,在信息化环境下丰富课程资源。因此,本节主题式阅读课的语言材料既选取了外语教学与研究出版社英语教材第四单元中的阅读片段;也利用网络和信息化手段,选取了一些符合本教学设计要求的语言材料,如歌曲《友谊地久天长》的视频以及狄更斯的诗歌These Things Shall Never Die(《这些美好不会消逝》)等内容。

三、教学反思与实施建议

（一）教学反思

主题式教学通过整合语言材料,创设鲜明的主题情境,既有利于学生对语言知识的掌握,更能最大限度地帮助学生探究语言材料的意义及丰富的文化内涵,是实现学科育人的有效尝试。以"友谊"为主题的英语课,在问题任务链环环紧扣的课堂设计中,既培养了学生恰当使用语言知识的意识及语用能力,同时也实现了学生正确认识"友谊"的育人目标。对于这次教学尝试,笔者有如下一些思考:

第一,主题式教学是实现学科育人的一种有效途径。以主题为引领,以语篇为依托,将语言知识的学习和语言技能的发展有机融合,主题式教学策略的实施,有助于改变孤立的语言教学方式,整合线上线下零散的课程资源,促进学生有效进行语言学习。在对学习材料理解的基础上,学生在真实的主题情境中运用语言来完成真实的任务,能够实现语言学习目标及学科育人目标。

第二,在主题式教学中,主题的选择一定要鲜明,且适合学生的心理发展特点,符合学生当前的认知水平。对学生的评价,应该随着学生在教学过程中的变化,由相对静态的英语考试分数转化到多维度评价,如学生在主题语境学习下是否有思维水平的提升,是否在人生观上有进一步完善。

第三,在英语教学中,教师应将语言知识学习、语言技能培养、思维品质发展和文化品格提升等有效融入英语教学活动中,帮助学生积极探究主题意义,运用所学语言知识来分析和解决具体语境中的问题,培养其学科素养。

(二)实施建议

主题式教学需要根据教学内容,整合课程资源来确定主题,教师需要对整个知识体系进行宏观梳理,根据课程资源确定主题。因此,其实施需要多人配合才能科学高效地实现。在英语教学中,学科组可以进行分工,根据教学内容与教学目标,把相关的主题进行重新整合,借助学科组的力量把握好话题的宽度和厚度。只有统筹规划,打破界限,进行大单元设计,最大限度地整合学科教学内容及教学方式,才能真正保证主题式教学的有效性,最大限度地实现学科育人。

立德树人是历史教学的主旋律

■ 王 迎

"坚持教育为社会主义现代化建设服务、为人民服务，把立德、树人作为教育的根本任务，全面实施素质教育，培养德智体美全面发展的社会主义建设者和接班人，努力办好人民满意的教育。"在新时代素质教育中，德育居于核心地位。正如爱因斯坦所说："优秀的品德和钢铁般的意志比智慧和博学更重要，智力上的成就在很大程度上依赖于人格的伟大。""未来社会需要的人才，不仅要有健康的体魄、扎实的科学文化知识，而且要有高尚的品德和健全的人格。"将立德树人作为教育的重点正是广大教育工作者的夙愿和心声，而历史学科正是对学生进行思想品德教育和人格教育的良好载体。以下就笔者在历史教学中对学生注重渗透品德和人格教育的想法和做法谈一些体会。

一、历史教学中的德育指导理念

学习固然可帮助学生成才，但成才更关键的在于学生对自己道德行为修养的提升。自古儒家讲君子要修身齐家治国平天下，而修身是"齐家治国平天下"的前提和第一步。"其数则始乎诵经，终乎读礼；其义则始乎为士，终乎为圣人。"重视人格修养，重视人的综合品质，从古至今都是我们中国教育的要旨，从未改变。学生们自孩提时代上幼儿园到现在，听过无数次关于道德规范的谆谆教诲，但并不是所有人都能将其真正内化为自己的行动指南。学与习是两件事，"纸上得来终觉浅，绝知此事要躬行。"我们从学习中得来的不仅是知识，还应该有做人的修为,并要真正在生活中实践这些信条。学习的目的是全面提升自己,不是为了夸饰、卖弄,也不是为了取财谋利。荀子曰:"君子之学也,以美其身;小人之学也,以为禽犊。"

重理科,轻人文;重现实利益,轻理想、价值观和道德修养,由此带来了种种社会弊病。在新的社会背景、新的育人目标和新的学习形式的前提下,增强对"学以成人"的关注,在当下的中国更具有紧迫性。立德树人,学以成人的重提适逢其时。每位学生都很在乎自己的内心修养和外在形象。"相由心生",如何做到成才又成人,古代贤者和近现代的学者都有经典论述。我们教室中悬挂的《中学生行为守则》与社会主义核心价值观,都是最基本的信条。带着上进之心去学习,带着敬畏之心和老师相处,带着宽容之心为人处世,带着自信与愉悦走向未来。我们无法决定天赋高低,却可以让自己成长为真正的人!

二、利用课程教材资源,在课堂教学中渗透立德树人教育

历史教材中有鲜活的历史人物,有生动的历史故事。在教学过程中。笔者充分利用历史教材中蕴含的人格教育素材来不断感染学生,始终对学生进行思想品德和人格教育,用历史净化学生的灵魂,陶冶学生的情操,树立明确的是非标准、正确的人生观、价值观和世界观,使学生受到潜移默化的影响,达到"润物细无声"的目的,以推动学生完善品格,提升修养。

如在讲述"西安事变"内容时,笔者指出西安事变的主角——身为国民党高级将领的张学良和杨虎城,他们置个人安危于不顾,以民族大业为重,毅然发动"西安事变",顺应抗日形势,体现了他们强烈的民族情感和大无畏的精神;又如通过讲述共产党员杨靖宇和赵一曼在极端艰苦和常人难以想象的困难条件下坚持抗日斗争,视死如归,从而对学生进行正确的爱憎观、道德观、英雄观的教育。再如介绍司马迁被处以酷刑,却忍辱负重,以极大的毅力写成《史记》。鉴真为弘扬佛法,五次东渡日本均未成功,自己也因患眼病,双目失明,但他矢志不渝,66岁时第六次东渡成功。这些事迹,有助于对学生高尚品德和顽强意志的培养。笔者介绍居里夫人,让学生了解这位伟大的女科学家是怎样以自己的勤奋,在物理学和化学领域做出了杰出的贡献,从而使学生学习居里夫人那种为追求科学真理而勇于献身的求知态度。此外,笔者介绍我国近代詹天佑、李四光等人是如何毅然抛弃优厚的待遇回国,不计名利、义无反顾地为处在困苦中的国家做出杰出贡献等。这些都是在向学生潜移默化又生动有趣地传递着优秀品德的正能量。

三、改进调整教法,在学习方式上渗透立德树人教育

新课标理念下,历史学习方式由接受性学习转变为自主性、探索性、研究性学习。自主的学习方式,目的是让学生自己发现问题、解决问题。使他们在自我发现、自我创造中感受到成功的喜悦,树立起解决问题的信心,同时也培养了学生自信勇敢、勇于挑战的品格和辨识真善美的能力。

如在《春秋五霸与战国七雄》的教学中,笔者让学生以自主性学习的方式,思考"齐桓公得以首先称霸""秦国能够统一"的理由,让学生课前自学,收集资料,对信息进行整理、分析和判断,完成对问题的初步分析,并提出自己解决不了的疑难问题。在自主性思考、小组交流的基础上,每个学生都能充分展示并交流自己的研究结果,畅谈自己对问题的认识;同时又和其他学生在分享中深入解析问题。最后笔者让学生归纳齐桓公和秦始皇成功的相似点,发掘出他们都注重自身修养,礼贤下士等个人品德素质。这样,学生在自主学习中既增添了独立解决问题的勇气和信心,又加深了对品德因素的重要性的认识。

优良的品格,需要反复在德育中磨炼、修正和健全。在历史教学中,笔者根据学生的认知结构、年龄层次、心理特点,不断改进调整教学方法,以加强对学生品德和人格的建塑。通过引导学生积极主动参与课堂教学,充分发挥学生学习的主动性和主体作用。在历史教学中,笔者非常注重引导学生阅读教材及有关的历史资料,逐步培养他们独立捕捉观点和信息、提出问题、思考问题并解决问题的能力。此外,笔者还适当让学生对历史事件和人物进行评价,对有关人物活动、历史题材的艺术作品进行专题评述。学生自己设计图表、整理知识、构筑知识框架,这种方式有利于促进他们形成努力探究科学知识的锲而不舍的品格和独立的人格。

四、广泛搜集资料,在课外活动中渗透立德树人教育

历史课外活动的形式是多种多样的,如撰写历史小论文、参观展览、阅读课外书籍,观看权威可靠的历史纪录片等。再如在学习中国古代的四大发明后,有些学生对"为什么中国率先发明火药并使用火器,但到了近代,中国火器的发展却落后于西方国家"的问题产生了兴趣。笔者提议学生们不妨将其作为一个课外拓展题进行思考。学生们通过查阅军事科技书籍、上网查找资料,最终得出了结论,也意识到了自己肩负着进一步增强我国国防科技实力的历史使命。

历史教学通过课外活动还可以营造竞争气氛,培养学生勇为人先的优良品格。竞争意识是推动个体战胜自我、超越他人的精神动力。教师可以适当组织历史知识抢答赛、收集讲述有关历史故事的成语,如退避三舍、闻鸡起舞、揭竿而起、破釜沉舟、卧薪尝胆等,进而让学生受到教育;可以开展专项历史资料的搜集、展览、评比活动,发挥学生的个性特长和兴趣,调动他们积极向上、勇为人先的内在能动性,帮助学生形成敢于拼搏的优良品格,以推动他们思想和人格的不断发展。

在历史教学过程中,只要教师潜心研究,充分利用大量的德育素材,采取恰当的教学方法,开展多种教育教学活动,对学生施加人格影响,是可以提高对学生思想品德教育的效果,从而有效地帮助学生构建起优良人格的。最后,借用著名历史学家白寿彝先生曾说过的话结束本文:"历史教育关键主要有三条,第一条讲做人的道理;第二条讲人类改造自然的道理;第三条讲历代治乱兴衰。这三条中,第一条是最紧要的。教育学生如何做人,学会做人,这是历史教育工作者责无旁贷的历史使命。"

高中生物教学中的思政教育

■ 焦兴佳

党和国家对教育工作高度重视，习近平同志在2016年发表重要讲话，要求"要用好课堂教学这个主渠道，提升思想政治教育亲和力和针对性，满足学生成长发展的需求和期待，其他各门课程都要守好一段课，种好责任田，使各类课程与思想政治理论课同向同行，形成协同效应"。这就要求专业课教师要充分利用好课堂教学这个主渠道，将思想政治元素全方位、多角度融入课堂，最终实现全程育人、多方位育人的目的。与思想政治学科不同的是，生物教材会将思政教育的内容隐含在教材中，所以生物教师要善于挖掘生物教材中的思政元素，并将思政教育有机融合到日常的教学中，使学生在学习生物学知识的同时又可以接受思政教育，真正做到教书育人。

一、高中生物教材中的思政元素

生物是一门实验性学科，近年来我国各项科技创新飞速发展，已位于世界领先水平。人教版2019年高中生物教材中纳入了很多科学家访谈和科学前沿知识，学生通过阅读这些内容，能够了解我国在科技方面的进展和成果，增强对党和国家的自豪感。

生物必修一"分子与细胞"中的科学家访谈对象是施一公院士，访谈内容介绍了施一公院士果断放弃普林斯顿大学提供的优厚待遇和优越的科研条件，回到清华大学任教，通过施一公院士的故事，学生们意识到每一个人对于国家和民族都有着义不容辞的责任,每一个人都要承担起实现中华民族伟大复兴的使命。第一章的章前引言介绍了2017年11月27日,我国科学家经过五年时间的努力,使得世界上第一个体细胞克隆猴在我国诞生,取得了重大突破;在第二章第四节的生物科学史话中介绍了我国科研人员精诚合作,在经过了多次失败以后,终于用人工方法合成具有生物活性的蛋白质——结晶牛胰岛素。

生物必修二"遗传与进化"的科学家访谈介绍了杂交水稻之父袁隆平院士。杂交水稻自1976年大面积推广以来,已累计推广80亿亩,累计增产稻谷6000亿千克以上,被誉为"第二次绿色革命"。我国取得的这些成果,离不开科学家们的不断创新,使我国成为世界杂交水稻强国。第四章第二节中介绍了1993年中国农业科学院的科学家成功地培育出了抗棉铃虫的转基因抗虫棉,之后我国还用基因工程的方法培育出了转基因奶牛、转基因羊等多种转基因动物;1978年,科学家将人的胰岛素基因转入到大肠杆菌中,利用大肠杆菌生产胰岛素;1990年,科学家将牛的凝乳酶基因转入大肠杆菌中,通过工业发酵来批量生产凝乳酶。

在生物选择性必修一"稳态与调节"第二章第四节的生物科技进展中介绍了中国脑计划,这一计划意在弄清楚人类大脑的工作机制,将研究成果更好地应用到实践中;第五章第四节介绍了在2008年北京奥运会期间,虽然当时是夏季,我国园林技术人员却让北京城区的月季在奥运会期间连续盛开,为北京奥运增色不少。教师在课堂上可以组织学生阅读或者向学生介绍这些内容,把生物课本中的思想政治元素鲜活地呈现在学生的面前,让学生充分了解我国科技发展的新成就,这样有利于培养学生的科学素养,增强其民族自信心和民族自豪感,培养学生的爱国主义情怀,让学生爱党爱国。

二、在高中生物实验教学中融入思政教育

实验是生物学科的灵魂,实验教学是生物学教学的基本形式之一。教育规划纲要把"服务国家服务人民的社会责任感"作为素质教育的重要内容,社会责任感的培养是教学的重要任务。"社会责任"指的是在生物学认识的基础上，对一些社会事务参与讨论并做出理性的解释与判断，解决生产生活问题的能力和担当，以此来辨别真伪、为人类谋福，同时可以主动向他人宣传健康生活、关爱生命和保护生态环境的知识，结合本地资源开展科学实践，尝试解决现实生活问题。如高一生物"检测生物组织中的糖类、脂肪和蛋白质"的实验，脂肪染色的原理是用苏丹Ⅲ或者苏丹Ⅳ染液进行染色，苏丹Ⅲ染液能将脂肪染成橘黄色，苏丹Ⅳ染液能将脂肪染成红色。由此笔者联想到之前市场上出售的红心鸭蛋。自然产的红心鸭蛋数量非常少，是做咸鸭蛋的上品，一些商家为了赚钱，在鸭饲料里添加工业染料苏丹Ⅳ染料，喂食之后，鸭产下的鸭蛋是红心的，但是工业染料苏丹Ⅳ是致癌物，食用苏丹Ⅳ染色的红心鸭蛋对人体危害非常大，笔者及时提醒学生及其家人在购买鸭蛋时要认真查看。

教师在实验教学中要注重培养学生理论联系实际，不盲目跟风，用理性的思维来考虑社会事件的习惯，进而提升学生的社会责任感，使其对自己负责，对社会负责。"观察根尖分生组织细胞的有丝分裂"实验，能让学生对正常进行有丝分裂的细胞经过解离、漂洗和染色，最后制成装片进行观察，进而描述各时期的特点。教师由细胞正常的分裂状态延伸到细胞的恶性发展，也就是细胞的癌变。随着人们生活方式的改变，越来越多的人受到癌症的困扰。我们要在平时的生活中避免接触各类致癌因子，健康饮食，不吸烟酗酒，养成健康的生活方式。教师应提倡学生主动将健康的生活观念传播给其他人，培养学生的社会责任感，让学生爱人民，爱自己。

三、高中生物社会实践中的思政教育

除了在日常的生物教学和实验教学中融入思想政治教育，生物社会实践也是进行思政教育的好机会。为了让学生能够将理论和实践相结合，开拓学生的视野，学校提供了很多外出研学和参加活动的机会，如带领学生到军事科学院军事医学研究院环境医学与作业医学研究所研学，在研学的过程中，学生参观研究所的实验室,并由教授讲解相关生物学前沿知识,这加强了学生们对我国科技发展的了解,同时学生们还可以学习我国军人优良的生活作风以及自律自强的品质,树立正确的人生观和价值观。

在此次抗击新冠肺炎疫情中,我国取得了重大战略成果,科技为打赢疫情防控阻击战发挥了重要作用,为了弘扬科学精神,培养学生的科学素养,学校带领学生到南开大学药物化学生物学国家重点实验室进行参观,在实验室学生们看到了电镜下不同细菌和病毒的成像。在此次抗击新冠肺炎疫情的过程中,我国科研人员利用电镜技术,解析出新冠肺炎病毒的结构,为疫苗的研制以及临床治疗做出了巨大的贡献。南开大学还向学生们展示了3D打印技术,目前已有利用细胞3D打印技术构建人体软骨、皮肤、肌肉、血管、心肌、肺、神经等组织的科研报道,学生们对3D打印技术也非常感兴趣,这激起了学生们的创新创造的热情,为新时代科技事业的发展打下坚实的思想基础。

四、在生物教学中渗透辩证唯物主义教育

在日常教学中生物教师要引导学生树立辩证唯物主义自然观,让学生能够运用辩证唯物主义的观点去认识生物世界,意识到我们所处的自然环境是动态发展的,要以发展的眼光去看待事物。教师可以利用高中生物课中的"细胞的结构与功能""生物的新陈代谢""生物与环境""遗传与变异""生命起源和生物的进化"等内容来教育学生要以辩证发展的眼光看事物,对学生进行辩证唯物主义教育。

生命是物质的,是从非生命物质起源的,经过数亿年的时间,非生命物质经过复杂的化学变化,最终演变为原始生命,又从简单的低等生物进化到复杂的高等生物,生活环境从水里变为陆地,最终形成了缤纷多彩的生物世界。而这些生物体结构和功能的基本单位是细胞,细胞中包含的化学元素我们都可以在无机自然界中找到,这些元素再构成化合物。这些化合物在细胞中都有它的作用,只有这些化合物有机结合在一起,细胞才能发挥它的作用,表现出生命现

象,所以细胞是这些物质最基本的结构形式。唯物主义肯定世界是物质的,生物学中生命是物质的观点,有助于学生形成科学的世界观。

将思想政治教育融入高中生物教学中,能使学生在掌握高中生物知识的前提下,理解自身肩负的使命,转变学习观念,认真对待学业,为培养出"爱国、敬业、诚信、友善"的优秀学生奠定良好基础。因此,专业课与思想政治教育两方面相互配合、互相补充,则能实现"全员育人、全程育人、全方位育人"。

第八章
渗透育人
显性性和隐性性的统一

完整的思政课建设，必须把对学生的思想培育融入每门课程，并渗透到学校生活的每个方面、每个角落，实现全员、全程、全方位育人。在这一思路的引领下，学校一方面给学生开足思政理论课程，有针对性地讲授理论性、系统化的思想政治观念，另一方面，不断挖掘其他学科课程中的思政教育资源，以"课程思政"为着眼点，积极进行隐性教育的建构。在教学实践中，教师在遵循教育教学基本规律的条件下，努力做到教书与育人相统一，将学科知识与思想政治理论同向同行，不断拓展思政教育的阵地，为思想政治工作营造良好的生态。学生无论在哪门学科的课堂上，都可以获取价值观的思想引导，感受到思政理论的魅力，进而确立起时代责任，承担其历史使命。

群文阅读拓渠道　立体德育润高洁

■ 董红红

　　党的十八大提出："把立德树人作为教育的根本任务,培养德智体美全面发展的社会主义建设者和接班人。"此后,习近平同志围绕坚持立德树人这一教育的根本任务做出了许多重要论述,提出了明确要求。党的十九大报告进一步强调"要全面贯彻党的教育方针,落实立德树人根本任务"。对学生进行德育,除了专门学科外,我认为还有一个最有效、最实用的阵地,那就是语文课堂。

　　在新形势下,我们尝试通过"群文阅读"教学,对学生进行思想道德教育工作。"群文阅读"能把各种教育资源整合,多角度、全方位、立体化地进行德育渗透,将阅读养料内化为学生道德、人格。为更好地将德育无声地渗透在群文阅读中,我做了以下尝试和探索:

　　一、立足同主题,多元解读丰富德育底色

　　人教版初中语文多以"话题"引领,以"主题"组成单元,具有广阔的拓展空间。我们首先以单元项目主题为依托,适当补充、整合教材,开放语文阅读教学内容,这就使学生对同一"话题"形成多角度的认识、个性化的体验,这样就会在不同角度对学生进行思想道德教育,使德育呈现五彩斑斓的底色。

　　语文七年级上册有《植树的牧羊人》《走一步,再走一步》《紫藤萝瀑布》三篇课文,我带领学生进行了"面对困境"主题阅读,在课内文章的基础上,拓展了五篇文章——《在山的那边》《一包花生》《向一棵树鞠躬》《不给自己任何借口》《请你记得歌唱》,以上八篇文章内容丰富,取材广泛,从不同角度表现了作者"面对困境"时的精神品质和生存智慧,闪现出伟大的人性光辉。我们引导学生在阅读和学习的过程中,全方位、立体化地理解"面对困境"的主题,进而使其受到精神的鼓舞,思想的熏陶。

"面对困境",《植树的牧羊人》告诉我们面对生活的艰辛,人们可以选择诗意地栖居在大地上,宁静的心灵和满腔热忱会弹奏出精彩的乐章。《走一步,再走一步》告诉我们不能轻言放弃,只要把困难分解开来,分解为许多个"一小步",我们就能冲顶成功。《紫藤萝瀑布》在写景状物中,告诉我们不能被厄运压倒,要对生命的美好保持坚定的信念,面对新的生活,要振作精神。《在山的那边》告诉我们要树立理想,并为实现理想而不懈奋斗。《不给自己任何借口》告诉我们将"借口"踩在脚下,不断超越自己,收获成功。《一包花生》告诉我们要自立自强,用自己的努力改变命运。《向一棵树鞠躬》告诉我们躲避现实只能毁灭自己,安于命运,顺势而长,才是生命的根本,要用蓬勃向上的内驱力展现自己独特的姿态。《请你记得歌唱》告诉我们要乐观向上,用努力、执着、一丝不苟的精神创造自己人生的精彩。通过群文阅读,学生明白行走在生活的道路上,面对困境是不可避免的,通过这一组文章的阅读,学生会对人生中的困难有多角度的深入的认识。接着,我们以"笑对困境"为主题进行了演讲比赛、手抄报展、读书论坛等系列活动,让学生在更广阔的空间中理解"困境",树立积极的生活态度。这些活动为学生人生涂上亮丽的底色,在以后遇到困难时,学生会调动起这些内在的感受,积极面对,一步步接近幸福。

二、挖掘同作者,用人格魅力丰满德育羽翼

纵览中学语文课本中的经典诗词文章,其中表现的文人志士的独特人格魅力令人叹为观止。"人生自古谁无死,留取丹心照汗青",展现了文天祥大义凛然、忠心爱国;"感时花溅泪,恨别鸟惊心",展现了杜甫胸怀天下、忧国忧民;"长风破浪会有时,直挂云帆济沧海",展现了李白自信昂扬、飘逸潇洒……他们闪闪发光的人格魅力激励着每一个人。这些都是我们对学生进行人格塑造的最佳素材。

然而，这些诗文分散在课本中，学生通过品析诗文对作者的了解是零碎的、片面的，"同作者"的群文阅读可以把同一位作家的代表作品进行整合，让学生通过群文阅读的方式全方面了解作品的创作背景和作者的成长历程，从而提高学生的文化修养，让作者的精神之光照亮学生的成长之道路，陪伴学生一生。

伟大领袖毛泽东的作品，有曹操的大气与乐观、李白的神奇与浪漫、辛弃疾的激越与恢宏。七年级下学期，我对毛泽东的经典诗词按时间进行了整合，让学生走进伟人，走进伟人的成长历程，感受伟人的凌云壮志和博大胸怀。"埋骨何须桑梓地，人生无处不青山。"（《赠父诗》）使学生读出少年毛泽东走出乡关、奔向外面世界的激情，读出他胸怀天下、志在四方的远大抱负。"春来我不先开口，哪个虫儿敢作声？"（《七古·咏蛙》）使学生读出毛泽东敢为天下先的勇气。"鹰击长空，鱼翔浅底，万类霜天竞自由"（《沁园春·长沙》），学生既能从中读出毛泽东对锦绣河山的壮美的赞叹，又能读出作者对自由解放的向往与追求。在《采桑子·重阳》所写的秋景之中，我们读不出历代文人所写的肃杀岑寂，读出的是秋天色彩艳丽，生机勃勃，读出的是伟人的革命豪情、乐观向上。在《沁园春·雪》中，我们读出的是冰雪中的诗情，山河中的画意，是一颗赤子之心和革命的光明之路……

还记得学生们在阅读这些作品时的情景，声音是那样慷慨激昂，表情是那样庄重严肃，我感受到他们心中激荡着无穷的力量。"一个人的作品就是他的英雄成长史"，经典作家的经典作品，文质兼美、千古传颂，彰显着人格魅力。学生通过阅读，走近经典作品，走近作家的精神世界。用精神感染精神，用人格塑造人格，久而久之，学生人格的羽翼就会渐渐丰满，成就美好人生。

三、关注同体裁，用审美情趣丰厚德育内涵

蔡元培曾经指出："美育者，与智育相辅而行，以图德育之完成。"因此，我们高度重视对学生的审美能力的培养，通过"同体裁"的群文阅读，培养学生对

自然、社会、人生美的感受、理解和鉴赏能力,努力培养学生健康积极、美好高尚的情操和审美素养。

在进行七年级上册"感悟自然"的主题阅读时,在课本上安排的三篇散文——《春》《济南的冬天》《雨的四季》基础上,我拓展了五篇散文:《荷塘月色》《绿》《竹林深处人家》《鼎湖山听泉》《塞外的春天》,以上八篇文章内容丰富、形散神聚,许多美散落在其中。《春》中春草柔嫩、春花烂漫、春风温暖柔和、春雨细密,人们精神,景美人活;《济南的冬天》中山秀美,水清灵,热爱流淌;《雨的四季》中雨的音响、雨的气息,雨的趣味,雨的性格、雨的情义,情趣交融;《荷塘月色》中淡月辉映下荷花晶莹剔透,绿叶衬托下荷花忽明忽暗,荷花纤尘不染;《绿》中梅雨潭的绿奇异、醉人,让人心中泛起绿色涟漪;《竹林深处人家》中竹海深沉、茂盛,使人心中满是丰收喜悦;《鼎湖山听泉》中泉水美妙,泉声灵动;《塞外的春天》中百鸟报春热闹,黄河开冻壮观,百花闹春情趣盎然。借助反复的朗读,学生能一步步体会到作品的情感和美感,使学生逐步热爱自然、热爱生活,追求真善美,提升审美情趣,从而丰厚德育内涵。

再如在名人传记的阅读中,通过"同体裁"的群文阅读,让学生感受名人的情怀之美;古诗阅读中,通过"同体裁"的群文阅读,让学生体会传统文化的含蓄之美;小说阅读中,通过"同体裁"的群文阅读,让学生体味情节的跌宕起伏之美,追索人物的精神之美……

学生的审美能力就是这样在同体裁文章的阅读中慢慢提高,逐渐养成在生活中发现美、感受美、创造美的习惯,进而成就幸福人生。"接天莲叶无穷碧,映日荷花别样红",这别样红的荷花就是群文阅读。立足同主题群文阅读,学生多角度的解读让学生思想深刻,生活幸福;挖掘同作者群文阅读,作家闪光的人格魅力让学生品格高尚,行为高洁;关注同体裁群文阅读,美好的事物、情感让学生美的感悟力不断提高,从而学会创造美,享受美。可以说,群文阅读拓宽了德育渠道,立体的德育内容让学生立体成长,高洁绽放。

论在高中历史教学中深化德育探索

■　程　亮

　　2017年版的《高中历史学科标准》提出将"立德树人"作为历史课程的根本任务,用五个历史核心素养代替原来的历史教学的基本目标——三维目标。其中家国情怀是中学历史核心素养的重要内容,是实现立德树人任务的重要组成部分。2019年教育部最新制定的《高考评价体系》中将"立德树人"作为高考最核心的功能。高中历史教师要引导学生通过课堂学习,实现立德树人这一根本任务,培养学生家国情怀的核心素养,提升自身对中国特色社会主义的道路自信、理论自信、制度自信、文化自信。

一、在中学历史教学中深化思想道德教育的必要性

　　习近平同志在曾经指出:"我们的教育要培养德智体美全面发展的社会主义建设者和接班人。"教书育人就是要培养出德才兼备的君子。司马光说:"才者,德之资也,德者,才之帅也。"一个人如果道德有亏、自私自利,无论他身体如何强壮、知识如何丰富、能力如何高超,不仅不能为国家与社会做出贡献,相反会造成巨大的威胁。小人如果对国家利益漠不关心、有才无德,必将祸害无穷。高中生思想道德水平直接关系到民族的兴衰和中国梦的实现。韩愈说:"师者,传道、授业、解惑也。"作为一名历史教师,不仅要使学生通过学习学到历史知识、提高学习能力、掌握学习方法,更要对学生加强正确的世界观、人生观、价值观教育,培养学生爱国爱家乡的社会责任感。

历史学科具有以古鉴今、博大精深的特征,正是进行道德教化的绝佳途径。其内容生动具体、包罗万象、真实可信,具备其他学科无法取代的德育功效,是对学生进行思想道德教育、落实立德树人的重要途径。教育学家杜威曾说:"历史是永恒的建设性的道德遗产。"历史教育专家赵亚夫先生更是直截了当地指出:"为什么要学历史?为了学会做人。"因此思想道德教育是每个历史教师责无旁贷的职责。历史教师应当将德育渗透到整个历史教学中去,将德育内容落实到每节课,善于挖掘教材中的德育内容,潜移默化,加强对学生高尚的思想道德、良好的意志品质的培养,落实立德树人的根本任务,增强学生的人文素养,塑造其健康的人格。

二、在中学历史教学中进行思想道德教育的内容

《普通高中历史课程标准(2017年版)》在基本理念部分提出:"以立德树人为历史课程的根本任务""坚持正确的思想导向和价值判断",并将"家国情怀"作为历史核心素养之一。2019年教育部制定的《中国高考评价体系》中将高考考查的核心价值分解为三项一级指标和十项二级指标。根据以上教育指导纲领性文件中的最新要求,结合自己在多年来的教育教学实践,笔者认为在历史教学中开展思想道德教育应包括以下内容:

(一)加强爱国主义教育

列宁曾说:"爱国主义就是千百年来固定下来的对自己的祖国的一种最深厚的感情。"爱国主义体现了一个民族的凝聚力,是其永恒的精神支柱。爱国主义教育是思想政治教育的首要内容之一。而历史知识是进行爱国主义教育最生动、最真实的教材。一个人深入了解自己民族的历史,便可以生出爱国、报国之心。历史教师只有使学生了解中国上下五千年的灿烂文化,才能激发起学生的民族自豪感和自信心;只有使学生学习到近代百年屈辱与抗争的历史,才能使学生树立起"天下兴亡,匹夫有责"的思想。

中国古代在经济、政治、科技等方面的发展曾经远远领先于西方。四大发明曾经推动了人类文明的进步,促进了西欧由封建社会向资本主义社会的转变。十进制计数法的采用、日月食的观测、粟桑麻的培植都远远早于西方。中国隋代建立的科举制度,曾经使启蒙思想家们称赞不已,并直接推动了英国文官制度的形成。面对如此璀璨的古代文明,每个学生都会心生强烈的民族自豪感与民族自信心,从而形成热爱祖国、保卫祖国、建设祖国的崇高信念。

近代以后,西方的军事与经济侵略逐渐将中国拉入半殖民地半封建社会的深渊。历次侵华战争中国的失利、不平等条约的签订,正是由国力的巨大差异所致。学生通过对这些历史问题的思考,可以培养其忧患意识,同时理解国力强盛是洗雪百年国耻、振兴中华的根本所在。中国近代史上不同阶层的仁人志士抛头颅、洒热血,为挽救民族危亡舍生忘死。谭嗣同在变法失败、即将就义时,还高唱:"我自横刀向天笑、去留肝胆两昆仑。"民主革命的先行者孙中山先生在临终之际,还留下了"革命尚未成功,同志仍须努力"的遗言。通过学习历史,学生会逐步形成社会责任感,奋发图强,艰苦奋斗,推动民族进步。

(二)引导学生树立正确的世界观、人生观与价值观,增强"四个自信"

中学历史教科书中有大量历史人物,其道德品质是进行思想道德教育的优秀教材。历史教师应该充分挖掘这些历史材料,弘扬浩然正气,熏陶、激励学生,引导学生树立远大理想,提高自身家国情怀与道德修养。

如李时珍穷其毕生精力,完成药学巨著《本草纲目》;孙中山屡败屡战,领导民主革命;圣雄甘地百折不挠,领导印度"非暴力不合作"运动……历史教师要使学生理解到这些伟大人物之所以能在青史留名,是因为其树立了为社会做出贡献的人生观,并一生为之努力,鞠躬尽瘁,死而后已。

反之,对于历史教科书上的一些反面人物,我们也可以利用其警示作用,发挥其教育价值。如近代史上,卖国求荣的慈禧太后、临阵脱逃的方伯谦、专制独裁的袁世凯……教师应通过对其行为的描述,使学生认识到其反国家、反人民行径之可耻,从反面刺激学生树立正确的世界观、人生观与价值观。

（三）培养学生的人文精神和道德品质，使其认同社会主义核心价值观

人文主义精神就是以人为本，关注人类共同命运。每个历史教师必须要在课堂教学中培养学生的社会责任感，弘扬人的价值与尊严，实现人与人之间的人文关怀。而社会主义核心价值观，正是人文精神在新时代中国的最高体现与时代要求——富强、民主、文明、和谐、自由、平等、公正、法治、爱国、敬业、诚信、友善。

如在学习历史必修一"从科学社会主义理论到社会主义的建立"这一单元时，教师要启发学生，使其深刻认识到马克思、恩格斯在吸收三大理论的基础上，结合自身革命实践，创立了科学社会主义理论，使后来无产阶级与殖民地半殖民地人民的解放斗争有了科学理论的指导。这是人类争取自身自由、建立没有剥削和压迫的理想社会的科学理论武器。

再如在学习历史必修三"20世纪以来中国重大思想理论成果"这一单元时，教师要利用各种多媒体教学手段，引导学生理解伟人毛泽东将马克思主义基本原理与中国革命实践相结合，创造了毛泽东思想，并将其作为中国新民主主义革命的理论武器，走"农村包围城市，武装夺取政权"的正确道路，建立了中华人民共和国，使中国人民真正当家作主。邓小平同志拨乱反正，创立了建设有中国特色的邓小平理论，实行改革开放，使国家强大、人民富足。习近平同志高瞻远瞩，创立了习近平新时代中国特色社会主义思想，这是以习近平同志为核心的党中央带领全国人民实现中华民族伟大复兴中国梦的行动指南，也是人文精神在新时期发展的最高阶段和最丰硕的理论成果。

（四）增强学生的全球意识

历史证明，封闭必然导致落后，只有开放才能发展，因此培养学生的全球观是历史课堂教学的重要任务。教师在教学中可以帮助学生认识到，中国古代从汉朝到元朝实行对外开放，促进外来文明与中国文明的互相学习，推动中国文明领先世界。相反，明清时代，由于实行海禁与闭关锁国政策，中国人闭目塞听，逐渐落后于世界。

三、在中学历史教学中深化思想道德教育的方法

（一）注重情境设置，授课声情并茂

在历史教学中深化思想道德教育要注意不能单靠空洞的说教，要注意潜移默化、声情并茂地对学生进行教育。空洞的说教只会使学生产生逆反心理，得不偿失。教师在讲述历史知识的同时，可以利用感情充沛、掷地有声的语言、丰富的史实、优秀的人物，去触动学生的心灵，使其受到熏陶与感染，使其品格在潜移默化中得到升华。将德育的内容有机渗透到历史教学中去，能够收到"随风潜入夜、润物细无声"之效。

（二）运用多种教学手段，为渗透思想政治教育设置接口

高中历史教师要利用各种多媒体材料、多种教学手段来感染学生，使其有身临其境之感。我们要充分利用历史图片、历史地图、原始史料，以及影视、声光等多媒体手段来感染学生。如讲到第二次鸦片战争时，就可以展示英法联军火烧圆明园前后的对比图，使学生对列强侵华的暴行有一个直观的认识，以增强其爱国主义精神。

（三）注重理论联系实际

历史教育的功能是经世致用。高中历史教师在深化思想道德教育时，要注意联系现实问题。如我们讲到日本侵华战争时，可以联系今天的钓鱼岛问题；讲到与俄国签订《中俄尼布楚条约》时，可以联系今天的中俄边境划定问题等。我们要充分利用课堂教学培养学生居安思危的意识，使其认识到落后就要挨打，国家强大是维护民族独立的根本保证。

（四）课上教学与课下活动相结合

深化思想道德教育，不能仅靠课堂教学，还要利用课外活动，引导学生主动探究，自主培养自身的思想道德水平。教师可以通过课前预习、课后撰写小论文、开辩论会、演讲比赛等各种形式，注重学生的自身体验，使其在实践中得到熏陶，进而实现德育目标。

化学教学中的德育渗透

■ 高维娜

教育的方针是"以人为本",本着以"育人为中心"的教育理念,为努力把学生培养成德智体美劳全面发展的社会需要型人才,化学教师应把德育融入课程教学,努力挖掘课程教学中包含的德育因素,如思想品德、爱国主义情怀等,争取通过化学这门学科使得每名学生在掌握化学知识的同时又能树立正确的人生观、世界观、价值观,真正能做到学以致用,报效国家。

一、在化学教学中渗透爱国主义的教育

自从人类诞生,化学就与人类产生了密不可分的联系,比如钻木取火、引火烹食、冶炼技术等。中国是有着五千年文明的伟大国度,是世界上四大文明古国之一,在化学的领域中,中国也是世界化学发展的引路人。早在战国时期,我国就已经发明了炼丹技术,商代青铜器的出现标志着冶炼技术的进步。到唐代,中国瓷器技术达到巅峰,领先世界几千年。世界上第一个发现氧气的是中国人,中国是世界上早早发现和利用石油的国家之一,也是第一个海水煮盐以及制盐最早的国家,火药的发明改变了世界文明的走向,造纸术发明的时候欧洲人还在羊皮上书写文字。

作为化学教师,在传授学生们化学知识的同时,有责任也有义务通过教学手段结合各个教学单元的内容,将"化学改变了世界""金属""燃烧与燃料"等知识传递给学生,从而提高学生们学习化学的兴趣,增加学生们的国家荣誉感、民族自豪感以及历史使命感,使得每位学生能更加刻苦地学习,在提高成绩的同时树立健康的学习理念。

二、在化学教学中渗透辩证唯物主义的教育

一个人需要有正确的人生观、世界观和价值观,其中辩证唯物思想是基础,起着重要的作用,同时也是对学生进行德育的主要内容之一。化学这门学科本身内容丰富,其中涉及量变和质变、现象与本质的关系以及辩证法和对立统一规律。所以化学教师在培养学生学习化学知识的同时应该以辩证唯物主义科学世界观为基础,树立正确的学习观点加以培养。化学学科有着大量的实验探究,教师可以通过不同实验的过程,引导学生观察实验,动手操作,有目的、有针对性地对学生进行辩证唯物主义教育。广大的自然界是不断变化的物质世界。在"化学改变了世界"部分,能够很好地向学生阐述辩证唯物主义的基本观点。如通过带火星的木条在空气和在氧气中产生不同现象的两个实验,能够向学生解释"量变到质变"的规律;通过实验,能够使学生认识到浓硫酸和稀硫酸性质不同是由浓度变化引起性质的变化;又如三氧化二铁的生成原理是铁与氧气相互反应并通过剧烈燃烧得到四氧化三铁进而生成,这一现象反映出外界因素对化学变化的重要意义与作用,进而反映出内因与外因之间相互制约的关系。

化学这门学科是一门内容丰富的学科,化学教师在教课的同时应该引导学生,使其在学习化学知识的同时明白,比学习知识更重要的是掌握一种更加完善的方法和思想,而这个方法和思想就是辩证唯物主义。作为一名化学教师应该不拘一格,努力挖掘课程中的内容,在教学中加以运用与渗透,使得学生在学习化学知识的同时,积累学习方法,加深理解,更加牢固地知识掌握,从而养成运用辩证唯物主义的思想和方法指导学习的习惯,克服学习上遇到的困难,从而树立正确的世界观、人生观、价值观。学生们善于将日常学习的思维和习惯与辩证唯物主义相结合,用辩证唯物主义来指导自己的生活和学习,就能开阔自己的学习思路,提高学习效率。

三、在化学教学中渗透社会责任感的教育

如今世界飞速发展,生产、军工、科技日新月异。然而厄尔尼诺现象、温室效应以及众所周知印度博帕尔事件、美国宾夕法尼亚州多诺拉烟雾事件、剧毒污染莱茵河事件等,正是由于工业废物处理不当、管理疏松以及人类对大自然的无视造成的,这给人类带来了不可估量的损失。灾难电影《2012》揭示了臭氧层遭到破坏,导致地球温度升高,冰川融化,海面上涨,提醒我们正视人类的生存的现状。在我国,每年废水、废气、废渣的排放量相当大,一些城市出现酸雨,北方城市出现的雾霾,每年由环境污染引起的事故多达数千次。作为教育工作者也应该重视以上这些现象,应该把环境意识渗透到日常教育中去,培养学生们对环境的危机感以及社会责任感。

四、在化学教学中渗透优良品质的教育

(一)利用化学史进行优良品质的教育

聪明在于积累,天才出自勤奋。瑞典化学家舍勒发现了许多气体并合成了许多有机物,但要他原来只是药店的学徒,通过自身刻苦钻研,认真努力,顽强不息才取得了伟大的成就。英国化学家道尔顿自学成才,他以"午夜方眠,黎明即起"作为治学的座右铭,不断努力,从而成为原子论的创始人。1886年,法国科学家莫瓦桑制得单质氟从而取得了伟大的成就,但这是众多科学家本着对科学的执着,不畏艰辛,前赴后继,共同缔造的成果。

严肃认真,敢于创新。英国化学家拉姆基和瑞利之所以能够发现亚硝酸铵制得的氮气和空气分离所得的氮气密度有差别,正是因为他们拥有细致入的态度,也正是因为他们具有精益求精的精神。"燃素说"统治化学长达百年之久,而推翻这一学说的正是利用天平将燃烧进行全面研究的法国化学家拉瓦锡利。

(二)通过中外科学家的感人事迹进行优良品质的教育

中国化工之父侯德榜,在留学美国八年后获得博士学位,但是他毅然放弃国外提供的优越条件,以一腔热忱和拳拳赤子心、悠悠报国情回归祖国,进而建

起了具有世界先进水平的永利碱厂。"七七事变"后，天津沦陷，侯德榜态度坚决，不惧威胁，断然拒绝了与日本合作，率领大家进入四川，并且筹建了新的工厂。最后他用多年辛勤努力以及不断的探寻摸索，终于研制出"侯氏制碱法"，轰动了世界。这些内容在我们学习"钠的化合物"时就有所提及。在进行"王水"的学习时，我们讲述了丹麦著名物理学家玻尔如何将诺贝尔奖章带回国家的故事。玻尔将金质奖章溶于王水隐藏起来，以至于纳粹分子闯进玻尔的住宅，在眼皮底下都没有找到那瓶溶有奖章的王水溶液。第二次世界大战结束后，重新铸成的诺贝尔奖章就是玻尔从溶液中还原提取出金制作的，正是因为注入了玻尔对祖国的无限热爱，因此重新铸成的奖章显得更加灿烂夺目。

众所周知，出生于波兰华沙的著名物理学家、化学家居里夫人所发现的"钋"和"镭"两种放射元素，为人类在癌症放射治疗上做出了伟大的贡献，而其中放射性元素"钋"就是以她的祖国命名的。其实中学化学教材中，此类事迹还有很多，我们在向学生介绍这些事迹，不仅能够丰富学生们的化学历史知识，还可以在这些伟大的科学家身上学到爱国主义情怀。

（三）身教重于言教

科学态度和科学作风是一个人优良品德的重要组成部分。众所周知，教育要言传身教，其中身教格外重要。作为一名化学教师，整洁的仪表，规范的授课用语，认真负责的态度，对待知识一丝不苟的精神，工整的板书，规范的实验等都在潜移默化地感染着每名学生，从而在行动上对学生进行思想教育。

《中学化学教学大纲》指出："要结合化学的学科特点，对学生进行辩证唯物主义和爱国主义教育，培养他们的社会责任感以及勤劳、坚毅、合作等优良品德。"民族素质需要提高，德必不可少。作为一名化学教师，应努力把德育融入化学这门自然基础学科，踏踏实实、认认真真做好德育，把学生培养成有理想、有信念、道德的人；关心社会、关心环境、有社会责任感的人；有科学文化知识和创造能力、德才兼备、身心健康的人。

在音乐教育中培养学生的社会主义核心价值观

■ 刘 洁

音乐可以给予体验者无限想象的空间,流动而优美的旋律可以激发学生对美的探究欲,提高审美能力。正能量的音乐故事能够为学生树立学习的榜样,激发道德感和荣誉感,坚定共产主义远大理想和中国特色社会主义共同理想。学生能够学会处理好社会价值与自我价值的关系,自觉承担起社会责任,这对于培养社会主义核心价值观有着重要的作用。

一、发挥音乐优势,调动学生的积极情感

学习过程是一个生动活泼、主动而富有个性的过程,音乐教师应善于运用本学科特点及自身的气质特征,感染和调动学生,构建一种使学生能够和谐、快乐地学习音乐的氛围,这样才能有效地激活学生积极的情感因素。

(一)教师应运用自身的个性魅力去感染学生

音乐教师应注重个人修养的提升,并善于运用富有感情的范唱、范奏、即兴伴奏、演唱、演奏等教学方式,调动学生的学习热情。如通过调整语音语调,引起学生对于教学内容的注意;通过形象、生动的肢体语言为学生做指挥等方面的示范,激发学生探索音乐奥秘的热情。通过介绍相关的音乐知识背景,引导学生挖掘背后隐藏的一些可歌可泣、可敬可佩的人物故事,激起他们对英雄人物的向往和爱慕,帮助学生克服自身缺点,明确未来的方向。

（二）用音乐手段帮助学生塑造自信心

在和学生接触过程中,我发现很多学生把自尊看得很重,有的学生为一件小事争得面红耳赤,甚至大动干戈,有的则为此闷闷不乐或耿耿于怀。探究原因,这些小事在学生心中都被视为涉及自尊的"重大原则问题",他们有时为了维护自尊而不顾一切。如曾有一位男生因唱歌走调和高音唱不上去而被大家哄笑,觉得当众受辱,自尊受损,唱了一半就低头不语,再也不唱了。我没有想到这样一件小事会引起他那么大的反应。面对此类情景,学生已经为自己无心之过感到懊恼,教师必须依据学生的音乐基础看待学生的表现,一味指责与批评、奚落,不但不会有效地调控课堂气氛,反而会压抑学生的情绪,制造紧张气氛,甚至造成师生对立,极不利于积极情感因素的调动。教师应选择合适的时机激发学生的学习积极性,帮助学生树立学习自信。

当时,我决定先不要求这位男生当众演唱了,而是课后请他留了下来,拍着他的肩膀对他说:"并不是你唱不好,没经过专业训练的人都会遇到这样的问题,不会只有你一个人出现这样的失误。你想不想把它唱好呢?"他十分肯定地回应了我。于是,我决定帮助他训练声音,经过练习调整呼吸、打开喉咙等歌唱技巧,他终于唱出了那个之前难以驾驭的高音,音准也把握得很好。我还邀请他在班上公开演唱,并鼓励他大胆表现。当听到我请他唱歌时,其他学生不太敢相信,在我的一再鼓励下,他终于走到前面唱了起来,开始还是有点紧张,但越唱越自信,感情表达得也越来越充分,这次他把整个歌曲演唱得完整而情绪饱满,赢得了学生们的一致赞许和掌声,我再一次看到了他的笑脸,自信洋溢在他的脸上。

二、深入挖掘音乐中的情感,培养学生高尚的情操

在教学中,教师应注重引领学生深入挖掘音乐作中的情感内涵,保持学生对音乐活动的兴趣和热情,持续激发学生对美的探究欲,引领学生树立坚定的理想信念,强烈的责任担当,博大的爱民情怀等高尚的情操。

在教学中,教师应做好引导者的角色,引领学生探究音乐之美,进而挖掘音乐中深层次的情感。音乐具有流动性,美妙的旋律,千变万化的节奏,使人陶醉其中。然而对于大多数学生而言,一味地像走过场一样聆听这些经典音乐是无法激起学生的学习兴趣的。有的教师一开始就教学生演唱,并且反反复复地唱同一首歌曲,这样也会使学生逐渐失去演唱兴趣。建议教师可以选择一些抒情且带有歌唱性的鉴赏内容(声乐或器乐作品均可),通过打拍子、打节奏、唱简谱等方式,引导学生提高演唱兴趣,这样不但强化了学生的音乐基础知识,还增加了趣味性,加深了学生对不同音乐的体验,也记住了那些人类历史长河中的经典音乐之作。

《刨洋芋》是山西地方民歌,这首歌生动地表现了劳动人民的生活,曲调具有很浓烈的地方特色。但这首地方民歌距离学生平时的生活比较远,怎样才能让学生产生学习这首歌曲的兴趣呢?我从节奏入手,带着学生打节奏,通过欢快的节奏使学生联想农民收获后的喜悦心情,然后再开始带领学生听音乐,有的学生甚至饶有节奏感地跟着音乐一起唱了起来。学生获得了喜悦感和愉悦感,也有了进一步探求音乐之美的意向。《刨洋芋》这首歌曲是在写实的基础上含蓄地表露了劳动者的内心世界,可以说是借景抒情的一首佳作。老师可以再多举一些类似表现劳动人民、爱祖国、爱党等内容积极向上的优秀作品,提高学生感悟自己肩负的历史使命,树立"天下兴亡,匹夫有责"的责任意识,把实现自己的人生理想同祖国的需要结合起来,充分发挥自己的聪明才智,建设祖国,报效祖国。

三、积极组织课外艺术活动,培养学生良好的品质

对于很多有艺术特长的学生,他们已不满足于简单的打拍子、打节奏、视唱等基础音乐活动,教师可以通过组织合唱、器乐、舞蹈等课外艺术活动,给予其更大的发展空间,以调动其学习音乐的热情,活跃校园文化生活,这对于培养学生的综合素养和良好的品质有着重要的作用。

学校开展的社团活动为学生们提供了广阔的舞台,让学生在这个舞台上体验到成功与快乐,有效释放不良情绪,认识和发现自我价值,发掘自身潜力,培养自信自爱、坚韧乐观的积极心理和良好的道德品质。如在指导艺术社团过程中,教师可以带领学生们制作微视频、微电影等作品,可以让学生在校园内取材取景录制,用贴近校园生活的情境表现学生积极向上的故事。拍摄后,学生们自己剪辑和编辑视频,用全新的视角展现发生在身边的人和事,一同感悟和传播身边积极的正能量。再如教师可以积极带领艺术社团参加文艺展演、校园艺术节等活动,不断提高学生的艺术修养。

为了能在校内外活动中展示最好的自己,在很多课余时间我们都能看见学生们认真练习的身影,学生们学会了合理安排学习和课余时间,舞台上成功的展示使学生们自信心增强,学习成绩也突飞猛进,精神面貌焕然一新。丰富多彩的社团活动让学生懂得自尊自律,增强了社会责任感,丰富了自己的人生阅历,提高了思想修养和精神境界,也有利于认识和发现自我价值,提高学生自我管理、自我规划、自我反思、责任担当和勇于探究的能力,使其发展成为有明确人生方向,有良好生活品质和道德品质的人。

四、注重对中国传统音乐的学习,培养文化自信心和民族自豪感

(一)加强学习中国传统民族音乐

中国传统乐器种类繁多,以独奏、合奏形式演奏的传统器乐作品,如《广陵散》《梅花三弄》《十面埋伏》《高山流水》《渔舟唱晚》《将军令》等,都具有独特而丰富的艺术表现力。另外,中国有五十六个民族,各民族由于气候、地理、文化、风俗等条件的不同,形成了不同的歌唱特点,如新疆歌舞、蒙古长调、苗族飞歌、陕北信天游等优秀传统歌唱作品,在演唱技巧上独具艺术魅力。这些经历了千百年沉淀的音乐形式,无不体现着我国博大精深的文化传统内涵。教师可以通过欣赏、分析、比较不同的传统民族音乐,引导学生了解中国传统民族音乐的特点,激起学生热爱灿烂的中国文化之情,加强学生的文化自信。

（二）注重学习国粹艺术

教师应多引领学生学习内容美和形式美高度统一的中国优秀传统音乐，培养学生的政治认同、思想认同和情感认同。如京剧被誉为"国粹"，它被称为世界三大表演体系之一，京剧中手眼身步法和唱念做打的完美融合，体现了表演者的深厚功力，旋律起伏中展现了强烈的矛盾冲突，剧情发展中揭示了深刻的情感内涵，像《铡美案》《穆桂英挂帅》《红灯记》《林海雪原》等优秀京剧国粹作品中，主人公在大是大非面前旗帜鲜明，表现出明大德、守公德、严私德，大公无私、艰苦奋斗、无私奉献、全心全意为人民服务的崇高思想。在音乐课堂中，教师应引领学生多鉴赏一些积淀着厚重文化传统的国粹作品，全方位提高学生对于高雅艺术的审美，让学生在潜移默化中提升民族自豪感。

古语有云：移风易俗，莫善于乐。培养社会主义核心价值观，应注重在音乐教育中，发挥其意识形态教育功能，我们说"人才"二字，人在才前，倘若轻视人品的自我修养与塑造，哪怕才高八斗，也绝对成不了才。我们要为学生营造愉悦的音乐学习氛围，引导学生自觉探究音乐之美，培养鉴赏力、审美力、评价力等能力，潜移默化地通过美好的音乐作品不断增强学生的道德感、美感和理智感，学会坚守正确的价值判断，确立"四个自信"，树立正确的世界观、人生观和价值观。

思政教育与中学英语课堂教学相结合之感悟

■　赵　莹

2016年,习近平同志在教育工作会议上提出:"要用好课堂教学这个主渠道,使各类课程与思想政治理论课同向同行,形成协同效应。"2018年,在全国教育大会上,教育部强调"强化课程思政和专业思政",即强化每一位教师的立德树人意识,在每一门课程中有机融入思想政治教育元素。因此,每门课都有育人功能,每位教师都有育人职能。

一、思政教育与中学英语课堂教学相结合的必要性

思政教育古来有之。我国古代的《学记》中有"师也者,教之以事而喻诸德也"之说,孔子有"君子学以致其道"之言,这些都是讲求思政教育的体现。在学科教学中进行思政教育,是教育的规律所决定的,也是教育社会性的需要。英语教学属于人文社会学科,兼有工具性和人文性,英语不仅是一门语言课程,同时还是一门隐性的思政课程,对于提升学生的思想觉悟、文化素养和道德品质都具有非常重要的作用。教师在英语课堂教学中关注渗透思政教育,润物细无声,不仅能够培养学生合作交往的精神,也有利于学生良好的性格意志品质的形成。

二、讲好中国故事,让世界听到中国的声音

思政教育与中学英语课堂教学相结合,能够使学生明确学习目的,学好外语,传播中国文化,讲好中国故事,让世界听到中国的声音。

七年级第一节英语课上,我问学生们:"你们喜欢英语吗?"有的学生点头,有的学生笑一笑,不置可否。我问:"Why do we need to learn English well(为什么我们需要学好英语)?"

学生们的回答五花八门——因为要考试、为了以后找一个好工作……

我问大家:"在英国,学生除了要学他们的母语之外,学校还开设法语、西班牙语、德语、汉语等课程,每个学生至少要选修两门以上的外语,你们知道为什么吗?""为了交流。"有位学生回答。这位学生说得真好!随着当今世界的快速发展,便捷的信息传输方式更加促进了全球经济一体化的进程。语言是一座桥梁,学习外语,能够使自己更好地跟世界人民交流沟通。一个国家人民的英语熟练度与这个国家的全球互通性存在正相关。我们学习英语是为了更好地与国际接轨,学是为了用,学生们学好英语,能够更好地利用信息技术进行知识创新,为我们祖国的建设添砖加瓦。

随后,我播放视频,国民翻译"女神"张璐,连续十一年为总理翻译。四分多钟的视频播放结束后,我问学生们:"大家看过之后有什么感想?"

有的学生说:"还是汉语好,只要短短的几个字就能表达清楚,而且读起来好美,而英语却需要说那么多个词。"

的确如此!例如,"行百里者半九十"的英文译文为Half of the people who have embarked on a one hundred mile journey may fall by the wayside. "入则恳恳以尽忠,出则谦谦以自悔"的英文译文为When one is in office, he should discharge his duty conscientionsly. When leaving office he should conduct himself with humanity and exercise self reflection.

汉语的美,在字里行间。我告诉学生,自己在英国工作期间,作为孔子学院的公派教师,曾先后在九所中小学教英国学生学习汉语,在教授他们汉语的同时,我也在传播中国优秀的传统文化,让英国人更好地了解中国。

我问学生们:"张璐英语说得好吗?"他们笑了:"当然!连续十一年,张璐作为总理的翻译,让世界各国人民听到了中国人的声音。"

我又问学生们："你们知道袁隆平吗？他的水稻杂交技术解决了世界上很多人吃饭的问题，袁隆平使他们摆脱饥饿。你们知道袁隆平英语说得也很好吗？你们知道钟南山院士吗？他的英语也很棒！科学家在从事研究、发表研究成果时需要用到英语。所以，作为祖国未来的你们，学习英语，不仅仅是为了高收入。未来，你们可能在某一个领域，成为中国人走向世界的'榜样'。"

好好学习，将自身的理想追求，上升至振兴国家民族，树立为实现中国梦而奋斗的信心和决心，每个人都要有爱国情、强国志、报国行，不仅仅为个人，更要为祖国、为人民、为世界做出贡献，让世界更好地了解中国。

三、加强学生对社会主义核心价值观的认识

2020年是特殊的一年。中国政府采取强有力的措施，全国人民万众一心，抗击疫情。寒假之后，为了保证所有人的安全，我们采用了网络授课的方式进行学习。由于各种原因，连续数十天的网课学习使得学生和家长的焦虑与日俱增。有的学生和家长沟通不畅，矛盾重重。有的家长无奈，寻求老师的帮助。

记得一天晚上，已经快十一点了，班级群里突然有人找我："老师，某某孩子不值得，你以后不要再管他了。"已经接近午夜，这个时候在群里发声，可想而知家长当时的心情是多么无助。我当即回复："冷静，有什么事情，明天私聊，无论如何，老师是不会放弃任何一个孩子的。"

第二天清晨，我跟家长交换了意见，原来孩子不认真学习，作业以及检测有作弊现象，家长管教，学生不服。我向家长表达了我的想法："作弊表面上看是缺乏自信心，不想努力，又想取得好成绩，但实际上很多孩子这么做是因为缺乏爱，想通过好成绩来引起大家的关注；也有的孩子是自卑，觉得自己努力了还是不行。"无处不在的焦虑感和空前的学业压力，使得孩子的竞争感被培养得非常强，但竞争力却未必很强。当孩子发现无力通过考试回报父母，往往就会做出极端的行为。我建议家长先冷静，找机会跟孩子好好沟通，打开孩子的心结，让孩子感受到家长的关爱，让孩子明白没有人会放弃他。

在日常的课堂教学中，老师会关注每一个学生课堂的表现，从他们的眼神

和面部表情，我们能够观察到很多事情，进而及时发现、及时提醒、及时解决。但网络教学，摄像头是关闭的，教师确实不好及时掌握学生的状况，有的学生上课，签到之后便偷着做其他事情。老师跟学生的互动，由于网络的原因也会受到局限。提问、考试等，有的学生会用手机搜答案，针对这种情况，如何解决？

"诚信"是社会主义核心价值观的基本内容。

某次课上讲冠词填空时，遇到了 honest 这个单词。在认读这个单词之后，我让学生们思考："I want to get a high score in the examination, anyway, no one knows how I answer the paper, now. In order to get the right answer, I can refer to books, search the answers on the Internet, or discuss with classmates. Is that right? Why not?（我想要在考试中获得高分，然而，现在并没有人知道我是如何答卷的。为了得到正确答案，我可以翻书，可以去网上搜索答案，或者和同学讨论。这是对的吗？为什么不是呢？）"

学生们先是沉默，在我不断地引导下，逐步敞开心扉，表达自己的观点："Cheating should not be done, because it violates the principle of fairness.（作弊是不应该的，因为他违背了公平性原则。）""The exam is to test one's true level, if cheating, we will lose an opportunity to catch up with others.（考试是为了检验一个人的真实水平的，若是作弊，我们就失去了一次看清差距、弥补不足的机会。）""Honesty is the bottom line that we should stick to.（诚信是我们应该坚守的底线。）"

作为中学生，应该明白：诚信是公民个人层面的价值准则，如果我们不能做到诚信，表面上看是一次小小的欺骗，习惯了欺骗的孩子长大之后就可能会触碰到法律的底线，会违法，后果是不堪设想的。公平、法治是我们社会层面的价值取向，更是我们不能违背的。希望每一个学生们都能树立正确的价值观，健康成长。

四、展示英语教学的文化本性以及课程的育人功能

教师在实际教学过程中，在渗透社会主义核心价值观的同时还需要加强对英语学科文化性的展示,这样才能够将外语教学的文化本性以及英语课程的育人功能充分地展示出来。

我们需要以包容和理解的态度去学习和了解文化,并且不断地加强语言学习的社会责任感以及对本族文化的认同和理解,这样能够很好地促使学习者自我认同并发挥提升他们的整体素质。学生在进行语言学习的同时,能够逐步形成国际化视野,培养大国情怀与格局。适当地增加一些中西方文化对比的相关内容,这样可以加深学生对文化多样化的理解,同时也能够更好地提升学生的文化适应性。

教师在英语课堂教学中可以设置有关中西方文化对比的话题,如学生将西方的圣诞节和中国的春节,西方的感恩节和中国的中秋节,西方的复活节和中国的端午节相对比,探讨各个节日的文化起源、表现形式、庆祝方式以及饮食文化等。教师可以让学生们分组,在网上查阅资料,收集各种信息,然后进行讨论探究。学生在收集整理各种信息进行研讨的过程中不仅提高了团队协作精神,而且逐步提高了思辨能力,对本民族文化的发展起源也有了更深刻的认识。这种活动的开展,不仅开拓了学生的学习视野,更提高了学生的文化自信。

在英语教学过程中,我们必须加强重视提升学生的综合人文素养,使他们清楚地感受到生命的价值,促使学生情感方面不断地发展,最终形成一种协调美好的人生观和世界观。

在学习英语七年级下册第九模块第二单元"威廉·莎士比亚的一生"时,我让学生分小组合作,选择他们感兴趣的名人,制作幻灯片给大家展示这位名人的一生。在学生们挑选的名人中,有"哈利·波特"系列作品的作者J.K.Rowling,有盲人作家海伦·凯勒,有音乐家贝多芬,还有比尔·盖茨、居里夫人和钟南山院士等人。学生在小组展示中需要说明为什么选择他,是他的什么特质打动了自己以及他的身上有哪些品质是值得我们学习的。通过总结,学生们清楚地认识到这些人在不同的领域取得了超乎常人的伟大成绩,他们成绩是经过了非常的努力取得的,学生们从他们身上能够学到坚韧刻苦不放弃的精神。同时,作为老师,应该在课堂上告诉学生,不管取得什么样的成绩,健康与生命是最宝贵的,珍爱生命,身体健康,才能为祖国做更多的贡献。

五、注重教师的职业专业化及多样化的能力

新的核心素养要求我们培养全面发展的人才,如果老师不做全面发展的人,如何能培养出全面发展的学生呢?因此,教师职业的专业化同时还要求我们具备多样化的能力。这多样化的能力包括:

作为教师,首先要提高自身的道德修养,树立正确的社会主义核心价值观,牢记使命,成为先进思想文化的传播者,提升自己在教学工作中开展思政教育的能力,要有意识、有目的、有效地开展思政教育。要做到言传身教和教育育人,不断熏陶和感染学生的审美、思想以及情感,为学生的全面发展奠定扎实的基础。

作为教师,我们还要不断提升自我学习的能力,教师只有更善于学,才能教好学生。

教师要具备深度思考和逻辑思维的能力,培养自己哲学思维的能力,不断地提升自己思维的广度和深度,使自己的思维更加敏锐、准确,更富有逻辑性。

教师要具有高超的情绪管理能力,面对学生出现的各种问题,要避免沮丧或大发雷霆,要智慧地处理好突发事件。

作为一名英语教师,要不断提升自身的文化素养及运用英语传播中国文化的能力,更要深刻领会中国传统文化的精髓,了解中国历史发展进程及当前中国在世界上的影响力,在课堂教学中有意推进英语与中国文化的有效结合,切实提高学生们的文化自信。

学生是祖国的未来、民族的希望。教师肩负着引领学生的使命。我们应该坚守自己的阵地,在课堂教学中,把思政教育和学科教学有机的融合,用新时代中国特色社会主义思想铸魂育人。

浅谈思政教育在初中数学教学中的具体实践

■ 张程程

"百年教育，德育为先。"在2018年9月10日的全国教育大会上，习近平同志提出了教育的首要问题是"培养什么人"。我们教育的根本任务是培养合格的社会主义建设者和接班人，我们要培养出的人才必须具备坚定的理想信念、深厚的爱国主义情怀、良好的品德修养、丰富的学识、勇于奋斗的精神等，这些都属于思政教育的范畴。初中阶段的学生正处于身心发展与个性形成的重要时期，这个时期他们开始通过认识世界、感知世界而形成自己的三观。初中数学作为基础学科，教师在教学中重视思政教育是十分必要的。这就要求我们在数学教学中有计划、有目的地渗透思政教育。

一、以数学历史为载体，培养学生的民族自豪感

初中数学在日常生活、生产建设和社会发展等方面扮演着重要的角色。在数学教学过程中我们可以根据学生认知的不同阶段结合数学教材中的各种素材，将一些关于中国数学历史的知识加以介绍，适时适度地对学生进行民族自豪感的教育。如七年级上册数学"有理数"一章中的"阅读与思考"介绍：在世界数学史上，中国人最先应用负数及其加减法运算法则，在中国古代数学著作《九章算术》中给出名为"正负术"的算法。从数学的发展史上看，在使用负数和它的运算方面，我国在世界上处于遥遥领先的地位。讲到这里相信很多学生都会从心底萌生出强烈的民族的自豪感，此时教师可以继续引导学生树立长大

后为祖国建设做贡献的宏伟目标。

二、以数学知识为载体,进行爱国主义教育

初中数学中会介绍许多体现中国人民智慧的数学知识。其中勾股定理的证明方法最能激发学生的兴趣,据说证明勾股定理的方法有400余种。中国古代人民对勾股定理的研究颇具特色,其中赵爽弦图证明勾股定理的方法令人耳目一新。赵爽弦图成为2002年在北京召开的国际数学家大会的会徽,这是一件多么令人振奋的事情。在讲解勾股定理这一节时,我们可以自行设计一个历史溯源环节,教师可以在课前让学生们查阅相关资料,了解我国古代对勾股定理的相关研究结果,并在课上展示。很多学生都会了解到早在三千多年以前,我国周朝的数学家商高发现“勾三股四弦五”,它被记载于《周髀算经》这本数学著作中。通过查阅资料能够让学生们了解到我国古时候劳动人民热爱研究数学以及他们的聪明与才智,这是我国数学史上的骄傲。在教学中适当地渗透我国研究数学的相关成果,能够在一定程度上触动学生热爱祖国的心弦,同时教育学生打好数学基础知识,为实现中华民族的伟大复兴而努力学习和奋斗。

三、以数学认知为载体,提高学生的人格修养

初中数学与小学数学最大的区别在于学生要学会用字母表示数,这也说明由算术到代数是数学的一大进步。“用字母表示数”,这种符号化的表示给数学的发展带来很大的便利。在教学中我们应该引导学生发现并适应这种变化,让他们体会到人们的学习通常是从认识具体的数开始的,随着学习的深入,抽象化的知识必然会出现。如数学七年级上册“整式的加减”一章的阅读与思考中讲了“数字1和字母X的对话”,用拟人化的形式介绍了用字母表示数的作用,同时为下一章“一元一次方程”的学习做好铺垫。在教学中我们可以向学生说明用字母表示数是认知上的飞跃,这种抽象化能让我们清楚地看到数学的本质,同时也能更加有效地使用数学解决问题。让学生适当了解数学的发展过程,有助于增强其学习数学的兴趣,扩大知识面,提升数学修养进而提升人格的修养。

四、以数学思想为载体,培养学生的思辨能力

在初中数学的学习过程中,学生们会学到一系列的数学思想方法,如数形结合、方程思想、化归思想、转化思想、几何模型思想等,这些思想需要不断培养与积累才能到达质的飞跃。如数形结合思想,初中首次体现这一思想的是数学七年级上册的"数轴",数轴将数与水平或竖直直线建立了联系,而在数学七年级下册"平面直角坐标系"一章讲述了平面内两条互相垂直、原点重合的数轴组成了平面直角坐标系,将几何图形点用坐标的形式刻画出来,再一次实现了数形结合。后续学习的一次函数、二次函数、反比例函数图像能够形象地展现在平面直角坐标系中,将数形结合的思想应用得更加深入。

我们在教学过程中要让学生们慢慢体会并理解这些思想的产生与发展,最终达到能够运用这些数学思想思考问题、解决问题、辨析问题。在日常的生活中如果能很好地运用思辨能力,可以帮助我们解决生活中的很多实际问题,如不会轻易地相信谣言或者经过一些思考和推理就能推翻一些谬论等,经过这些思想方法的培养,能够让学生们在生活中具备一定的生活智慧。

五、以数学活动为载体,培养学生的社会责任感

初中数学分不同的阶段向学生们介绍了统计学的相关知识。统计是一个实践性很强的学科,它通过对现实数据的收集、整理、描述和分析,发现事物发生发展的一般性规律,从而帮助人们解决相应的问题。如数学七年级下册第十章"数据的收集、整理与描述"中有一节的课题学习是"从数据谈节水",教师可以组织学生们以小组为单位,以"家庭人均月生活用水量"为题,在全班开展一次统计调查,并请学生们完成一篇报告。通过这项学习活动,可以让很多平时不关心家里任何情况的孩子了解家里的用水情况,培养家庭责任感,同时可以结合我国水资源紧缺的现状,使学生们了解节约用水的重要性,以及节约用水应该从小事做起,从自己做起,进而对学生进行爱护环境,保护自然,培养社会公德心及提高社会责任感的思政教育。

六、以信息技术为载体,培养学生追求科学真理的意志品质

信息技术的使用为学生的数学学习提供了有力的工具。利用信息技术工具,我们能够快速制作出图形,并使图形运动起来,产生一些动态的效果,许多软件还有测量、追踪轨迹的功能,这些都能帮助我们发现图形的一些内在关系(如数量或位置关系),能更直观形象地发现图形的性质,将传统数学教学中无法展示出来的一些图形的变换性质等生动地展示出来,为学生探索正确的科学的结论提供便利。

如我们在学习平移、轴对称、旋转、圆等几何图形时,会遇到一些结合动点求线段最值、面积最值等问题,传统数学教学无法清楚地展现运动的过程,很多学生理解起来很困难,这时教师可以利用信息技术进行动态演示,或者启发引导学生自己动手制作图形的动态形成过程。这样有利于培养学生探索科学真理的意志品质,这种意志品质正是在今后求学的道路上必须具备的。

思政教育不仅仅体现在课堂中,更应该体现在生活中。作为教师,我们要处理好数学教育与思政教育的关系,思政教育在数学教学中的表现要具有策略性,不宜喧宾夺主。我们要把握好思政教育的契机,注重可行性和可持续性。在数学教学中要时刻注重学生的思想认知水平和知识掌握的情况以及他们的接受能力,要和风细雨、润物无声,最终定能将思政教育很好地渗透到初中数学学科的教学过程中。

我们还要不断深挖教材、研读课标、与时俱进。教师要多关注国家大事,政治素质过硬,不断提升自我的政治修养,同时还需要时刻严格要求自己,要起到良好的榜样表率作用,因为榜样的力量是无穷的。在日常的学习与生活中,教师要时刻注意自己的言谈举止,教学中要有严谨负责的态度和一丝不苟的钻研精神,要充分发挥教师人格魅力的思政教育功能。我们要努力走进学生的内心深处,因为"亲其师才能重其道",愿我们能够用学识与智慧成为学生的领航人。

思政教育应始终贯穿于数学教育,这不仅是数学新课程标准的价值追求,更是我们基础教育的责任。我们要始终把培养有利于社会、能为社会主义现代化建设服务，为人民服务的合格的社会主义建设者和接班人的目标作为我们教育工作者的责任与使命。

高中生发散性思维的可培养性研究

——对高中生物教学的启示

■ 葛梅倩

本文相关研究采用测量法,测量了高中生发散思维特征,考查其可培养性及对生物教学的启示,结果发现高中生发散思维能力具有可培养性。本文结合高中生物学科自然科学属性,分析探讨了高中生物教学对高中生发散性思维培养的思考与建议。具体而言,相关建议为:树立正确的思维发展教育理念,课程教学符合思维发展心理特征,重视课堂影响和课外延伸。

一、问题提出

创造力的代表指标是创造性思维,而发散性思维又是创造性思维的代表,可以有效反映创造力水平。吉尔福特认为发散性思维是在问题情境中对传统思维的一种突破,以产生新颖、独特的新思想,并强调其维度包括:变通性、流畅性、独特性。

以往研究倾向对思维进行整体探讨,而且各研究在研究对象、方式等方面各有侧重,但对思维认知过程的研究存在不足。我国教育体制有其独特性,尤其是高中教育阶段,如从高考角度出发,社会在一定程度上相对认可高考分数的高低代表着学生整体素质的高低。针对思维与学业水平的关系一直存在争议,甚至我国没有研究者发现发散思维训练与学习成绩有关。关于发散性思维的可培养性,一致的观点认为可以通过教育的针对性训练促进思维能力的成长,研究者也指出,创造性人才的培养最终依赖于教师。

高中生物课程具有自然科学的属性,其教学目标之一是培养发现、探索和操作能力。因此,高中生物课程教学可以为高中生发散性思维的培养提供一个窗口,使学生充分利用生物学科知识探究现实问题情境和现代生物科学技术的新进展,提高和促进学习动机,培养探究能力和创造性。本研究拟从发散性思维可培养性入手,对高中生物教学作出思考。

二、研究方法和过程

(一)被试

天津高中学生,有效人数262。被试情况如下表:

	男生（n=143）	女生（n=119）
高一（n=61）	28	33
高二（n=105）	62	43
高三（n=96）	53	43

(二)测量工具和过程

采用"高中生发散思维能力测验",测量了流畅性、变通性、独特性三个维度,测验材料分文字材料、图形材料,测验任务为不同用途、图形的描述、联想、可能性思考、构建及补全图形。

三、结果与分析

(一)高中生发散性思维班级比较

	重点班(n=161)		普通班(n=101)		F
	M	SD	M	SD	
发散思维	172.53	55.08	151.99	46.73	9.67★
流畅性	65.93	19.15	59.64	18.29	6.91★
变通性	47.52	11.79	42.69	10.75	11.11★
独特性	59.09	27.38	49.65	20.46	8.87★
言语流畅性	49.86	14.39	42.77	13.31	15.94★
言语变通性	34.91	8.40	29.82	7.20	25.39★
言语独特性	45.11	22.63	35.47	15.65	14.09★
言语材料发散思维	129.88	42.38	108.06	33.94	19.08★
图形流畅性	16.07	7.21	16.87	7.36	0.76
图形变通性	12.60	5.70	12.87	5.30	0.15
图形独特性	13.98	7.84	14.19	7.93	0.04
图形材料发散思维	42.65	19.58	43.93	19.169	0.27

结果显示,发散思维整体和各维度,言语材料整体和各维度,班级间存在显著差异。但图形材料各维度的差异不显著。

(二)高中生发散性思维的发展性

下表为高中生发散性思维的发展性。结果显示,高中生发散性思维水平存在发展差异。具体来看,高一学生发散性思维水平的发展差异更显著。

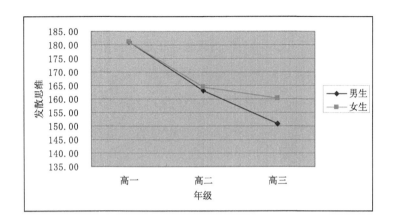

四、讨论

（一）高中生发散性思维班级差异对生物教学的启示

结果表明,发散性思维的班级差异仅表现于部分维度。可以看出,学业成绩与智力有一定相关,但两者并不等同,智力和思维能力也存在关联性,但发散性思维水平不是源于智力。本研究认为,高中生发散性思维的重点班和普通班之间的差异不是由学业成绩决定的,而是受多方面因素影响和制约的,发散思维发展水平与学习成绩之间不存在显著相关,当前研究结果明确显示普通班在某些维度上的表现并不弱于重点班,这与国内外研究者的研究结果是一致的。我国高中教育领域中存在的以成绩评价学生的标准是相对不合理的,对于知识的单一追求可能导致思维培养的缺位。

因此,生物教学过程中可以多利用知识为思维培养载体,通过创设生物问题情境,提供必要的知识和技术方法,组织学生在探究中发现知识。如探索胚芽鞘弯曲生长的部位是尖端还是尖端下部时,教师可提供带拐头的吸管和记号笔两项简单的材料,让学生讨论叙述设计思路并模拟实验现象,从中摸索出记号笔最佳的划线部位,这样通过直观且简便的方式动态模拟出胚芽鞘弯曲生长的部位。本研究结果中重点班和普通班学生在形象性、直观性理解上不存在差异性,教师可以多以直观的生物教学材料为载体,推动高中生思维水平的提高。

在学习反射的概念时,教师可呈现多种实例——被手触摸的含羞草的叶片会立刻卷起、手指被针扎后会迅速缩回、久置窗台上的盆栽植物会向窗外生长、草履虫能趋向肉汁刺激躲避盐粒刺激,这些现象都属于反射吗? 教师可以引导学生抓住概念中的关键词,充分理解反射与应激性的区别。另外,应该指出,发散性思维的培养离不开宽松、灵活、多样化的课堂氛围,这也涉及教育理念的更新和生物教学方式方法的创新。

(二)高中生发散性思维可培养性对生物教学的启示

高中生发散性思维的可培养性,充分证明了托兰斯的研究观点,而且研究充分证明了在高中生发散性思维的培养中教育起重要的作用,教师是主导,可以利用课堂教学来促进高中生发散性思维的发展。这为高中生物教学带来如下思考:

1.将学生发散性思维培养作为教育理念之一。将学生发散性思维培养作为教育理念之一,就使得生物教学课堂设计尤为重要。从思维培养角度来看,建议做到问题设计质疑性、观点展示科学性和逻辑性的统一,对于学生的思想不做肯定或否定评价,而注重思维过程的分析和探讨。所以,课堂上教师应多营造鼓励和支持性氛围,多利用情境启发,多考虑问题的难易适宜度等。如解释"茎的背地性、根的向地性"的原因时,教师可设置阶梯式的问题引导学生自主探究。学生通过观察茎和根的生长方向的不同,思考并比较近地侧和远地侧的生长快慢及生长素浓度高低、引发两侧生长素分布不均匀的原因。通过分析比较茎和根的生长曲线,思考根和茎的促进生长和抑制生长的范围是否相同。以根为例,由于近地侧浓度高生长慢,即可推测其位于高浓度抑制区间的某点,再思考低浓度生长快的远地侧点的位置,进而思考低浓度生长快的远地侧点所属的区间应如何。最后设疑同样是高浓度为何茎生长得快而根却生长得慢。组织学生自主分析,探讨产生现象的原因。因此生物教学课堂设计要符合发散性思维培养的要求和规律,因地制宜、因材施教、因题设疑,才能起到事半功倍而又达到培养思维能力发展的效果。

2.注重生物教学课堂知识的课外迁移和问题解决的尝试。思维培养的关键在兴趣和方法，这为课堂生物知识的课外思考和操作应用提供了一个机会；反过来，这将进一步促进生物课堂教学，并真正将发散性思维的培养常态化、稳定化和习惯化，真正达到生物知识和能力培养的齐头并进。如植物叶片表皮上气孔的开闭是靠保卫细胞吸失水来控制的，教师由课本中"观察植物细胞的质壁分离和质壁分离复原"的实验原理出发，根据提供的实验材料和用具引导学生设计实验，探究气孔开启和关闭的条件，变直接验证实验结论为探究并讨论得出实验结论，从而培养学生思维的发散性。因此，高中生物教学通过宽松的课堂氛围来调动学生的探索精神、学科兴趣、动手的愿望，持续不断的动机是思维培养的关键，因为这些代表了学生思维和创造的准备性和可能性，这也是学生真正做到课堂知识课外实践的保证。

3.不应脱离学生个性和社会性的正确引导。积极向上、排除万难的精神以及合作谦逊的品性决定了发散性思维培养最终的个人和社会取向。如在讲解"蒸腾作用"知识点时，教师可从绿色植物与环境之间的相互关系出发创设开放式问题情境，为了解决某地区日趋干旱的状况，有人主张大力植树造林，因为植物具有保持水土、涵养水源、调节气候等功效，但也有人持反对态度，认为树林的蒸腾作用强烈，反而会导致地下水减少，从而引发水位下降，旱情更加严重。教师可以请学生结合事例阐述自己的观点。这能够培养学生的生物科学素养，发展学生的发散性思维，增强学生的社会的责任感。

高中生物教学中学生发散性思维的培养离不开思维发展的科学规律，离不开教师对于教育心理规律的理解和参照，离不开开放多样的教育理念，离不开整个教育教学系统的一致协调。有一点是非常明确的——只有从生物课堂的点滴做起，从教学的每一个细节做起，我们才能最终看到思维之花的美丽绽放。

后 记

Hou Ji

　　学生是祖国的未来、民族的希望，给他们的心灵埋下真善美的种子，引导他们扣好人生第一粒扣子，思政课的作用不可替代。党的十八大以来，从召开全国高校思想政治工作会议、全国教育大会，到多次赴学校考察和交流谈心，习近平同志就思政课建设做出一系列重要指示、批示，为当下的思政课改革提供了重要遵循。广大教育工作者清楚认识到，切实讲好思政课对落实好立德树人根本任务、把广大青年学生培养成能够担当民族复兴大任的时代新人具有重要意义，必须加强对学生思想品德和政治教育，不断提高学生思想觉悟，为学生树立科学的人生观、世界观、价值观并形成正确的政治思想态度。

　　作为天津市首批市级重点中学，天津市第二十中学多年来探索与实践思想道德建设，发挥办学特色优势，抓住立德树人的根本任务，加强改进思政课，深刻把握新时代思政课"八个统一"的建设规律，凭借德高业精的师资队伍、科学严谨的教育教学管理，形成了学校办好思政课、教师认真讲好思政课、学生积极学好思政课的良好氛围。与此同时，学校立足教育教学、核心素养、时代需要和人才发展等方面，将思政课建设的精神内涵贯穿于全校课程体系之中，全面发力，推动思政教育教学质量持续提升，办学品质进一步优化升级。

　　如何做好新时代学生的思想政治教育工作？天津市第二十中学贯彻落实习近平同志在全国高校思想政治工作会议上的重要讲话精神，由侧重知识传授的传统思路逐步转向贴近学生生活、强调参与实践的创新模式，思想政治教育的建设正在全力推进。为了更好地总结科研成果，以科研工作促进教师水平和教学质量的提高，推动学校深度融合发展，学校将近年来教师的研究性论文集结成册，而本书《育德 立德 树德——天津市第二十中学思政教育改革创新的探索》正是近年来的理论和实践成果之一。

本书在梳理天津市第二十中学学生思想政治工作的基础上，对思政课程体系构建进行了从理论到实践的研究，并以"八个统一"的建设规律为依据，将全书分为八个章节，内容涉及语文、数学、英语等多个学科。各科教师结合各自的教学经验，对"八个统一"的思政课建设规律进行了理解与实践，提高自身政治站位，深入反思与探究，将"八个相统一"的精神本质贯彻落实到每一堂学科课程中去，守好"主阵地"，做好立德树人"主力军"。

本书在最初的设计、征集遴选以及编辑出版过程中，我们均得到了教师的积极配合。一是统筹策划，确定了总体方向，教师投入了大量精力，利用工作之余的假期参与本书的遴选组稿等工作。二是在出版时间紧、任务重的情况下，老师们分别撰写了部分章节，展现了学校思想政治教育工作的成果，具有经验借鉴意义。

强化政治引导，强化理论武装，培养能够担当民族复兴大任的时代新人，为学校可持续发展提供强有力的思想保障和精神动力，是天津市第二十中学在多年的育人实践中所遵循的准则和追求的目标。本书的出版旨在系统总结和展示科研成果，并为未来思政教育的理论研究提供有益参考。但是由于时间仓促，编者的水平和能力有限，不足之处在所难免，恳请各兄弟学校及业内专家学者予以指正。

编 者

2020年12月